L'influence du démon dans l'histoire de l'humanité

© Éditions La Rose du Soir
ISBN : 978-2-37846-002-0

Le Code de la propriété intellectuelle interdit les copies ou reproductions destinées à une utilisation collective. Toute représentation ou reproduction intégrale ou partielle faite par quelque procédé que ce soit, sans le consentement de l'auteur ou de ses ayants-causes, est illicite et constitue une contrefaçon, aux termes des articles L.335-2 et suivants du Code de la propriété intellectuelle.

Marie d'Ange

L'influence du démon dans l'histoire de l'humanité

« L'histoire de l'humanité tout entière est traversée par une terrible lutte contre les puissances des ténèbres ; lutte commencée depuis l'origine du monde et qui durera, comme dit le Seigneur, jusqu'au dernier jour » (Gaudium et Spe, 37).

Préambule

Traiter de l'influence du démon dans l'histoire de l'humanité n'est pas simple, et cela pour plusieurs raisons. Tout d'abord, on peut vite être pris pour un excentrique lorsque l'on aborde un tel sujet ou l'on peut s'entendre dire que l'on fait partie de ceux qui entrent dans le jeu des théories des complots. Or, croire en Dieu ne vous déconnecte pas de la réalité, au contraire, cela permet d'apporter de l'humanité et de la morale à ce monde dépravé. Je vous rassure, chers lecteurs, je ne suis pas folle et encore moins complotiste. À travers mes recherches effectuées pour le blogue « Possession et Damnation », l'étude de plusieurs ouvrages, en discutant avec des spécialistes, je me suis rendue compte que le monde tournait à l'envers, que l'humain provoque sa propre destruction. Certains me diront qu'il est profondément mauvais, à la recherche de richesse ou de gloire. C'est vrai. Mais cela n'explique pas les péchés en masse, les génocides… Je ne peux pas concevoir que l'homme soit à ce point abominable pour détruire une communauté entière, pour réaliser autant de choses abjectes que je vais vous raconter dans ce livre. Satan l'aide à l'accomplissement de ces œuvres.

L'influence du démon dans l'histoire de l'humanité est visible, perceptible à travers toutes les époques même si le Diable s'est davantage fait sentir à certaines périodes qu'à d'autres. Et aujourd'hui, il est omniprésent, il est installé, il a pris ses marques et il paraît difficile de pouvoir l'en déloger des cœurs des hommes. Cela s'explique par la montée de l'athéisme enseigné aux masses. Ainsi, ne croyant plus en Dieu, nous ne disposons d'aucune arme pour lutter contre lui. Cela se révèle aussi par l'importance de l'argent et du pouvoir dans notre monde actuel. Aujourd'hui, tout est question d'argent, de richesse. La finance et le dollar dominent ce monde. Et à qui appartient l'argent ? À Satan ! C'est lui qui tire les ficelles, c'est lui qui nous a mis cette fausse idée en tête de la suprématie absolue de l'argent.

Mais si Satan et les démons se montrent aussi néfastes envers l'homme, pourquoi Dieu ne les détruit-il pas ? Tout simplement parce que Dieu ne renie jamais aucune des créatures qu'il a créées.

Avant d'évoquer les pouvoirs de Satan, pouvoirs qui lui servent à corrompre l'être humain, j'aimerais préciser un point important : rien ne se fait sans l'accord de Dieu. C'est-à-dire que c'est Dieu qui permet à Satan de nous torturer, de nous tenter. Et il nous laisse libres d'y consentir ou pas en sachant que nous disposons des outils pour le contrer. Lui résister est notre unique épreuve pour gagner la vie éternelle.

Par contre, ignorer Satan, ne pas y croire en tant qu'entité réelle capable d'interagir avec notre monde est une grosse erreur. Cela lui donne toute la liberté d'user de ses pouvoirs à sa guise. Beaucoup me diront que tout cela n'est que baliverne, et pourtant, regardez autour de vous ! L'ennemi, ce n'est pas le crésus, ou la société de consommation ou les djihadistes... mais Satan qui englobe toutes ces branches. Les richissimes, ceux qui détiennent le pouvoir, les dirigeants des sociétés multinationales les fanatiques... sont des démoniaques sous le joug de Satan (attention, tous les riches ne sont pas des satanistes !)

« L'Écriture nous parle du Royaume de Dieu, mais aussi du royaume de Satan ; elle évoque la puissance de Dieu, l'unique créateur et seigneur de l'univers, mais également le pouvoir des Ténèbres, les enfants de Dieu et les enfants du Diable. On ne peut saisir l'œuvre rédemptrice du Christ sans tenir compte de l'œuvre destructrice de Satan. », Dom Gabriele Amorth dans « Un exorciste raconte ».

Rappelons deux points importants : tout d'abord que le Christ est au centre de la Création et que lui seul viendra juger les vivants et les morts. La deuxième point, Satan était la créature la plus parfaite créée par Dieu. Il se croyait supérieur aux autres anges et pensait comprendre l'œuvre de son créateur sans y parvenir, car le dessein de la Création était orienté vers le Christ. Cela, Satan ne l'a saisi que trop tard. Cette œuvre ne pouvait se révéler clairement avant l'apparition de Jésus dans le monde. D'où la rébellion de Satan qui voulait devenir le premier dans l'absolu, se situer au centre de la Création. Pour satisfaire son orgueil, il s'est opposé au plan que Dieu était en train de mettre en œuvre.

De là, Satan a redoublé d'efforts pour dominer le monde, pour éloigner l'homme de Dieu et le faire plier à sa volonté afin de l'entraîner dans la désolation.

Mais, Dieu ne renie jamais ces créatures, même les plus mauvaises. Par conséquent, Satan et ses anges qui l'ont suivi conservent toujours leur pouvoir et leur rang. Et en créatures libres elles ont été créées, en créatures libres elles sont restées. Le seul interdit de Satan est qu'il ne peut nous tuer. Donc, il cherche à faire de nous ses disciples en nous poussant au suicide et à la désolation.

Jésus est venu sur Terre pour libérer l'homme de la tyrannie de Satan. Mais, entre le premier avènement (celui où Jésus est venu sur Terre) et le second que l'on appelle la Parousie (le moment où Jésus reviendra pour juger les vivants et les morts), le démon veut attirer de son côté le plus de personnes possible, pour les faire souffrir ou en faire des damnés. C'est même une lutte désespérée qu'il mène en se sachant perdu d'avance. Et pour convertir les fidèles, ils disposent de pouvoirs ordinaires (la tentation) et extraordinaires (la possession). Il est important d'expliquer ces notions pour comprendre la suite de cet ouvrage.

Lorsque je parle d'anges et de démons, je fais référence à des êtres spirituels dotés d'intelligence, de volonté, d'un esprit d'entreprise propre et surtout d'une liberté. Aujourd'hui, Satan est identifié à tort à l'idée abstraite du mal et est donc banalisé. C'est une erreur. Et c'est cette erreur qui permet à Satan d'agir. Car son plus grand atout est de nous faire croire qu'il n'existe pas. Et si l'on ne croit pas au Diable, on ne croit pas en Dieu, donc ceux qui croient en l'idée abstraite du Diable ne disposent d'aucun moyen pour lutter contre lui puisqu'ils n'ont plus la foi en Dieu et, donc, n'ont plus les outils pour combattre le Malin.

Satan domine le monde et le gère à l'image d'un chef d'entreprise. C'est-à-dire qu'il s'adapte aux évolutions, à la technologie, aux différents courants de pensée et donne des ordres à ses suppôts qu'il envoie « faire le travail ». Sa horde infernale ainsi que les hommes convertis au démon sont ses employés.

Satan usera de différents stratagèmes pour nous tenter, à travers les médias, la télévision, les publicités… À nous de ne pas céder à ses attaques et le repousser, surtout dans les mauvais jours. Car le démon frappera toujours lorsque nous doutons, nous tombons malades ou nous sommes rongés par le doute…

Ce combat contre Satan concerne tous les hommes et toutes les époques. Mais, le pouvoir de Satan s'est fait ressentir de manière plus sensible à certains moments de l'histoire, avec une augmentation des péchés de masse, et donc de la misère et de la désolation. Par exemple, analysons l'épisode de l'Empire romain d'Occident et sa décadence. Empire si fort, qui dominait le monde et apporta le progrès par des inventions aujourd'hui encore utilisées, mais qui s'est laissé ronger par le mal en multipliant les atrocités, les orgies… Nous reviendrons plus en détail sur l'histoire de l'Empire romain d'Occident.

De nos jours, nous sommes réduits au même point et cela est dû au mauvais usage des médias, au matérialisme, à la société de consommation… que contrôle Satan.

Satan s'oppose à Dieu en réclamant pour lui-même un culte, en exigeant qu'on le déifiât et que l'on construise pour lui des églises. Regardez autour de vous, les sectes sataniques se multiplient. Satan s'appuie aussi sur l'idolâtrie du sexe, de son commerce, tout comme il se sert de l'argent. J'ai coutume de dire que l'argent appartient à Satan. Dans notre société actuelle occidentale, il domine tout, il régit tout. Tout s'achète, tout se monétise, même l'amour ! Le simple fait de sortir en famille est payant. Pourquoi ne pas avoir assez d'argent nous mine-t-il à ce point ? Parce que le dollar pourrit ce monde, qu'on lui a attribué une trop grande importance et celui qui n'a pas d'argent est voué à la mort !

Comme je le disais plus haut, Satan dispose de pouvoirs et il peut en donner à ses disciples, tout comme le Christ a attribué des pouvoirs particuliers à ses disciples, dont celui de chasser les démons en son nom. Satan confère aussi des pouvoirs à ses disciples, à ceux qui pactisent avec lui, à ceux qui lui vouent un culte. Ces pouvoirs offerts sont souvent destructeurs et dévastateurs pour celui qui les obtient, de même pour son entourage.

Partout, dans le monde entier, les satanistes se multiplient et revêtent plusieurs visages : banquiers, gérants de grandes multinationales, chefs d'entreprise, chanteurs, extrémistes, journalistes, philosophes, hommes d'État, hommes politiques…

Mais Satan, en être malin, utilise aussi un autre moyen de nous atteindre et surtout toucher les jeunes. Ce moyen s'appelle la magie, avec sa branche le spiritisme. Voyez comme la magie est banalisée ! Parfois même incitée et louée ! Le simple fait de croire que l'on peut communiquer avec un défunt disparu à l'aide d'une planche Oui-Ja est une aberration ! Il n'existe pas de bons esprits, ni de mauvais, mais des anges et démons. Et lorsqu'un esprit répond à travers une planche Oui-Ja, c'est forcément un démon ou un damné, car les anges communiquent d'une manière différente et surtout pas avec cet outil satanique. Dieu peut parfois autoriser quelques exceptions, mais cela reste rarissime.

Un démon peut retenir prisonnier des âmes afin de les tourmenter. C'est un jeu pour lui. Là où l'on voit un fantôme, c'est qu'il y a forcément un démon pas loin.

Les démons peuvent donc tenter l'homme par différent stratagème afin de faire de lui son disciple. Il peut aussi le tourmenter et posséder celui qui ne veut pas de lui. C'est son pouvoir extraordinaire qui conduit à la possession démoniaque, la vexation démoniaque, l'obsession et l'infestation. Parfois, aussi, il persécute les croyants, comme il a martyrisé Saint Paul de la Croix, le Curé d'Ars, Padre Pio… qui furent frappés, flagellés.

Aujourd'hui, le démon domine notre monde. Il use et abuse de son pouvoir ordinaire, la tentation, et use de son pouvoir extraordinaire, la possession. On sait que Satan prend de plus en plus de puissance lorsque l'on analyse la vision du pape Léon XIII. Cette vision doit être vue comme une prophétie envoyée par Dieu pour que l'homme prenne conscience que celui qui tire les ficelles c'est Satan à travers des hommes rendus puissants grâce à son pouvoir.

Nous sommes le 13 octobre 1884. Le pape Léon XIII termine la célébration de la Sainte Messe dans la chapelle Vaticane, entouré de plusieurs Cardinaux et autres membres du Vatican. Soudain, il s'immobilise au pied de l'autel et reste ainsi environ 10 minutes, comme fixé dans une extase, le visage blanc de lumière. Puis, sans un mot, il se rend de la chapelle à son bureau et compose une prière, celle à saint Michel.

Voici cette prière :

« Saint Michel Archange, défendez-nous dans le combat. Soyez notre secours contre la méchanceté et les embûches du démon. Que Dieu lui retire tout pouvoir de nous nuire, nous vous en supplions ! O Prince très saint de la milice céleste, repoussez en enfer, par la puissance divine, Satan et ses légions d'esprits mauvais qui rôdent dans le monde en vue de perdre les âmes ! »

Il s'agit d'une belle prière que chacun peut réciter dans son propre intérêt.

Une demi-heure plus tard, il appelle le Secrétaire de la Congrégation des rites, et, en lui tendant la feuille où il avait rédigé la prière, lui ordonne de l'imprimer et de la transmettre à tous les Ordinaires du monde. Cette missive contenait l'instruction de réciter cette prière dans toutes les églises, à la fin de la messe, avec la supplication de la Sainte Vierge et l'imploration de Dieu pour qu'il nous aide à repousser Satan en enfer. Ces prières devaient se faire à genoux.

Lorsqu'on demanda au pape ce qui était arrivé, ce dernier expliqua qu'au moment où il s'apprêtait à quitter le pied de l'autel, il entendit deux voix : l'une douce et bonne, l'autre gutturale et dure, qui semblaient venir d'à côté du tabernacle.

Dans ce dialogue, Satan disait avec fierté pouvoir détruire l'Église, mais que pour y arriver, il devait disposer de plus de temps et de puissance. Le Seigneur accepta sa requête et lui demanda de combien de temps et de combien de puissance il avait besoin. Satan répondit qu'il avait besoin d'une centaine d'années et d'un plus grand pouvoir sur ceux qui avaient été mis à son service. Le Seigneur accorda alors à Satan le temps et l'énergie demandés, en lui donnant toute liberté d'en disposer comme il le voulait.

Après ce dialogue, Léon XIII eut une vision terrible. Il a vu notre belle planète bleue enveloppée dans les ténèbres, ainsi que des légions de démons dispersés sur toute la surface de la Terre et occupés à détruire les œuvres de l'Église. Puis est apparu saint Michel Archange qui chassa les mauvais esprits dans l'abîme.

Après cette vision, le pape Léon XIII a également écrit de ses propres mains un exorcisme spécial figurant dans le Rituel Romain. Il recommandait aussi aux évêques et aux prêtres de réciter souvent ces exorcismes dans les diocèses et les paroisses. Lui-même les déclamait plusieurs fois par jour.

Que pouvons-nous dire de cette vision ?

Que celui que Jésus appelait « Le prince de ce monde » allait avoir ses pouvoirs renforcés et allait pouvoir tenter les hommes et les soumettre à lui ! C'était alors à l'homme de lutter contre lui. Et effectivement, les pouvoirs de Satan se sont fait ressentir d'une manière fulgurante tout au long du XXe siècle et pire encore de nos jours.

Je rappelle une chose évidente : Dieu permet à Satan de nous tenter, non pour nous nuire, mais pour que nous lui prouvions que nous avons notre place à ses côtés en combattant le démon. Il n'y a que dans le mal que le bien peut ressortir. Ainsi est la nature humaine. Il n'y a que dans la souffrance que l'homme devient bon. Nous devons gagner notre ticket d'entrée pour le paradis. La vie est notre unique épreuve pour que nous puissions l'obtenir.

Dieu a donc donné plus de pouvoirs à Satan. Et regardez notre monde aujourd'hui, plus de cent ans après cette vision. Ne vivons-nous pas dans une époque régie par le démon ? Partout des guerres, de la famine, des maladies, des génocides et des personnes qui s'enrichissent au profit des pauvres qui se meurent, des gens qui ne pensent qu'à faire du profit. Le mal contrôle notre société, tous nos systèmes, économiques, juridiques, politiques... Il est temps d'ouvrir les yeux. Nous n'avons qu'un seul ennemi et cet ennemi, qui montre plusieurs visages, répond au nom de Satan.

Ce que je viens de dire se vérifie dans la Bible, au livre de Job. Le livre de Job est une explication du mal et de la souffrance et même si l'homme est vraiment juste, il ressentira la souffrance comme les autres. C'est son épreuve pour gagner son entrée au Paradis. Dans ce conte, le Seigneur permet à Satan de mettre Job à l'épreuve, un homme profondément bon. Persécuté par le démon (mort de tous ses enfants, perte de tous ses biens, altération de sa santé), Job ne perd pas la foi, bien au contraire, il repousse toutes les tentatives de corruption du démon. À la fin, Job est glorifié. Dieu le restaure dans tous ses biens, lui rend fils et filles et finit par lui rendre la santé. Ce passage nous aide à comprendre la vision du pape Léon XIII : le Seigneur ne veut pas que l'Église soit détruite, mais il permet une épreuve, épreuve que l'Église elle-même n'a pas su remporter, puisqu'elle s'est pervertie. Aujourd'hui, un espoir ressurgit avec le lent réveil de l'Église.

Dans la mentalité moderne, on pense que la vie est une finalité ultime, au-delà du bien et du mal. Nous ne croyons plus en rien, sauf à un dieu qui ordonne de tuer, à la violence et à l'argent ! Quelle aberration ! La lutte du bien contre le mal existe, mais c'est un combat spirituel qui doit se jouer chaque jour pour faire reculer le démon. C'est l'amour qui doit triompher, l'amour des uns et des autres. Et cela, Satan l'interdit.

Plus tard, le pape Pie XI, qui succéda à Léon XIII, avait voulu qu'en récitant ces prières, une pensée particulière fût accordée à la Russie (allocution du 30 juin 1930). Dans cette allocution, après avoir rappelé les prières pour la Russie qu'il avait sollicitées auprès de tous les fidèles lors de la fête du Patriarche saint Joseph (19 mars 1930), et la persécution religieuse sévissant en Russie, il conclut par ces mots :

« Et pour que tous puissent sans fatigue et sans peine poursuivre cette sainte croisade, nous décidons que les prières que notre bien-aimé prédécesseur Léon XIII a ordonné aux prêtres et aux fidèles de réciter après la messe soient dites dans cette intention spécifique, à savoir pour la Russie. Que les évêques et le clergé séculaire et régulier prennent soin d'informer les fidèles et ceux qui assistent au Saint-Office, et qu'ils ne manquent pas de leur rappeler ces prières. »

Ici, le Pontife a clairement pris en compte la présence effrayante de Satan.

La disposition établie par Pie XI n'a pas été respectée, la faute incombant à ceux à qui elle avait été confiée. Et l'Église n'a plus fait de Satan son combat. Grosse erreur ! Aveuglement que nous payons aujourd'hui...

Une dernière chose, car je vois déjà certains d'entre vous crier au scandale en lisant cet ouvrage et évoquer un style trop écolier, collégien. Mon but n'est pas d'entrer à l'Académie française ni d'écrire de la haute littérature. Lorsque j'ai rédigé ce livre, je n'ai pas cherché à faire de la littérature. J'ai voulu qu'en le lisant, les lecteurs aient l'impression que je me trouve à côté d'eux et que je leur parle. Je ne suis pas une littéraire, même si j'écris des romans et des nouvelles à mes heures perdues. Cette activité reste pour moi une passion et un exercice très difficile. J'ai réalisé un cursus scientifique et non littéraire ainsi que des études de démonologie. Donc, inutile de me comparer à Balzac ou à Zola, je n'en ai pas le talent ! Le but de cet ouvrage n'est pas de mettre en avant des capacités littéraires que je ne possède pas, mais de vous prouver l'existence du Diable. De même, je ne suis pas historienne. Pour rédiger ce traité, je me suis appuyée sur de nombreux ouvrages, j'ai consulté des spécialistes et lus certains sites internet. Puis, je me suis efforcée de trier toutes les informations reçues afin de ressortir celles qui me semblaient les plus justes, les plus fondées. Je ne détiens pas la science infuse et la rédaction de ce manuscrit m'a demandé un long travail d'investigation. Je m'excuse à l'avance pour les éventuelles erreurs.

À présent que toutes ces choses sont dites, nous pouvons entrer dans le vif du sujet et aborder plusieurs périodes historiques dans lesquelles la présence du démon s'est fait ressentir d'une manière tellement vivace que cela en est évident.

La chute de l'Empire romain d'Occident

L'Empire romain, ses conquêtes, son pouvoir sur une partie du monde, sa supériorité. Un peuple fier, destiné à un haut avenir. Comment expliquer le déclin d'une telle puissance impériale ? Comment l'Empire romain d'Occident a-t-il pu disparaître alors qu'il était le plus riche et le plus armé des autres communautés qui l'entouraient ? Les Romains ont conquis de nombreux territoires sur plusieurs siècles et ce si grand Empire s'est éteint en moins de cent ans ! Ce qui paraît relativement court d'un point de vue historique, surtout pour un peuple aussi puissant qu'étaient les Romains.

Pour vous donner une idée, voici une petite liste des pays actuels qui ont été soumis, conquis ou assujettis à l'Empire romain. En Europe, il y avait l'Angleterre, le pays de Galles, le Portugal, l'Espagne l'Andorre, la France, Monaco, l'Italie, Saint-Marin, le Vatican, Malte, la Belgique, la partie sud des Pays-Bas, le Luxembourg, la partie sud-Ouest de l'Allemagne, la Suisse, le Liechtenstein, l'Autriche, la Hongrie, la Slovénie, la Croatie, la Bosnie-Herzégovine, la Serbie, le Kosovo, la partie sud de la Roumanie, la Bulgarie, l'Albanie, la Macédoine, la Grèce, la Chypre et des portions de la Russie et de l'Ukraine. En Asie, les Romains avaient envahi les territoires actuels de la Turquie, de la Syrie, du Liban, d'Israël, la Palestine, la Jordanie, la partie nord-ouest de l'Arabie saoudite, l'Arménie, la Géorgie, l'Azerbaïdjan ainsi que des portions de l'Irak et de l'Iran. Les Romains avaient aussi conquis des territoires en Afrique du Nord, notamment ceux de l'actuelle l'Égypte, de la partie nord de la Libye, de l'actuelle Tunisie, de la partie nord de l'Algérie ainsi que la partie nord du Maroc.

Carte de l'Empire romain à différentes dates de son évolution

Un territoire romain immense et puissant qui s'est effondré en quelques années. Pourquoi ? Comment ?

Plusieurs théories tentent de comprendre ce phénomène, sans jamais y parvenir totalement. Les historiens n'ont jamais réussi à donner une explication claire sur le déclin de l'Empire romain. Tout au plus, ils avancent des faits. Pour leur défense, il n'est pas facile d'étudier une période aussi reculée dans le temps. Il faut se baser sur des sources postérieures que l'imagination du peuple a pu déformer ou que certains écrivains ont pu enjoliver. Moi qui ne suis pas historienne, je serais incapable de vous donner une explication du déclin de l'Empire romain. Par contre, je vous exposerai ma théorie, car j'ai bien une idée sur la question.

De la naissance au déclin

Une chose est sûre, Rome ne s'est pas construit en un jour ! L'Empire romain ne s'est pas développé en vase clos et l'on ne peut comprendre sa naissance qu'en la replaçant dans la vie de l'époque dans le centre de la péninsule italienne. Dire que L'Empire romain a progressé sans solution de continuité et par une sorte de mouvement purement individuel est une idée fausse. Il faut voir Rome comme une partie intégrante et intégrée de peuples latins dont elle a partagé le destin.
Les Romains ont entretenu des rapports étroits avec les peuples du Latium, surtout avec deux civilisations de haut niveau qui l'encadraient au sud et au nord. Il s'agit bien sûr des Grecs et des Étrusques, dont Rome s'est inspiré et s'est approprié les croyances.
L'histoire de Rome est très complexe. On ne peut parler d'une croissance continue, car les progrès ont succédé à des reculs et des replis et la tradition devait être constamment contrôlée et rectifiée sur plusieurs points.
Pour faire simple et court, on distingue trois grandes périodes, la Royauté, la République et enfin l'Empire.

La royauté (-753 à -509

Les historiens situent la naissance de Rome vers -900 à -753 av J.-C, avec l'installation des Étrusques en Italie et la création de Carthage par les Phéniciens en -814 av J.-C.

La légende de la fondation de Rome avec Romulus et Rémus

La fondation de Rome en tant que royauté est située à l'an -753 av J.-C. La légende raconte que Romulus aurait bâti Rome après l'assassinat de son frère Rémus. Romulus serait donc le premier monarque de Rome. Cette légende de la fondation de Rome par les deux frères jumeaux Romulus et Rémus fait partie de la mythologie romaine qui nous raconte l'histoire de deux frères, fils de la vestale Rhéa Silvia et du dieu Mars jetés dans le Tibre et recueillis par une louve. Ceci est la légende traditionnelle de la fondation de Rome, mais l'on ne va pas s'attarder sur le sujet.

Les deux frères décident d'établir une ville et choisissent pour emplacement l'endroit où on les avait abandonnés et où ils avaient grandi. Mais, les deux frères se disputent sur le droit de donner un nom à la cité et donc de la gouverner. Romulus finit par tuer son frère et entreprend la construction de la ville qu'il baptisera Rome pour mémoire à sa gloire.

Si l'on se réfère à cette légende, Rome s'est bâtie sur le sang, ce qui peut expliquer son malheur, son déclin. Romulus aimait le pouvoir, ce qui l'a poussé aux meurtres. Comme les rois et empereurs qui lui succéderont. C'est déjà le début de la décadence.

Très vite, la ville attire des vagabonds et des esclaves qui y trouvent un refuge. D'après l'histoire, Rome manquait de femmes et donc Romulus en a kidnappé aux cités mitoyennes, ce qui induit un mélange avec les peuples aux alentours. Certaines victimes de haut rang sont forcées d'épouser des Romains de basse condition et les plus belles filles sont réservées aux notables.

Ce qui provoque la fureur des communautés voisines. Ils sont outragés par ces vols de femmes. Ils forment une coalition dirigée par le roi de Cures Titius Tatius et déclarent la guerre à Romulus. Titius Tatius écrase les soldats de Caenina, tue leur chef Acron et prend la ville. Puis, il triomphe sur les Antemnates et, à la demande de sa femme d'origine sabine, il les épargne et leur accorde le droit de cité à Antemnae. Les Sabins parviennent à pénétrer à Rome et s'emparent de la citadelle du Capitole. Le combat s'annonce rude et surtout indécis pour les deux camps. Finalement, ce sont les femmes qui rétabliront la paix. C'est ainsi que Romains et Sabins fusionnent. Le gouvernement est alors concentré à Rome et double sa taille.

Pièce de monnaie à l'effigie de Tarquin le Superbe, dernier roi de Rome

De -753 av J.-C., date qui correspond à la fondation de Rome par Romulus, jusqu'à -509 av J.-C., des monarques d'origine sabine, puis étrusque (le dernier sera Tarquin le Superbe) gouverneront Rome. La fin du règne de Tarquin le Superbe signera la fin de la royauté et le début de la République romaine. Ces différents rois commenceront les conquêtes des terres avoisinantes, notamment de la vallée du Pô, de la Corse et de Marseille.

Revenons un peu sur l'histoire de la naissance de Rome. Rome a été fondée sur un fratricide, sur des femmes kidnappées, sur des guerres... donc sur du sang. C'est peut-être pour cela qu'elle ne connaîtra pas la paix. Le Mal Absolu régnait à Rome dès le début de sa construction.

La république (-509 à -27)

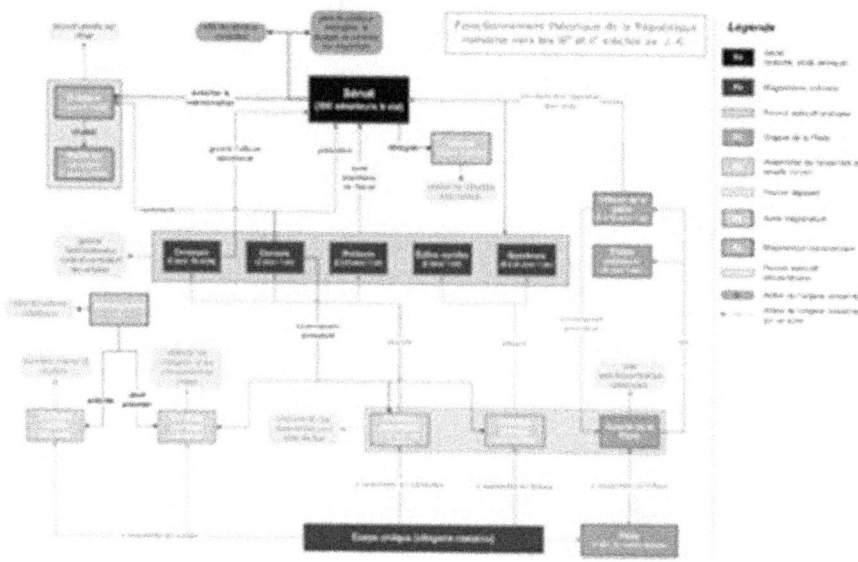

Fonctionnement théorique de la République romaine entre le IIIe et le IIe siècles av. J.-C.

Sous la république, Rome est gouvernée par le Sénat organisé de patriciens et de deux consuls élus chaque année. Rome se veut libre, mais est située au carrefour des voies commerciales entre la Toscane et la Campanie et doit s'imposer par la force et la violence.

Comme Rome est composée d'hommes et de femmes de diverses origines, petit à petit un système juridique et de normes de comportements s'établit, afin de gérer la vie en communauté. Rome progresse et s'agrandit grâce à des guerres et se place sous la domination de l'argent, du pouvoir, du luxe et non de la bienveillance, de l'indépendance des autres et de la justice. Rome veut assujettir le monde, a soif de conquêtes.

Rome lutte sans cesse, sans répit contre ses voisins les Latins et les Étrusques puis en occupant le sud de la péninsule où les Grecs avaient fondé de nombreuses colonies. Petit à petit, la république de

Rome gagne du terrain. Au cours des guerres puniques (-226 à -146), Rome combat Carthage et s'approprie progressivement des territoires en méditerranée occidentale, comme la Sicile et la Sardaigne. Carthage est prise totalement et détruite en -146. À l'ouest, Rome pénètre au pôle méridional et s'empare d'une large partie de l'Espagne. À l'est, elle occupe la Macédoine, la Grèce puis le royaume de Pergame. Désormais, Rome contrôle la plupart des rivages nord-méditerranéens.

La République s'agrandit à force de guerres successives, l'armée romaine est puissante, crainte. Mais à l'intérieur de Rome, dès le 1er siècle avant notre ère, des déséquilibres sociaux apparaissent. Les riches s'enrichissent, les pauvres s'appauvrissent. Ce qui entraîne de nombreux troubles en Italie. Le Sénat et le Consulat ne tiennent pas compte de la grogne du peuple. Avides de pouvoir et de conquêtes, les généraux cumulent des fonctions militaires et politiques. Le plus célèbre de ces généraux, le puissant et cruel Jules César (-100 - -44) s'impose à Rome avec le titre de dictateur.

Vercingétorix dépose les armes aux pieds de Jules César à l'issue du siège d'Alésia. Tableau de Lionel Royer, 1899.

Attardons-nous un instant sur ce personnage qui marqua le monde romain et l'histoire de l'humanité. Jules César était ambitieux, stratège, tacticien hors pair, intelligent. Il repoussa les frontières romaines jusqu'au Rhin et à l'océan Atlantique en conquérant la Gaule, puis il utilisa ses légions pour s'emparer du pouvoir. C'est ainsi qu'il se fit nommer dictateur à vie, ce qui déplut à certains sénateurs qui conspirèrent contre lui et l'assassinèrent. À sa mort, son fils adoptif, Octave, acheva la réforme de la République romaine et fonda le principat et l'Empire romain. Pendant la même période, on éleva Jules César au rang de divinité.

C'est donc le décès de Jules César qui signe la fin de la République romaine.

César c'est aussi l'homme du peuple qui offre des représentations théâtrales, des courses, des joutes d'athlètes, des spectacles de chasse et de gladiateurs, des reconstitutions de combat... pour le distraire. Il organise des banquets immenses réunissant près de 200 000 convives, distribue de l'argent à chaque citoyen et rétribue ses légionnaires avec générosité.

La population est satisfaite et loue Jules César. Ce dernier entreprend des réformes administratives, fait procéder à un recensement, et ajuste à la baisse le nombre d'allocataires des distributions de blé. Il compense cette mesure en installant 80 000 citoyens pauvres et des soldats démobilisés dans de nouvelles colonies dans les provinces, dont Carthage et Corinthe qu'il fait construire.

Mais César doit faire face à plusieurs soulèvements du parti pompéien en Espagne, pourtant vaincu et mené par Pompée le Jeune. Cette guerre, qui débute en décembre 46 av. J.-C. est longue et particulièrement meurtrière. Il y aura beaucoup d'exécutions de part et d'autre des clans. Elle se finira en avril 45 av. J.-C. lorsque les derniers adversaires sont vaincus à Munda, dans une bataille acharnée et meurtrière.

Jules César, autoproclamé dictateur après cette victoire, nomme lui-même les magistrats supérieurs, et fait cesser le cycle infernal des campagnes électorales payées par la corruption et l'extorsion financière sur les provinces. Ces dernières s'en trouvent soulagées, mais les publicains, qui voient leurs bénéfices s'amoindrir, affichent leur colère et s'opposent à ce nouveau décret. Jules César ne les écoute pas et désigne Marc Antoine comme consul et Marcus Junius Brutus et Cassius comme préteurs.

Cassius, qui espérait le consulat est déçu, ce qui va l'amener à conspirer contre le dictateur. Il regroupe autour de lui des opposants, d'anciens Pompéiens graciés par lui-même, mais aussi des césariens qui ont servi lors de la guerre des Gaules, comme Decimus Junius Brutus Albinus. Ce dernier deviendra le chef symbolique du complot contre César. Des rumeurs parviennent jusqu'à César, qui s'en moque.

Le 14 février 44 av. J.-C., le Sénat confère à César la dictature perpétuelle. Son pouvoir est désormais sans limites et ses premières résolutions sont plutôt surprenantes : il décrète une amnistie générale et licencie sa garde personnelle. En faisant cela, il néglige les présages des devins qui l'avertissent du danger ainsi que ses cauchemars récurrents à propos de sa mort. Tout au plus, il convint de ne prendre aucune décision importante. Et ce qui devait arriver advint : les comploteurs assassinent César. Plusieurs hommes l'attaquent et César reçoit 23 coups de poignard. L'assaut ultime vient de Brutus. Beaucoup d'auteurs antiques ont rapporté cet attentat tellement il a troublé les esprits. Le tout puissant César, celui que l'on avait élevé en divinité, assassiné par une poignée d'hommes ! Cela semble impensable ! Et pourtant... César n'était qu'un homme, un homme qui se croyait un dieu et qui est mort comme un homme !

Pourquoi avoir assassiné César ? D'après Plutarque, il semblerait que César voulait détruire la République et remettre la royauté. Pour Ronald Syme, César fut tué pour ce qu'il représentait et non pour ce qu'il avait l'intention de réaliser ou devenir. En se faisant proclamer dictateur à vie, il a écarté tout espoir de retour à un gouvernement normal et constitutionnel. Et beaucoup de son entourage n'ont pas supporté la situation.

On peut se poser la question de savoir pourquoi César, un mois avant sa mort, s'était débarrassé de sa garde personnelle. Pourquoi n'avait-il pas tenu compte des présages et de la rumeur d'attentat ? Pourquoi était-il resté indifférent face aux avertissements sur les complots et aux prédictions défavorables ? Selon Régis Martin, César croyait que rien ne pourrait le vaincre, personne ne pourrait le tuer. Il s'assimilait à dieu et était persuadé que sa mort entraînerait la guerre civile, donc personne n'oserait le toucher. Ne pourrait-on pas voir dans cette attitude un début d'influence de Satan ? En effet, César se croyait invincible, se prenait pour une divinité, affichait un orgueil et une fierté sans limites. Des idées propres à Satan.

L'Empire romain (-27 à 476)

Après la mort de Jules César, Caius Octavius (-63 – 14), appelé Octave, son fils adoptif, bâtit l'Empire romain et prend le nom d'Auguste. Le retour à la paix civile marquera son règne.

Peu après l'assassinat de Jules César, avec Marc Antoine et Lépide, il fonde le Second Triumvirat afin de défaire les meurtriers de César. Après leur victoire à Philippes, les triumvirs se partagent le territoire de la République romaine et gouvernent chacun en dictateur militaire. Le triumvirat est dissous à cause des ambitions grandissantes de ses membres. Encore un signe de Satan et de son orgueil ! Lépide est envoyé en exil et Marc Antoine se suicide après sa défaite face à Auguste à Actium en 31 av. J.-C. Désormais, Auguste est le seul maître de l'Empire romain.

Auguste, fondateur de l'Empire romain et l'un de ses plus grands réformateurs.

Auguste poursuit la politique de conquête de son père, mais connaîtra plusieurs échecs en Germanie, ce qui va le conduire à fixer les frontières de l'empire aux grands fleuves (le Rhin, le Danube et l'Euphrate).

Dans le même temps, Auguste restaure les institutions républicaines, mais seulement en apparence. En effet, il rétablit le Sénat, les magistrats et les assemblées législatives sur le papier, mais garde un pouvoir autocratique et continue à gouverner comme un dictateur militaire. Il s'empare peu à peu et légalement des pouvoirs conférés à vie par le Sénat, comme le commandement suprême des armées, la puissance tribunitienne ou la fonction de censeur. Et après plusieurs années, il obtient un gouvernement régenté par lui seul. Il devient donc un roi, mais refuse ce titre et préfère le nom de principat. Ce qui constitue la première phase de l'Empire romain.

Auguste instaure la Pax Romana, ce qui va induire une période de stabilité pour l'Empire. Il continue les attaques défensives et agressives aux frontières, fait face à guerres civiles, mais les grands conflits d'invasion ne menacent plus l'Empire. Et cette paix durera plus de deux siècles. Auguste réforme le système de taxation, développe les voies de communication. C'est ainsi que le premier réseau officiel de poste est né. Il établit aussi une garde prétorienne et des services de police et de pompiers dans Rome. Une grande partie des monuments de la ville sont reconstruits et embellis durant son règne.

À sa mort, en 14, son fils adoptif Tibère lui succède et continue sa politique.

Quelques extensions supplémentaires de l'Empire interviennent dans le courant du 1er siècle de notre ère, en Grande-Bretagne, en Thrace, en Cappadoce et en Maurétanie. L'Empereur Trajan entreprend les dernières guerres de conquête au début du IIe siècle contre les Daces, puis contre les Parthes en Arménie et en Mésopotamie. Mais, l'armée romaine est très éphémère dans ces régions orientales et Rome doit consolider ses frontières.

Au milieu du IIIe siècle, des crises politiques intérieures menacent à nouveau l'Empire, tandis que les frontières cèdent une première fois devant les attaques barbares. À plusieurs reprises, les Francs, les Goths et les Alamans pénètrent fortement à l'intérieur de l'Empire. À la fin du IIIe siècle, les empereurs Diodetiens et Constantin rétablissent les frontières et conduisent une profonde rénovation de l'État Romain. Constantin fonde une nouvelle capitale qu'il baptise Constantinople.

Partage de l'Empire romain en 395

Durant le règne de Théodore 1er (379 – 395), la pression extérieure sur les frontières reste forte et ce dernier autorise, en 382, les Wisigoths à s'installer en territoire romain, au sud du Danube. À la mort de Théodore, en 395, l'Empire romain est partagé entre ses deux fils, ce qui consacre la rupture définitive entre l'Empire romain d'Orient, qui deviendra l'Empire byzantin, et l'Empire romain d'Occident. On ne parlera pas de l'Empire byzantin qui subsistera jusqu'en 1453, mais de la chute de l'Empire romain d'occident, qui va disparaître en quelques années.

En effet, dès le début du Ve siècle, la situation militaire devient critique dans la partie occidentale de l'empire. En 406, plusieurs peuples germaniques, Vandales, Suèves, Alains franchissent le Rhin et ravagent la Gaule puis gagnent l'Espagne. En 410, les Wisigoths envahissent l'Italie et pillent Rome. Deux ans plus tard, les Vandales passent en Afrique du Nord, puis prennent Carthage en 439. Le dernier empereur, Romulus Augustule, est battu par Odoacre, le chef des Goths, en 476. C'est la fin de l'Empire romain d'occident.

Notez, chers lecteurs, comme la chute de ce grand empire a été rapide. En 395, l'empire est divisé en deux, en 476, l'Empire romain d'occident disparaît. Il a fallu seulement 90 ans pour que Rome s'effondre ! Pour l'histoire de l'humanité, 90 ans représentent un grain de sable sur une plage du Pacifique !

Je devais vous exposer tout ce pan de l'histoire pour bien vous faire comprendre que cette chute éclair ne peut s'expliquer rationnellement. L'Empire romain dominait le monde, son armée était puissante, disciplinée. Et tout est parti en fumée en quelques années !

Médaillon de bronze de Caligula.

Au revers, Agrippine, Drusilla et Julie tenant des cornes d'abondance.

Notez aussi, chers lecteurs, ce petit détail : Romulus a bâti Rome et c'est sous le règne de Romulus Augustule que l'Empire sera détruit. C'est peut-être un signe. Souvenez-vous, Rome a été fondée sur un fratricide, et s'est éteinte dans le sang. Maintenant, à moi de vous démontrer que Satan a influencé le déclin de l'Empire romain d'Occident et sa chute. J'ajoute que des rois et des empereurs tyranniques et barbares ont gouverné Rome à l'exemple de Caligula, pour ne nommer que lui. Caligula prend la tête de l'Empire romain en l'an 37 de notre ère, succédant à Tibère. Il se présente comme un empereur juste, libéral, qui soulage le peuple du règne tyrannique de Tibère. Mais, très vite, Caligula va lui-même devenir un cruel persécuteur. Il va gouverner en monarque absolu, va se montrer d'une extrême sévérité envers ses sujets, va vider les caisses de l'État et surtout, va s'adonner à la débauche. Il agira en despote suprême, se prendra pour un dieu (Jupiter), et deviendra mégalomane. Il ridiculisera le Sénat, prostituera les femmes des consuls et s'amusera à pratiquer des tortures ignobles qui se termineront souvent en meurtres. Caligula sera tué en 41, assassiné par plusieurs membres de la garde prétorienne. Avait-il sombré dans la folie comme le pensent certains écrivains et historiens ? Était-il possédé par des démons ? On ne le saura jamais, mais avouez que ce personnage était démoniaque ! Il était un monstre sanguinaire, un dément. Voici encore un autre empereur démoniaque en la personne de Néron.

Néron était un sadique et un vicieux

Ce dernier fut empereur de 54 à 58. Il fut surtout connu pour être un sadique et un vicieux. Néron, l'histrion qui s'exhibait en jupette dans les théâtres après avoir assassiné son frère, sa mère et deux de ses épouses. Néron, l'incendiaire qui brûla sa ville. Néron, le persécuteur démoniaque qui fit porter le chapeau du feu destructeur à des chrétiens innocents, les utilisant en guise d'éclairage public ou les donnant en pâture aux lions dans l'arène. Néron le débauché qui participait à des orgies monstrueuses, qui devint l'épouse soumise d'un de ses favoris et qui convola en justes noces avec un castrat à peine pubère. Néron était un démoniaque. Il y aurait tellement de choses à dire

dire à son sujet qu'il faudrait lui consacrer un chapitre entier !

Tous ces empereurs démoniaques ont contribué à la chute de l'Empire romain d'occident.

La religion

Dans cette partie, j'évoquerai les principaux traits de la religion romaine, étudiée à Rome même. Je ne traiterai pas des cultes provinciaux et municipaux de l'Empire, cultes adressés aux divinités du panthéon gréco-romain ou aux divinités officielles ou locales. Je vais m'efforcer d'exposer ce qu'était la religion romaine et surtout son évolution jusqu'au christianisme. Je peux déjà noter que le chef de la religion chrétienne porte encore le titre de souverain pontife et que beaucoup de célébrations chrétiennes sont d'antiques fêtes du paganisme romain. D'ailleurs, on a construit beaucoup d'églises et de lieux de pèlerinage sur les emplacements où étaient pratiqués des cultes antérieurs au christianisme. Notons que le christianisme s'est développé en intégrant d'anciens rites d'origine romaine, mais aussi celtiques et germaniques. Et que les chrétiens ont démonisé presque toutes les divinités romaines, grecques, germaniques...

Avant le christianisme, la religion romaine était un ensemble de croyances, de rites et d'institutions qui se forma à l'intérieur du Latium vers le milieu du XIIIe siècle av. J.-C. Ces croyances persistèrent jusqu'à ce que la religion chrétienne vienne les supplanter. Cette religion apparaît, dès l'origine, comme l'un des organes essentiels de Rome et jamais elle ne sera complètement dégagée de la politique.

La religion de la Rome antique n'a rien d'une religion unique. Elle est un ensemble de pratiques et de croyances que les Romains considéraient comme proprement romaines, même si de nombreux cultes ont été importés à Rome ou étaient pratiqués par les peuples vivant dans l'Empire romain. Les Romains étaient profondément religieux et attribuaient le succès de leur empire aux divinités. La religion de la Rome antique s'est construite progressivement par voie d'accession, par des assimilations des croyances et des rites des peuples dominés par Rome. Cette religion a évolué dans le temps, s'est transformée au cours des siècles. Elle est complexe, car mêlée d'éléments étrangers.

Grâce à des témoignages archéologiques et épigraphiques, on connaît la religion romaine à partir du IIIe siècle avant notre ère. Avant, on ne se sait pas grand-chose. Les Étrusques et les Grecs ont principalement influencé cette religion. Sous sa forme première, les historiens pensent que ces religions étaient polythéistes, mais que ce polythéisme ressemble à un panthéisme et que ces religions sont devenues anthropomorphiques. En effet, on considérait les divinités comme des êtres animés, de sexe différent et ayant des relations entre eux, des rapports hiérarchiques.

L'idée était que tout individu, tout groupe d'individus (cité, famille...), tout objet, tout acte, tout animal, tout phénomène naturel... donc toute chose possédait son propre génie. On peut ainsi dire que les dieux primitifs de Rome étaient des génies et des démons. C'était une forme de démonologie et le nombre de divinités (donc de démons) était infini. Ces dieux n'avaient pas de physionomies individuelles, on ne les dessinait pas sous des traits humains, on ne leur donnait pas de sexe.

Les Romains croyaient en plusieurs êtres surhumains possédants des pouvoirs qu'ils appelaient des dieux. Ces derniers habitaient en des lieux précis, comme Jupiter sur la colline du Capitole à Rome ou encore Zeus sur l'Olympe. Ces dieux disposaient aussi de facultés spéciales, comme Mars que l'on considérait comme le dieu de la guerre ou Vénus la déesse de l'amour. Les Romains craignaient ces dieux. Ils leur vouaient des cultes pour garder une bonne entente avec eux. Ils effectuaient donc, si je peux me permettre ce terme, de la diplomatie avec ces dieux afin de rechercher la paix avec eux. Et le culte n'est pas personnel, mais collectif et vise le bien-être de la cité. C'est la mythologie romaine telle que nous la connaissons aujourd'hui. Cette mythologie était presque entièrement d'origine grecque. Il y avait des dieux du ciel, des dieux de la terre et des dieux des enfers. Notez que déjà à cette époque, on parlait de l'enfer. Citons, pour mémoire, Jupiter et Diana, des divinités du ciel. Les divinités de la terre étaient nombreuses. Elles comprenaient des dieux ou des déesses habitant les forêts, les montagnes... Parmi ces divinités terrestres, on trouvait Saturne, Fauna, Silvanus, Cérès, Vénus... et on les priait pour protéger l'homme dans tous les actes de la vie courante, pour recevoir une bonne récolte, pour réussir son ouvrage, pour obtenir l'amour... Les divinités des enfers regroupaient tous les dieux et déesses du monde souterrain et de la mort, comme Dis Pater, les Lémures, les Manes..., mais aussi des divinités des eaux, comme Neptune, les Nymphes, Fontus et Juturna.

Toutes ces croyances, ces mythes se mirent en place durant la République. Ce n'est qu'à cette époque que les divinités grecques envahirent progressivement la religion romaine. Beaucoup de ces divinités grecques prirent des noms romains, comme Artémis qui devint Diane, Déméter qui devint Cérès, Hermès qui changea son nom en Mercure, Aphrodite qui se vit attribuer le nom de Vénus et ainsi de suite. Seul Apollon garda son nom grec. De même, Jupiter fut confondu avec Zeus, Junon avec Héra, Minerve avec Athéna. Le christianisme diabolisa et démonisa presque toutes ces divinités.

Arrêtons-nous un instant sur ce fait : dans la Bible, au premier Testament, on se souvient de l'épisode du Veau d'Or. Alors que Moïse recevait les Tables de la Loi sur le mont Sinaï, les Hébreux, à peine libérés du joug de Pharaon, ne le voyant pas revenir, prièrent Aaron de leur construire une idole d'or. Ils fondirent tous les bijoux, des bracelets, des colliers, des boucles d'oreilles..., qu'ils avaient emportés avec eux lors de la fuite. Avec l'or fondu, Aaron façonna un veau d'or et les Hébreux l'adorèrent à l'image du taureau d'Apis qui était vénéré en Égypte. Lorsque Moïse descendit du mont Sinaï et qu'il vit les Hébreux vouer un culte à une idole, il se mit en colère et brisa les Tables de la Loi. En effet, Dieu avait interdit l'adoration d'idoles et donc les Hébreux avaient péché. Par analogie, les Romains priaient des divinités, des idoles, donc des démons, et étaient de grands pécheurs ! Gardez cette réflexion en tête pour comprendre la suite du récit.

Revenons un instant sur la mythologie romaine, sur les divinités louées et priées par les Romains et établissons une correspondance avec la démonologie chrétienne. Les Romains adoraient douze grands dieux qui sont Jupiter (Zeus), Junon (Héra), Neptune (Poséidon), Minerve (Athéna), Mars (Arès), Vénus (Aphrodite), Apollon, Diane (Artémis), Vulcain (Héphaïstos), Vesta (Hestia), Mercure (Hermès) et Cérès (Déméter).

En démonologie, on trouve le démon Abaddon dont le nom grec est Apollyôn. Or, Apollyôn n'est autre que le dieu solaire Apollon vénéré par les Grecs et les Romains. Il y a un mimétisme certain entre les deux noms et c'est sans doute pour cela qu'Apollon se retrouve démonisé en Abaddon. Ce démon très puissant, chef des démons de la 7e hiérarchie, est le démon de la destruction et de la dévastation. Il représente l'Ange exterminateur de l'Apocalypse. Et là, chers lecteurs, vous allez me dire qu'Apollon, que les Romains considéraient comme une divinité plutôt bénéfique, le dieu de la Lumière, des Arts et de la Divination, se retrouve injustement démonisé en une créature funeste. Et pourtant... l'Apollon romain n'avait rien de gentil, il se montrait aimable, mais restait un démon. D'ailleurs, les Romains représentaient Apollon comme une divinité très belle tenant un arc. Abaddon dessiné avec un corps splendide de femme, une tête d'aigle, des pieds en forme de serres, agrippant une flèche dans sa main gauche. Autre similitude : en sorcellerie et magie, le sorcier ou le magicien invoque Abaddon pour résoudre un conflit amoureux. A priori, on voit mal un démon nous réconcilier avec l'être cher. Or, si l'on considère qu'Abaddon est Apollon, on comprend mieux pourquoi les sorciers l'adjurent pour résoudre un conflit amoureux. En effet, Apollon était le plus beau des dieux grecs, mais malgré sa grande magnificence, n'a jamais réussi à trouver l'amour. Voilà qui expliquerait pourquoi on fait appel à Abaddon.

J'ajoute, pour l'information, que la plupart des démons enseignent des arts, comme la divination, l'astrologie, la physique, la chimie... cela dans le but de donner à l'homme l'impression de connaissance et donc de lui faire croire qu'il devient l'égal de Dieu voir le surpasse.

Toujours en démonologie, on trouve la démone Hecate, qui est une divinité hellénistique au triple aspect lunaire, cosmique, tellurique et infernal. D'après Collin de Plancy, Hecate représente Diane sur terre, Proserpine aux enfers, et la Lune dans le ciel. Donc, notre Diane romaine ou Artémis grecque serait la démone Hecate.

Alastor

Démon Alastor d'après Collin de Plancy

Autre exemple avec le démon Alastor. Dans la mythologie romaine, ce démon représente le génie maléfique de la maison, celui qui attire les résidents à commettre des péchés. Il était donc souvent associé aux querelles familiales et on le priait pour faire cesser ces querelles qu'il avait provoquées. Dans la mythologie grecque, Alastor est associé aux péchés qui se transmettent de génération en génération et à l'esprit de vengeance. En démonologie, ce démon est lié à l'idée de vengeance. Collin de Plancy nous en donne une définition assez précise : « Alastor est un démon sévère, exécuteur suprême des sentences du monarque infernal. Il fait les fonctions de Némésis. Zoroastre l'appelle le bourreau ; Origène dit que c'est le même qu'Azazel ; d'autres le confondent avec l'ange exterminateur. Les anciens appelaient les génies malfaisants alastores, et Plutarque dit que Cicéron, par haine contre Auguste, avait eu le projet de se tuer près du foyer de ce prince pour devenir son alastor. » On voit bien, d'après cette définition, que les Romains connaissaient et surtout vénéraient Alastor

Parlons aussi des Nymphes que les Romains honoraient comme des déesses des eaux. Dans la mythologie gréco-romaine, les nymphes étaient des divinités subalternes de sexe féminin associées à la nature. Elles personnifiaient les activités créatrices et productrices de la nature. Elles pouvaient habiter un lieu particulier ou s'occuper d'un élément et l'on pouvait leur vouer un culte localement. Elles étaient filles de Zeus ou nées des gouttes de sang d'Ouranos et représentaient la vie des eaux, de la végétation et de la Nature. Elles présidaient aux phénomènes naturels et étaient chargées de prendre soin des plantes et des animaux. On peut donc en conclure qu'elles étaient bienfaitrices et bienveillantes. Or, si l'on y regarde de plus près, on s'aperçoit que le nom Nymphe a donné le terme nymphomane, car les nymphes étaient réputées pour leur hypersexualité. Les Grecs partageaient les nymphes en plusieurs classes. Il y avait les mélies qui possédaient le pouvoir de favoriser une personne ou de la tromper. On voit déjà que les nymphes peuvent aussi faire le mal et, chose plus incroyable, les Grecs disaient d'une personne possédée par des démons qu'elle était remplie de nymphes. Donc, en démonologie, les nymphes sont des démones.

Je pense qu'il est inutile de multiplier les exemples pour comprendre que les Romains vénéraient des démons et leur vouaient des cultes. Il faut aussi garder en tête que les Romains se sont appropriés la mythologie grecque ainsi que d'autres croyances et religions venues d'Orient. Ces divinités honorées par les Égyptiens, les Phrygiens, les Syriens... se sont imposées dans la mythologie romaine. Cybèle, la déesse de Pessinonte, vénérée à Phrygie, arriva à Rome dès l'année 204 av. J.-C. Il en est de même avec Bacchus ou encore Isis, Sérapis, Adonis... Toutes ces divinités sont des démons. Les Romains ne purent empêcher ces divinités et ces cultes d'Orient d'envahir la cité. La divinité Baal venue de Syrie devint, par exemple, un dieu populaire. On sait que Baal est un démon. Petit à petit, l'antique religion nationale fut délaissée au profit des religions orientales. Certains s'adonnèrent à la philosophie et le peuple commença à se passionner pour la magie venue de Perse. Le Diable était maintenant bien installé à Rome.

À Rome, on distinguait le culte privé et le culte de l'État. Le culte privé était familial, domestique. Le chef de famille, le plus souvent le père ou le grand-père, était un prêtre et les cérémonies étaient célébrées à l'intérieur du foyer familial, près de l'âtre, sur un autel. On priait alors les dieux mythologiques ainsi que les génies de la famille, les Lares ou les Pénates. Chaque jour, on leur consacrait les prémices du repas. On leur offrait des gâteaux et du miel et l'on couronnait les statuettes de guirlandes et de fleurs. On brûlait de l'encens et des parfums. La flamme du foyer domestique ne devait jamais s'éteindre et tous les actes de la vie individuelle et sociale ne pouvaient s'accomplir sans l'intervention du culte. Les naissances, les mariages, les décès... donnaient lieu à des cérémonies d'une immense importance.

Le culte de l'État romain présentait une grande complexité. Il était constitué par l'adjonction successive de plusieurs communautés. On célébrait Mars, les habitants primitifs de l'Esquilin adoraient Jupiter, Junon et Janus. Il y avait aussi les divinités étrusques qui devinrent des divinités protectrices de l'État. Les Romains voyaient l'État comme leur foyer principal, une maison commune à tous. Et donc, on louait la déesse du foyer, Vesta.

Parmi les fêtes religieuses les plus importantes, on peut noter les Saturnales, les Lupercales, les Equirria et les jeux séculaires. Durant l'Empire, les Saturnales étaient célébrées pendant sept jours, lors du solstice d'hiver. C'était une sorte de fête du travail. Tout labeur cessait, les esclaves devenaient temporairement libres. On s'échangeait alors des cadeaux. Les Lupercales honoraient la divinité Faunus et étaient célébrées le 15 février, sur le mont Palatin, dans la grotte du Lupercal, l'endroit même où une louve avait nourri les fondateurs légendaires de Rome, Romulus et Remus. Les Equirria étaient des fêtes données en l'honneur de Mars. Elles étaient célébrées le 27 février et le 14 mars. Des courses de chevaux sur le champ de Mars marquaient cette célébration. Enfin, les jeux Séculaires comportaient des spectacles athlétiques et des sacrifices. Ces jeux avaient lieu une fois par siècle environ pour saluer le nouveau siècle.

Les cultes aux divinités étaient mystérieux. Des congrégations d'hommes et de femmes initiés pratiquaient des rites et personne d'autre n'avait le droit d'y participer. Ces cérémonies consistaient en des rites de purifications, d'offrandes, de sacrifices, de processions, de chants, de danses et de représentations théâtrales. Cela fait penser aux rites sataniques aujourd'hui. Alors, on vouait un culte à Héra, à Aphrodite, à Hecate, à Saturne, à Jupiter, à Pluton, à Proserpine...

Ajoutons que l'on divinisait aussi les empereurs. On les honorait comme des dieux. Et d'ailleurs, les empereurs se prenaient pour des dieux.

Entre le culte domestique et celui de l'État, il y avait une forme intermédiaire de culte, le culte gentilice. Le culte gentilice était le culte rendu par plusieurs familles issues d'un même ancêtre à cet ancêtre commun qui était considéré comme un dieu. D'ailleurs, les gens les plus illustres de Rome faisaient remonter leur origine à un dieu.

Pour conclure, on peut dire que la religion et les cultes publics avaient un rôle très important dans la vie sociale et politique. Décrire ces cultes, ces fêtes, ces sacerdoces... serait très longs. Il faudrait leur consacrer un livre entier. Je préfère m'arrêter là, car l'on a bien compris l'idée que les Romains vénéraient des démons ! Sachez que pour chapeauter tous ces cultes, il y avait un collège de pontifes, des prêtres investis de fonctions sacerdotales qui occupaient une place importante dans la religion et la politique de Rome. Ils étaient chargés de surveiller tous les cultes, national, privé et public, ils géraient les cultes, et avaient pour mission de conserver et d'adapter les doctrines léguées par la tradition. Ces pontifes avaient pour chef le grand pontife appelé Pontifex maximus. Ce dernier était nommé à vie et disposait du pouvoir monarchien. On retrouve ici l'idée de la papauté aujourd'hui dans l'Église catholique romaine. Souvent, les empereurs se faisaient nommer grands pontifes. Ainsi, ils devenaient chefs de la religion.

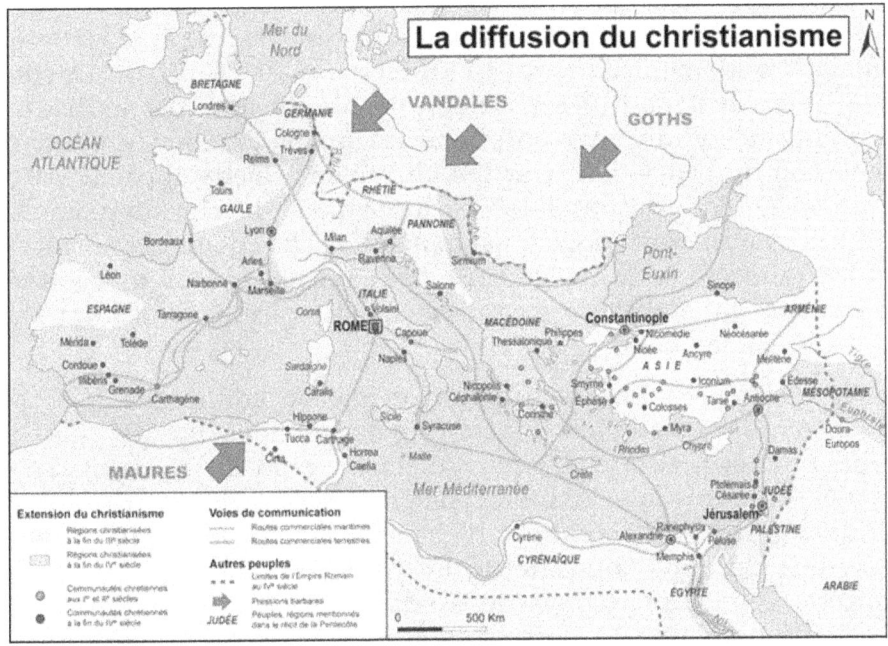

Puis, le christianisme arrive à Rome. Il s'est d'abord développé dans la partie orientale de l'Empire romain. Dès la fondation de son Église par l'apôtre Pierre en 64, les villes Jérusalem, Antioche et Alexandrie ont joué le rôle de capitales ecclésiastiques. La progression du christianisme dans l'Empire romain fait débat et les historiens sont partagés sur la question de la quantification du développement de l'Église chrétienne. On pense qu'au IVe siècle, le christianisme domine la majorité des provinces d'Orient. En Occident, ce sont dans les provinces méditerranéennes où l'on trouve le plus de chrétiens. Mais, globalement, dans l'Empire romain d'occident, les campagnes restent polythéistes. Ce n'est qu'à partir de la conversion de l'empereur Constantin au christianisme que l'Église chrétienne va s'étendre dans tout l'Empire. Mais, il y a des inégalités dans les régions. On pense que la proportion des chrétiens dans l'Empire représente un tiers des habitants en 312. Donc le christianisme est encore minoritaire par rapport aux autres dogmes.

Il faut bien avoir en tête que le christianisme n'a pas détruit la culture antique. Au contraire, il s'en est nourri et servi pour se développer. Le christianisme a intériorisé le paganisme. Comme je l'ai mentionné plus haut, le premier empereur à se convertir est Constantin dès 312 après avoir eu une vision avant la bataille du pont Milvius pour certains historiens ou en 326 par remords après l'exécution de son fils et de son épouse pour d'autres. Après cette conversion, le christianisme progresse rapidement dans tout l'Empire romain. En 313, un édit est publié, l'édit de Milan, qui proclame la liberté de culte individuel et qui promet de rendre aux chrétiens les biens confisqués pendant la persécution de Dioclétien. Car les chrétiens étaient opprimés à cette époque en Orient. Raconter le développement du christianisme dans l'antique Rome serait long. C'est pourquoi j'ai choisi de ne pas évoquer les persécutions, les guerres, les conciles... Des missionnaires sont envoyés dans toutes les contrées de l'Empire. Citons saint Martin qui évangélisa la Gaule.

L'Église s'organise alors en suivant le modèle administratif de l'Empire. Le diocèse, où officie l'évêque, correspond à la cité (sauf pour l'Égypte et l'Afrique). À partir du IVe siècle, le prêtre apparaît. En dessous de l'évêque dans la hiérarchie de l'Église, le prêtre obtient le droit de baptiser, de prêcher et d'enseigner les évangiles. Il faut avoir en tête que durant l'Antiquité tardive, l'Église n'est pas un ensemble homogène : chaque cité possède ses rites, ses saints, sa langue liturgique... C'est ainsi qu'il y a des primats qui ont sous leur autorité plusieurs provinces. En Occident, on trouve un primat pour Rome, un autre pour Carthage. En Orient, on trouve un primat pour Alexandrie, un autre pour Antioche et ainsi de suite. Ce n'est qu'en 370 que l'empereur Valentinien Ier reconnaît le pape de Rome comme le chef de la religion chrétienne. C'est ainsi que le pape Damase, à Rome, nomme son diocèse de Rome le siège apostolique de l'Église. L'autorité pontificale devient souveraine en 450 sous le pape Léon le Grand.

Les membres du clergé ont, à cette époque, de nombreux privilèges : ils sont dispensés des impôts, ne sont pas soumis à la justice impériale ni à la justice ordinaire et sont donc placés au-dessus du droit commun. De plus, l'Église a sa propre personnalité juridique, ce qui lui permet de recevoir des dons et des legs. Ainsi, elle s'enrichit. Déjà au Ve siècle, elle possède de nombreuses terres.

Au Ve siècle, son patrimoine se constitue d'immenses domaines dont certains dépendent des institutions charitables de l'Église. Le développement de ses institutions lui permet d'occuper un vide laissé par les systèmes de redistributions païens, en s'intéressant aux pauvres en tant que tels et non en tant que citoyens ou clients. En Orient comme en Occident, l'Église se retrouve cependant confrontée à un paradoxe ; elle détient des richesses, mais prône la pauvreté comme idéal.

C'est aussi durant l'Antiquité tardive que le calendrier chrétien est fixé. C'est Constantin qui arrête la naissance du Christ au 25 décembre, le jour de la célébration du dieu Sol Invictus. On voit apparaître les semaines, le dimanche étant le jour réservé au culte des chrétiens et donc le jour où l'on ne travaille pas. C'est au VIe siècle, que le décompte des années commence à s'établir par rapport à la naissance du Christ. Cela deviendra effectif courant le VIIIe siècle.

Le christianisme, religion monothéiste, va rapidement ramener les divinités priées par les Romains, les Grecs, les Égyptiens... au rang d'idoles ou d'erreurs. Tous ceux qui professent une autre foi sont jugés hérétiques.

D'un point de vue de la morale, le christianisme de l'Antiquité tardive se concentre sur la sexualité et la charité. Le discours se veut conservateur et l'on commence à avoir des pensées humanitaires. Ainsi, la torture tend à être considérée comme inhumaine et l'esclavagisme est mal vu, car les propriétaires d'esclaves sont coupables du péché d'orgueil.

Les premiers chrétiens, c'est-à-dire les apôtres de Jésus, tenaient à peu près le même discours. Les Évangiles racontent la même histoire. Mais, l'élaboration de la doctrine chrétienne, alors que tous les chrétiens distribuaient un message identique, ne s'est pas faite sans heurts ni divisions. Ainsi, il y a plusieurs christianismes au sein de l'Empire romain. Ce qui est une aberration et ce qui montre combien l'homme peut être orgueilleux et avide de pouvoir. En effet, toutes ces querelles sont en réalité des discussions de pouvoirs. De nombreuses doctrines s'opposent, comme l'arianisme, le monophysisme, le pélagianisme... Les premiers conciles œcuméniques condamneront finalement ces doctrines. Le concile de Constantinople, en 451, définit le dogme de la Trinité : Dieu est un être unique, en trois personnes éternelles, le Père, le Fils et le Saint-Esprit. Le Christ est alors le fils unique de Dieu, engendré et non créé par dieu et est donc de la même substance que Dieu. Les ariens pensent, au contraire, que le Père est antérieur au Fils et au Saint-Esprit et qu'il est donc leur créateur. L'arianisme a de nombreux partisans en Orient et en Occident et convertit les Goths et les Vandales alors que les peuples romanisés et les Grecs sont majoritairement nicéens. Pour l'anecdote, Clovis, roi de France, est le premier monarque, à la fin du Ve siècle, à se convertir à l'orthodoxie nicéenne, ce qui lui permet de bénéficier du soutien de l'Église romaine.

Clovis Ier baptisé par l'évêque Remi de Reims, statue du XIXe siècle devant la basilique Saint-Rémi de Reims.

Jusqu'au IVe siècle, les cultes polythéistes continuent à être pratiqués, mais sont progressivement dénoncés et interdits. Constantin ne condamne pas les rites relevant de la superstition. Il se montre assez tolérant vis-à-vis de toutes les formes de paganisme. Ce n'est qu'en 356 que l'empereur Constance interdit tous les sacrifices, fait fermer les temples et menace de mort tous ceux qui s'adonnent à la magie et à la divination. L'empereur Julien, qui est acquis au paganisme, proclame un édit en 361 permettant de pratiquer le culte de son choix exigeant même des chrétiens la restitution des trésors des païens. Puis, les successeurs de Julien seront tous chrétiens. En 382, Ambroise, évêque de Milan, arrache l'autel de la Victoire, le symbole du Sénat, de la Curie. La loi Théodose du 24 février 391 interdit l'entrée aux temples, l'adoration des statues et des dieux et la célébration des sacrifices sous peine de mort. En 392, Théodose interdit les Jeux olympiques liés à Zeus et à Héra, ainsi que la nudité des compétiteurs. Peu à peu, les temples sont abandonnés et tombent en ruine.

Les historiens pensent que, malgré ces interdictions, les païens restent nombreux et les cultes sont tenus secrets. C'est aussi l'époque d'un fanatisme dévastateur des chrétiens vis-à-vis du paganisme. En effet, les temples sont détruits, comme le temple de Serapeum à Alexandrie en 391 et le temple de Caelistis en 399 et cela même si la volonté de l'État est de conserver ces vestiges, ce patrimoine. Plusieurs édits sont proclamés enlevant aux païens le droit d'exercer des fonctions civiles ou militaires. Enfin, l'édit de 529 va imposer aux païens de se convertir au christianisme.

Que pouvons-nous penser de l'établissement du christianisme ? Au départ, Jésus a délivré un message de paix et d'amour. Les apôtres ont prêché ce message. Mais ce discours a été déformé au fil du temps. En aucune manière, Jésus n'a demandé la persécution des païens. Au contraire, Jésus a dit d'aller chercher les brebis égarées pour les ramener à lui, non dans la persécution, mais dans l'amour. Or, les différents papes, certains avides de pouvoir, se sont enrichis alors que leur mission était de faire preuve de charité et d'emmener le peuple de Dieu vers la lumière. Là encore, nous avons affaire au Diable, avec le péché de l'orgueil. Comme quoi, le démon a toujours corrompu le cœur de l'homme. Et c'est ainsi que vont naître les catastrophes.

La chute de l'Empire romain d'Occident

Tiers de sou d'or à l'effigie de Romulus Augustule, le dernier empereur de Rome

La chute de l'Empire romain d'Occident est, selon beaucoup d'historiens, l'évènement le plus intéressant et le plus important de l'histoire de l'humanité. Comment un édifice millénaire, une civilisation aussi prestigieuse qui avait réussi à réunir des peuples entiers a-t-il pu disparaître ? On peut alors se poser la question si cela ne peut pas se reproduire. La chute de l'Empire romain d'Occident suscite de nombreuses interrogations. Les uns y voient la colère des dieux abandonnés du paganisme, les autres une catastrophe inévitable. Certains y voient une influence maléfique qui a précipité cette chute. Je me situe du côté de ces derniers. En effet, je pense sincèrement que cette chute n'est que le châtiment des péchés d'une civilisation qui n'avait de chrétien que le nom et je vais expliquer mon point de vue.

Avant cela, rappelons quelques faits historiques. Courant IVe et Ve siècles, les Barbares intensifient les attaques. Après la mort de Théodose en 395, l'Empire romain est réparti entre ses deux fils, Honorius et Arcadius. Ainsi, l'Empire romain devient l'Empire romain d'Occident et l'Empire romain d'Orient qui prendra le nom d'Empire byzantin. Nous nous intéressons à l'Empire romain d'Orient.

Dans le même temps, Alaric, chef des Wisigoths, mène une terrible guerre contre l'Empire romain d'Occident. Il parvient jusqu'aux Balkans actuels en 397 et prélève l'impôt sur le territoire romain pour son propre compte. En 401, Alaric décide d'attaquer l'Italie et lors de son troisième assaut, il réussit à pénétrer Rome et pille la ville, ce qui n'était pas arrivé depuis l'invasion gauloise en 390 avant notre ère.

Ces guerres obligent l'Empereur à rappeler ses légions qui contrôlaient la frontière du Rhin afin de sécuriser Rome. Ainsi, cette frontière est abandonnée et les Vandales, les Suèves et les Alains en profitent pour pénétrer le Rhin et dévaster la Gaule avant d'occuper l'Espagne, suivis des Francs et des Burgondes qui envahissent la Gaule.

En 412, le successeur d'Alaric, Athaulf, se réconcilie avec l'Empereur romain d'Occident, Honorius, en épousant sa sœur après l'avoir prise en otage. Il se proclame le protecteur des Romains et fonde un royaume wisigothique au cœur de l'Empire romain d'Occident. En 415, l'empereur des Romains donne l'ordre d'intégrer dans l'armée des Barbares, des Huns, des Francs, des Burgondes.

En 451, Attila, roi des Huns, s'installe en Gaule. L'armée romaine arrive à le repousser. Puis, on décide de mener une politique indépendante de l'Empire. Ainsi, des terres deviennent des principautés barbares. L'Empire se disloque petit à petit permettant aux Francs de s'établir sur le territoire de la Belgique et des Pays-Bas actuels puis s'étendant jusqu'à la Somme. Les Burgondes, eux, étendent leur territoire jusqu'à Lyon et Langres dès 457. Enfin, les Wisigoths dominent toute la Méditerranée occidentale.

Rome est à nouveau mis à sac. L'empereur Romain est un jouet aux mains des barbares. Il n'a plus d'argent, il a perdu sa suprématie. En 476, le dernier empereur romain d'Occident, Romulus Augustule (parfois l'histoire peut se montrer ironique, comme ici où le dernier empereur de Rome porte le nom du fondateur de Rome !) est déposé à Ravenne par Odoacre, Barbare et chef de l'armée d'Italie. Ainsi, l'Empire romain d'Occident est dissous en plusieurs royaumes romano-barbares.

Notons, pour conclure, que l'Empire romain a mis plus de mille ans à se construire et moins de cent ans à sombrer.

Les causes

Maintenant que le décor est posé, je peux avancer les différentes causes émises par les historiens et autres journalistes expliquant cette chute. Avant cela, sachez que dès la fin du IVe siècle, l'Empire romain subit des attaques barbares et l'armée n'arrive pas à les repousser. Les barbares franchissent les frontières et se répandent partout dans l'Empire.

C'est ce que nous appelons « les grandes invasions ».

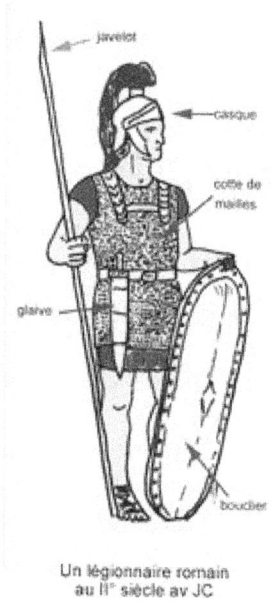

Un légionnaire romain
au II° siècle av JC

Les historiens avancent plusieurs causes que je vais vous énoncer :

- L'Empire connaît, à cette époque, une grave crise économique et n'a plus les moyens d'entretenir l'armée. Ainsi, les soldats éprouvent des difficultés à repousser les Barbares qui menacent les frontières. Ces derniers arrivent à gagner le territoire et pillent les villes.

- Au sein de l'armée régnait une véritable anarchie. L'armée de Rome était considérée comme gffla meilleure armée du monde. Il y régnait l'ordre et la hiérarchie était respectée. Or, cela a changé. Les empereurs, malgré leur despotisme, n'arrivent

- plus à s'imposer et sont régulièrement assassinés et les légionnaires devaient obéir à des chefs qui ne servaient que leur propre intérêt alors qu'ils étaient censés défendre leur pays.
- Les Romains boudaient de plus en plus l'armée. Ils ne voulaient pas s'engager dans la Légion. Cette mentalité a conduit à une grave crise de recrutement. L'Empire a donc appelé les barbares dans l'armée, des mercenaires qui combattaient non pas par patriotisme, mais pour l'argent.
- Puis, les Huns sont arrivés et ont réussi à pénétrer à l'intérieur de l'Empire.

Si je résume, les empereurs préféraient dilapider les richesses en orgies plutôt que de rémunérer correctement les soldats, les Romains délaissaient l'armée et préféraient se vautrer dans une vie tranquille faite de fêtes et d'orgies. L'armée était donc composée de soldats barbares qui combattaient pour obtenir la nationalité romaine et non pour défendre l'Empire. Et enfin, j'ajoute que l'Empire byzantin, qui aurait pu intervenir pour sauver l'Empire romain d'Occident, a préféré fermer les yeux sur toute cette débâcle plutôt que d'intervenir.

Les théories

Pour expliquer le déclin de l'Empire romain, plusieurs théories s'affrontent. Pour vous dire, chers lecteurs, aujourd'hui, certains historiens remettent en cause la notion de « déclin » et de « chute » ! Et pourtant les faits historiques existent, on ne peut les nier. Que veulent-ils nous cacher ? Peut-être que l'Europe actuelle va connaître la même chute, puisqu'elle est en déclin ? Peut-être se refusent-ils de voir l'influence du démon dans l'histoire de Rome, car ils devraient alors admettre l'influence du démon dans l'histoire de l'humanité. Et donc son influence dans l'histoire de l'Europe, du Rwanda, du communisme, des génocides… Il ne faut surtout pas en parler ! Continuons à fermer les yeux, à ne rien voir ! Ceci n'est pas ma philosophie de vie. Commençons par l'exposition de la théorie « il n'y a pas eu de fin » à laquelle je n'y crois pas. Je vous en parle, car c'est à vous de vous forger votre propre opinion sur la question.

Il n'y a pas eu de fin

Depuis quelques années, de nombreux historiens rejettent le terme de « chute » avec pour argument que l'Empire romain d'Occident serait devenu progressivement un ensemble de royaumes et que le citoyen

Romain n'y a pas vu de différence. En entendant une pareille aberration, mes poils se hérissent ! Je pense surtout que l'on ne veut pas que l'on sache, car l'histoire se répète toujours.

Henri Pirenne (1862 – 1935), historien-médiéviste belge, publia une thèse « Thèse de Pirenne » en 1920 qui soutient que l'Empire romain continua d'exister jusqu'aux conquêtes arabes au VIIe siècle qui apportèrent le déclin de l'économie européenne. Ainsi, Henri Pirenne nous dit que le Royaume Franc est une suite à l'Empire romain et montre Charlemagne comme le premier empereur romain germanique. Pour lui, le Royaume Franc est la continuité à l'État impérial romain.

Je ne peux accepter cette thèse qui me semble trop simpliste et qui a pour seul but de rassurer les gens. D'autres historiens modernes adhèrent à cette vision de l'histoire. À l'exemple de Michael Grant, écrivain américain, qui considère que la victoire de Charles Martel à Poitiers arrête l'ère de la conquête islamique sauvant ainsi l'Europe. Il intègre cet évènement dans l'histoire de Rome. Là encore, cela me semble léger.

Peter Brown, historien né à Dublin en 1935 et spécialiste de l'Antiquité tardive (d'ailleurs c'est lui qui inventa ce terme) conteste l'idée de chute de l'Empire romain d'Occident. Pour lui, cette chute est une continuité entre le monde classique et le monde médiéval et tout s'est passé progressivement. Ainsi, il y aurait eu des modifications graduelles. Mais où place-t-il l'épisode de Romulus Augustule ? Dans quelle catégorie met-il cet évènement ?

Peter Heather, auteur du traité « La Chute de l'Empire romain » et professeur d'histoire médiévale universitaire, donne une interprétation similaire à celle de Brown. Pour lui, le pouvoir a migré, évoluant du pouvoir central romain vers des pouvoirs locaux représentés par des royaumes « barbares romanisés ». Pour lui, les Barbares, à force de côtoyer les Romains, d'être en contact permanent avec eux, sont devenus Romains. Alors, pourquoi vouloir conquérir Rome s'ils étaient Romains ? C'est incompréhensible ! On n'envahit pas ses propres terres, son propre pays.

L'effondrement budgétaire

Des historiens tels que Arnold J. Toynbee (1889 – 1975), historien britannique, philosophe de l'histoire et James Burke, radiodiffuseur britannique, historien de la science, défendent la théorie de l'effondrement budgétaire. Tous deux affirment que l'Empire romain était dépravé, que son système était corrompu. Et je n'en doute pas un seul instant ! Les sénateurs, les Conciles et tous les hommes de pouvoir devaient être corrompus et ne cherchaient qu'à s'enrichir, ne pensait qu'à leur petite personne plutôt qu'à leur Empire. Ce qui a entraîné un déclin constant des institutions et un Empire corrompu ne peut tenir.

De plus, les Romains ne possédaient pas de système budgétaire établi et la richesse de l'Empire dépendait des butins des territoires conquis. Cette source de revenus expira avec la fin de l'expansion de l'Empire. Du coup, on augmenta les impôts. Sauf que les riches étaient exemptés de ces impôts, car faisant partis de l'élite et que ces derniers dépouillaient les pauvres. Aujourd'hui, dans notre monde actuel, c'est ce qu'il se passe : les riches s'enrichissent au profit des pauvres qui s'appauvrissent. Ce système est tellement démoniaque qu'il n'a pu être pensé que par Satan lui-même ! Pendant que certains pauvres étaient réduits à l'aumône, les empereurs continuaient à donner des fêtes, à se vautrer dans la luxure... et augmentaient le coût de la défense militaire. Une telle façon de procéder, de gaspiller l'argent ne peut tenir sur le long terme. Lorsque tout fut dépensé en orgies, en banquets, en jeux... les légionnaires ne reçurent plus leur solde et donc, ne défendirent plus l'Empire.

Dans la Rome Antique, lorsque l'argent commença à manquer, l'État confia la perception des taxes à des curies, des administrations municipales. Et ces derniers se montraient impitoyables. Ceux qui ne s'acquittaient pas de l'impôt étaient jetés en prison, frappés avec des verges, vendus comme esclaves ou condamnés à mort. On confisquait alors leurs biens. Mais le peuple ne pouvait payer l'impôt et donc l'argent ne rentrait pas. Beaucoup de fermiers étaient jetés en prison, d'autres tués. Et même si l'État avait augmenté le nombre des curiales, l'argent ne rentrait toujours pas dans les caisses. Les Romains se mirent à déserter leurs terres, car ils n'avaient plus les moyens de les cultiver. Cela entraîna la diminution du rendement des petits domaines. Bizarrement, la partie orientale de l'Empire, plus riche, ne connaîtra pas ces difficultés et survivra. On peut donc en conclure que la politique menée à cette époque n'était pas la bonne. Oppresser les pauvres n'est pas la meilleure façon de sauver un pays, car cela le conduira forcément à la ruine. Encore une idée démoniaque ! Et cette idée d'étrangler les pauvres est encore d'actualité aujourd'hui ! Le démon ne renonce jamais et l'homme, trop avide de pouvoir, de richesse, n'arrive pas à lui résister.

J'adhère à cette théorie, car pour moi, l'argent appartient à Satan et ne peut qu'engendrer des malheurs. Mais l'argent n'est pas la seule explication à la chute de l'Empire romain d'Occident.

L'Empire décadent

Beaucoup d'historiens partagent cette théorie de l'Empire décadent et j'y adhère totalement. C'est une cause qui, à mon avis, explique la chute de l'Empire romain d'Occident. Ajoutons le manque d'argent et l'on comprend pourquoi cette chute était inévitable.

Par cette théorie, je vais vous démontrer que l'Empire romain d'Occident aurait survécu si une série d'évènements, une combinaison de circonstances ne l'avaient pas conduit à sa chute. Beaucoup d'historiens ont exposé leur théorie et il me semble nécessaire de vous montrer leurs différents points de vue.

Végèce, écrivain romain de la fin du IVe siècle et début Ve siècle nous a laissé un ouvrage extraordinaire sur le sujet : « Epitoma rei militaris », qui nous parle de la tactique militaire romaine. Dans cet ouvrage, il formule une théorie très sensée selon laquelle l'Empire romain déclina à cause de son contact avec les barbares. Ainsi, les mœurs et coutumes barbares ont envahi Rome créant une mauvaise discipline généralisée essentiellement militaire. En prenant des barbares au sein des légions romaines pour assurer la défense des frontières, les empereurs ont fait un choix désastreux. L'armée serait alors devenue incontrôlable, rebelle et n'aurait plus fait son travail de défense du territoire. Ceci est un premier point qui expliquerait la chute de ce si grand Empire qu'était Rome.

Edward Gibbon (1737 – 1794), historien et homme politique anglais, surtout connu pour son ouvrage « Histoire de la décadence et de la chute de l'Empire romain », nous dit que les citoyens romains ont perdu graduellement la notion de vertu civique. Ainsi, ils auraient placé en seconde position leur devoir de défense de l'Empire face aux barbares, préférant l'amusement et les orgies. Ce fut alors une brèche dans la défense et les barbares ont profité de cette brèche pour envahir Rome. Gibbon ajoute que ce manque d'intérêt pour la vertu civique est dû à la montée de la chrétienté qui a rendu la population moins attirée par ces questions.

Radovan Richta (1924 – 1983), philosophe tchèque, s'est penché sur la problématique de la chute de l'Empire romain d'Occident même s'il s'intéressait davantage au communisme et à la transformation de l'homme par cette politique ainsi qu'au passage d'une société de travail physique à une société de travail mental. C'est grâce à cette dernière notion qu'il a établi une comparaison avec l'Empire romain. Aussi, il défend l'idée que les Romains se sont mis à penser et que les barbares les ont supplantés dans le travail physique et qu'ils ont accaparé les techniques romaines. Par exemple, les barbares ont appris à ferrer les chevaux et à construire des armes. Les Romains, ne s'intéressant plus à ces techniques ont laissé faire et n'ont plus eu les moyens de se défendre puisque les ennemis utilisaient les mêmes armes. Pourtant, l'armée romaine était grande, puissante, disciplinée et possédait des moyens humains, maritimes... extraordinaires. Elle a réalisé d'étonnantes innovations dans le domaine militaire, mais ne s'y est plus intéressée préférant s'occuper d'autres choses, essentiellement d'amusement. Par contre, Rodovan Richta ne tient pas compte du fait que les mentalités des Romains ont évolué et pas dans le bon sens, que les mœurs romaines étaient devenues décadentes.

Bryan Ward-Perkins, historien médiéval à l'Université d'Oxford, connu pour son ouvrage paru en 2005 « The Fall of Rome and the End of Civilization » (La Chute de Rome et la Fin d'une Civilisation) dans lequel il donne une étude approfondie sur le déclin de l'Empire romain d'Occident. Dans ce livre, il dit très clairement que ce déclin est dû à l'économie complexe de l'Empire qui l'aurait rendu vulnérable. En effet, les régions dépendaient économiquement les unes des autres et la perte d'une région entraînait obligatoirement un appauvrissement des autres régions. Ward-Perkins ajoute que cette chute de l'Empire s'est faite violemment en provoquant un déclin civilisationnel profond. Enfin, il nous dit que cette chute est due à une combinaison de facteurs, dont l'économie complexe bien sûr, mais aussi l'instabilité politique, les invasions étrangères, la réduction des revenus des impôts, le changement des mœurs, la corruption au sein même de l'armée romaine et le fait que l'Empire tout entier se croyait irréductible, invincible. Ward-Perkins ajoute que cette chute fut un véritable désastre pour les Romains.

La chute de l'Empire serait donc due à une combinaison de facteurs : un déclin du service civique et de l'esprit militaire entraînant une défense de l'Empire qui dépendait de l'enrôlement des barbares qui devinrent plus nombreux que les Romains, une politique corrompue avide de pouvoir, un déclin économique, la dépopulation de l'Italie, la trahison de Stilicon, la perte de la vertu d'Aetius, une expansion germanique et d'autres catastrophes qui firent boule de neige. Ajoutons à ces facteurs, et d'après des trouvailles archéologiques récentes et des données du climat à cette époque, que les fonctionnaires locaux préféraient s'enrichir plutôt que de dépenser l'argent du peuple dans le développement des infrastructures et que ceux qui avaient de l'argent devinrent des bureaucrates ne s'intéressant plus au bien-être du citoyen et à son confort.

Rappelons-nous que Rome était une société militariste avec des mœurs décadentes. Il faut en parler, c'est important. Cette détérioration des mentalités s'est opérée progressivement, car avant, les Romains étaient de vrais puritains. Les Romains naissaient avec la conviction qu'ils étaient engendrés pour commander au monde, aux femmes et aux esclaves. Et l'on enseignait très tôt aux jeunes garçons à aller au bordel. Les pouvoirs publics les y encourageaient. Les femmes étaient prostituées sans aucune vergogne. Mais, on ne touchait pas à celles qui étaient mariées ni aux vestales et le comble de l'horreur pour un Romain était de se faire sodomiser. Le Romain avait le droit d'avoir des rapports homosexuels, il pouvait sodomiser un homme et non être sodomisé.

Est-ce que la société romaine était débauchée ? Non. Les Romains ont même inventé l'idée du couple puritain. Il existait une vraie censure des mœurs. Il y avait des règles à respecter, comme faire l'amour dans le noir, sans allumer de lampes et surtout pas devant le soleil, car l'on pensait que cela le souillait. Pourtant, il y avait des statues nues partout dans Rome, ce qui montre à quel point l'imaginaire est différent des conduites réelles. Avec ces statues de déesses magnifiques, les Romains imaginaient les courbes d'une femme parfaite. Les tabous sexuels étaient nombreux, comme la fellation qui était interdite, et surtout le cunnilingus, qui déshonorait un homme parce qu'il se mettait au service d'une femme. Le Romain n'avait pas le droit de coucher avec une sœur, une femme mariée ou une vestale et de se faire sodomiser. Néron et Caligula transgressèrent ces règles. D'où le début de la décadence sexuelle.

Il y a eu un brusque changement de la morale vers le IIe siècle, un peu avant l'an 200, du temps de Marc Aurèle. Tout se durcit. On se met à interdire l'avortement et l'exposition d'enfants qui était courante, on stigmatisa les veuves qui couchaient avec leur régisseur, on réprima l'homosexualité. L'adultère du mari devint aussi grave que celui de la femme (avant cela n'était pas le cas), les époux devaient être chastes, ne pas trop se toucher et ne faire l'amour que pour procréer. Il y avait une vraie morale conjugale. C'est un peu l'idée du mariage des chrétiens, sauf que cette idée est née avant l'apparition des chrétiens et lorsque ces derniers sont arrivés, ils ont repris ce modèle pour le durcir davantage.

Survient alors la décadence de l'Empire, une décadence qui s'explique par la privation sexuelle. Le christianisme va interdire le paganisme, va persécuter les hérétiques et va faire régner l'ordre sexuel. Les Romains sont frustrés. Et en secret, ils organisent des orgies gigantesques, les hommes s'adonnent à l'homosexualité... Ces rencontres se passent au sein même des grandes maisons bourgeoises, des familles impériales. On se vautre dans la luxure, mais aussi dans la gourmandise et la paresse (en général, le péché capital de luxure entraîne la gourmandise et la paresse). Et l'on devient flasque, on ne pense qu'à cela.

Conclusion

Pour conclure ce chapitre sur la chute de l'Empire romain d'Occident, j'aimerais revenir sur deux ou trois choses essentielles. Nous savons que plusieurs facteurs ont provoqué la fin de ce si grand Empire : une économie défaillante, une armée composée de nombreux barbares incapable de protéger les frontières, un appauvrissement des populations...

Pour moi, il n'y a qu'un seul facteur qui explique cette chute, c'est la décadence de la morale à Rome. Et c'est cette décadence qui a entraîné tous les autres facteurs. J'illustre mon propos : les Romains étaient des hommes disciplinés qui, petit à petit, se sont crus invincibles. Au fur et à mesure que l'Empire s'est développé, au fil des conquêtes, ce sentiment d'invincibilité a grandi. En même temps, l'État s'est enrichi et les hommes à la tête du gouvernement ont davantage pensé à leur propre confort qu'aux besoins du pays. Ainsi, ils ont délaissé l'armée au profit de gigantesques banquets, fêtes et orgies. C'est ce que j'appelle l'Empire décadent. L'organisation de ces fêtes, banquets et orgies ont coûté très cher et cet argent dépensé pour l'amusement a manqué à la défense de l'Empire. Mais comme le Romain était devenu trop orgueilleux, trop imbu de sa personne, pensant dominer le monde, il n'a pas vu ce déclin arriver. Le riche s'enrichissait tandis que le pauvre s'appauvrissait. Et le Romain, se croyant au-dessus des autres, a confié cette défense militaire à des barbares.

Que peut-on voir dans ce changement de mentalités ? Ne peut-on pas y voir une influence démoniaque ? Réfléchissez bien à la question. Je pense que le démon s'est servi de son pouvoir ordinaire pour tenter le Romain, l'amener à l'orgueil, à l'avidité, à la luxure... Et cela a bien fonctionné. Les différents empereurs ont tous été tentés par le démon, certains plus que d'autres à l'image de Néron ou de Caligula qui, on peut le penser, étaient même possédés par lui. Ainsi, c'est le démon qui contrôlait la politique de Rome, c'est lui qui a provoqué sa chute en montrant que rien n'était plus important que l'argent, le pouvoir et le sexe. Et si l'on y regarde de plus près, c'est exactement ce qu'il se passe aujourd'hui au sein même de notre vieille Europe : des politiciens corrompus, des banquiers qui font la pluie et le beau temps sur la finance, de l'argent public gaspillé, des travailleurs pauvres qui s'appauvrissent, des dirigeants de grandes entreprises qui s'enrichissent sur le dos de ces travailleurs pauvres... Tout ceci n'est pas juste, mais est la réalité. Tout ceci n'est pas juste, mais voulu par le démon qui ne connaît pas la justice.

Les gens ne croient plus en Dieu et au Diable. Et pourtant, le Diable existe, il nous tente chaque jour, il est présent partout, autour de nous et en chacun de nous. C'est lui qui fait naître toute cette souffrance, il s'amuse avec l'humain. On s'obstine à ne pas croire en lui. Ce qui nous conduira forcément et inévitablement à notre perte. Baudelaire disait que « la plus belle ruse du Diable est de vous persuader qu'il n'existe pas. » Et c'est vrai ! Le démon a réussi l'exploit de nous faire croire qu'il n'existait pas. Ainsi, il peut agir à sa guise, car nous n'avons plus les moyens de lui résister. Ouvrez les yeux ! Le monde va mal et c'est à cause du Mal Absolu qui fait naître la cupidité, l'orgueil, l'envie, la luxure... chez les hommes.

L'histoire se répète, mais on ne veut pas que cela se sache...

Adolf Hitler le damné

La première question qui me vient à l'esprit en évoquant Hitler est comment un peuple entier a-t-il pu suivre et adhérer à un tel despote aux idées meurtrières ? C'est incompréhensible au vu des horreurs perpétrées par Hitler. C'est d'autant plus inexplicable lorsque l'on sait que des SS, donc des hommes, exécutaient ses ordres et que certains même prenaient du plaisir à torturer, violer, tuer des juifs. Voyez l'histoire d'Oradour-sur-Glane pour vous rendre compte de la folie meurtrière des SS ! Dans ce petit village tranquille de France, les SS ont assassiné froidement, brûlés vifs, des centaines d'habitants, hommes, femmes, enfants, vieillards, sans distinction. Sans oublier les camps de concentration, des endroits de perdition, de terreur, d'horreur absolue pour les Juifs !

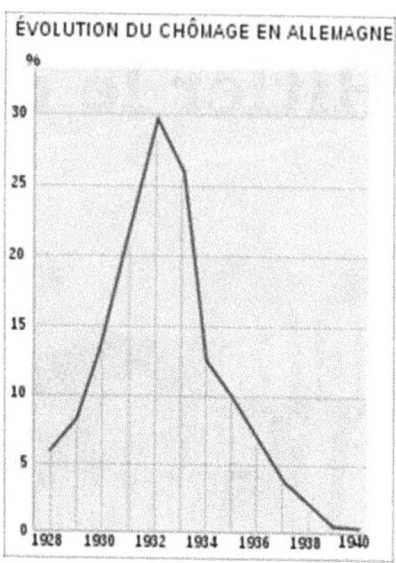

Certains me diront que le peuple allemand a suivi Hitler, car ce dernier a relancé l'économie du pays et a donné du travail à tous. Du travail en fabricant des armes! Cette explication me semble faible. D'autres diront que Hitler était un orateur charismatique hors pair ce qui lui a permis d'accéder au pouvoir et de détruire la démocratie. Historiquement, c'est vrai, il n'y a rien à redire sur ce sujet. Mais, même orateur charismatique hors pair, comment a-t-il pu tromper tout un peuple? Et c'est là où j'en viens au fait que Hitler avait passé un pacte avec le diable et obtenu des pouvoirs, dont le don d'orateur charismatique. Dès lors, il a pu convaincre tout un peuple de le suivre et bien plus encore... Je développerai cette idée plus tard.

On connaît tous Hitler, les ravages causés par son idéologie dans le monde entier. On le dit fou, l'était-il vraiment? N'était-il pas un démon? Ou plutôt un suppôt de Satan?

Ce qui me frappe aujourd'hui, c'est qu'il y existe toujours des gens qui admirent Hitler, qui prônent le nazisme. Partout, des néonazis paradent encore en toute impunité, aux yeux de tous, des Américains s'amusent à dessiner des svastikas sur des voitures enneigées de Brookling... Comment expliquer que des personnes vénèrent ce dictateur sanguinaire? Encore une fois, c'est inexplicable...

Pour montrer que Hitler était un personnage démoniaque, que son ascension au pouvoir est due au démon, il me faut d'abord vous relater quelques faits historiques.

Un peu d'histoire

Même si tout le monde connaît Hitler, ses crimes graves contre l'humanité, il est important d'évoquer quelques faits historiques pour montrer comment un simple soldat de l'armée allemande a pu se hisser au sommet du pouvoir et instaurer une dictature totalitaire en Allemagne désignée sous le nom de IIIe Reich.

Adolf Hitler est né le 20 avril 1889 dans l'actuelle Autriche et meurt par suicide le 30 avril 1945 à Berlin. Certains réfutent la thèse du suicide et diffusent la rumeur que Hitler a longtemps vécu caché. D'autres le croient encore vivant. Donc, il aurait 128 ans au moment où j'écris cet ouvrage ! La thèse du suicide me semble la plus vraisemblable.

Adolf Hitler (à droite), soldat en 1915.

Après des études médiocres et un échec aux Beaux-Arts, Hitler devient soldat pendant la Première Guerre mondiale. Cette guerre le marquera profondément, surtout la défaite de 1918 et l'esprit révolutionnaire qui en résulte en Allemagne. En 1920, il entre au parti nazi (NSDAP). Il y prendra très vite la direction en 1921. Hitler transforme ce parti en une véritable machine de guerre contre la République parlementaire de Weimar. Adolf Hitler est un fervent admirateur de Mussolini (d'ailleurs, pour l'anecdote le buste de Mussolini ornera son bureau) rêvant d'accéder au pouvoir par la force. En novembre 1923, alors que l'économie allemande s'est effondrée, que le Papiermark, rongé par l'hyperinflation, ne vaut plus rien, que des entreprises séparatistes ou communistes secouent le pays, Hitler veut prendre le contrôle de la Bavière avant de marcher sur Berlin et d'en chasser le gouvernement. Les 8 et 9 novembre 1923, avec le général Erich Ludendorff, il conduit le coup d'État avorté de Munich connu comme le Putsch de la Brasserie. Le complot est mis en déroute. Dans la bataille qui oppose la police avec ses troupes, Hitler est blessé. Seize de ses partisans sont tués. Ils seront reconnus plus tard comme des « martyrs du nazisme ».

Le NSDAP est aussitôt interdit. Hitler, en fuite, est arrêté le 11 novembre 1923 et inculpé de conspiration contre l'État. Son procès est très médiatisé et Hitler en profite pour se faire connaître des Allemands et se mettre en vedette. Les magistrats, qui sont peu attachés à la République de Weimar, se montrent indulgents à son égard. (Juste un aparté : si les magistrats avaient condamné les propos de Hitler, peut-être n'y aurait-il jamais eu de Seconde Guerre mondiale. Petite réflexion personnelle : le diable peut se cacher partout, même au sein de la Justice). Le 1er avril 1924, Adolf Hitler est condamné à cinq ans de prison pour haute trahison et incarcéré à Landsberg am Lech. Cette décision fait scandale auprès des conservateurs.

C'est dans sa cellule qu'il dictera les premières ébauches du Mein Kampf (Mon combat), son mémoire, son idéologie, son guide d'action qui sera publié en 1925. Il ressort de ce texte une véritable haine contre les Juifs qu'il rend responsable de tous les maux de l'Allemagne, une exaltation de la violence, une idée de chef suprême, presque divin. En prison, Hitler bénéficie d'une vaste cellule aménagée en cabinet de travail. Il y reçoit des visites, lit beaucoup et commence à ébaucher son plan diabolique. Il sera libéré au bout de neuf mois lors de l'amnistie générale de 1924. Il rejoint le NSDAP et le modifie.

C'est à la même époque qu'il rencontre Joseph Goebbels, un responsable puissant et influent du régime nazi, au même titre que Hermann Göring et Heinrich Himmler. Goebbels était un antisémite acharné et un antichrétien radical. Il joua un rôle moteur dans les persécutions contre les Juifs allemands, notamment en déclenchant la Nuit du

Cristal.

Hitler, en fin stratège, ne dévoile pas ses aspirations, ses idées de suite. Il va cultiver l'ambiguïté afin de puiser des voix et de rallier le plus de monde possible dans son parti. Il va s'adresser à tous les groupes sociaux, les chômeurs, les ouvriers, les petits et grands bourgeois, les enseignants... Le NSPAD voit sa popularité monter en flèche entre 1928 et 1932. La situation politique et économique est désastreuse en Allemagne après la crise de 1929 et Hitler en profite pour se hisser au pouvoir.

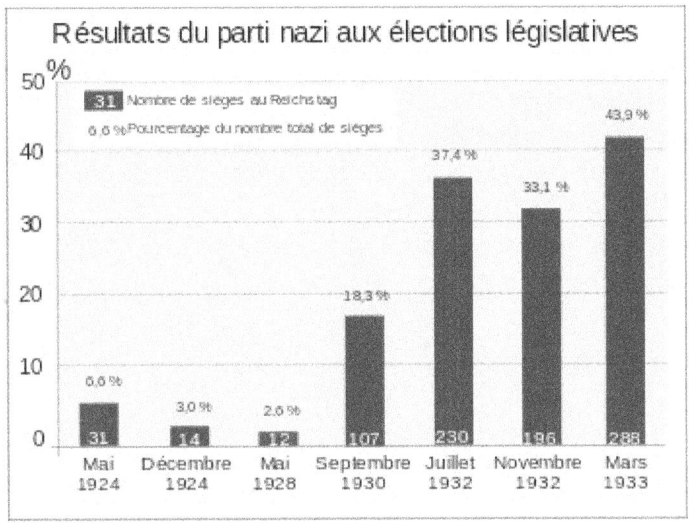

En 1930, lors des élections, il obtient 107 sièges au Reichstag. Hitler continue sa propagande et ses proches, Göring, Goebbels et Rosenberg travaillent à mettre en place un culte de sa personnalité afin qu'il apparaisse comme l'homme dont l'Allemagne a besoin. Et cela fonctionne ! De plus en plus d'Allemands rejoignent le mouvement.

Le président de la République allemande, le maréchal Paul von Hindenburg, malgré la pression exercée sur lui, refuse de nommer Hitler chancelier, et cela même si le NSDAP marque d'importants scores aux élections régionales. Le climat est tendu. Le pays est au bord de la guerre civile. Alors, le président Hindenburd cède à la menace et poussé par l'ancien Chancelier Franz von Papen et le magnat de la presse nationaliste Alfred Hingenberg, il nomme Hitler à la chancellerie du Reich le 30 janvier 1933. Les deux hommes espéraient contrôler Hitler, mais ce ne fut pas le cas...

Hindenburg charge le nouveau chancelier en place de former un nouveau gouvernement, le gouvernement de « concentration nationale ». Ainsi, Hitler prend la tête du gouvernement, Göring devient le commissaire intérieur pour la Prusse et Wilhelm Frick (un autre proche de Hitler, né en 1877 et mort exécuté à Nuremberg le 16 octobre 1946) au ministère de l'Intérieur. Des places stratégiques qui vont aider la mise en application de la dictature hitlérienne.

Le 27 février 1933, dans la nuit, un incendie ravage le Reichstag. Marinus van der Lubber, un communiste néerlandais, est arrêté sur les lieux du brasier. Hitler le déclare aussitôt coupable de cet incendie. Le Führer se sert de l'évènement pour éliminer les communistes allemands en faisant passer l'incendie pour un complot criminel de la part des communistes. Le lendemain, 4 000 responsables du Parti communiste sont arrêtés et Hitler promulgue, par une ordonnance, l'État d'urgence et donne tous les pouvoirs au gouvernement. La dictature se met alors en place et la répression contre les opposants politiques est sévèrement punie.

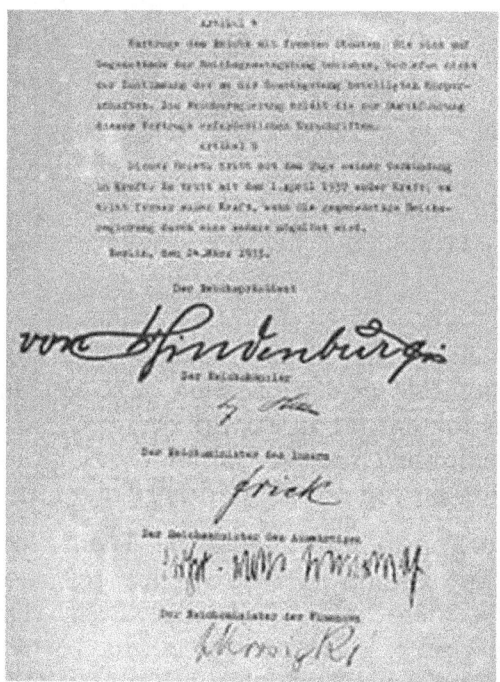

Dernière page de la loi d'autorisation, portant les signatures de Hindenburg, Hitler, Frick, Neurath et Krosigk

Le 23 mars 1933, Hitler fait voter une loi dite « loi d'autorisation » qui donne pour quatre ans les pleins pouvoirs à Hitler. À présent, ce dernier a le champ libre et interdit tous les syndicats et tous les partis politiques autres que le sien. Il réprime systématiquement tous les signes de désaccord à sa politique. La Gestapo (fondée par Hermann Göring, elle était la police politique du Troisième Reich chargée de lutter contre les opposants internes ou externes, réels ou supposés, contre les adversaires du régime nazi ou les résistants des pays occupés) fait régner la terreur chez tous les opposants du régime nazi.

Dans la nuit du 30 juin 1934, nuit que l'on a appelé « la Nuit des longs couteaux », Hitler ordonne l'arrestation et l'assassinat des opposants politiques, dont Ernst Röhm et Franz von Papen. Le 2 août 1934, Hindenburg meurt et Hitler lui succède à la présidence du Reich. Il cumule, ainsi, les postes de chancelier et Führer. En 1935, le chancelier et Führer prend des mesures antisémites avec les lois de Nuremberg, envoyant les Juifs, les opposants politiques et les démocrates dans des camps de concentration. Le 16 mars 1935, il rétablit le service militaire obligatoire.

La guerre est en marche et Hitler élabore un plan machiavélique. Se basant sur l'idée d'appartenance à une race supérieure, la race aryenne, Hitler décide d'annexer les pays germanophones limitrophes, l'Autriche, la Tchécoslovaquie, la Pologne. La communauté internationale réagit et la Seconde Guerre mondiale éclate.

Hitler poursuit alors son invasion au Danemark, en Norvège, aux Pays-Bas, en Belgique, en France, sans jamais perdre de vue son but qui est l'extermination des Juifs. On connaît les ravages de cette guerre, les camps de concentration, les combats sanglants menés par les SS, les ignominies perpétrées par les SS...

Adolf Hitler aura tenté d'imposer sa vision du monde, basée sur une différence de race entre les hommes. Sa dictature a fait connaître les heures les plus sombres de l'histoire du XXe siècle et doit rester en mémoire pour éviter qu'une telle chose se produise à nouveau. Et pourtant... Aujourd'hui encore, des gens adulent Hitler et son idéologie. Comment cela est-il possible ? Comment des millions de personnes ont-ils pu suivre l'idéologie nazie et comment cette idéologie continue-t-elle à engranger des adeptes ? Comment a-t-on pu assassiner des millions de Juifs dans des camps de concentration ?

Peut-être parce que Hitler avait passé un pacte avec le Diable en vue d'obtenir des pouvoirs. Ce qu'il ne savait pas, c'est qu'il existe une justice rémanente et que ce genre de pactes est forcément voué à l'échec. La justice rémanente n'est pas celle des humains, n'est pas un système légal composé de lois civiles et imposées à l'homme, système légal qui peut varier d'un pays à un autre. La justice rémanente est une justice divine appliquée à tous les hommes de tous pays et cela, quel que soit sa croyance, son rang... Par exemple, si l'on désobéit à la loi civile, on est jugé et l'on peut être condamné à une peine de prison ou à une amende. C'est la justice humaine. Par contre, si je pollue la planète, la terre, la nature se révoltera et répondra par une catastrophe écologique comme l'augmentation des maladies respiratoires ou une tempête. C'est la justice rémanente, la justice divine. Et tout le monde paye ses actes un jour ou l'autre. Tout individu se retrouve un jour ou l'autre devant la justice céleste. Dans le cas d'un dictateur sanglant, la justice rémanente frappera à travers le peuple qui se révoltera contre l'oppresseur allant même jusqu'à le tuer. Personne ne contrôle la justice rémanente, personne ne sait quand elle va accomplir son œuvre. Mais elle finit toujours par arriver.

Hitler était au sommet de la gloire, au sommet de sa folie et pourtant, il a sombré en peu de temps, et ne trouvant plus de solutions, s'est donné la mort. C'est la justice rémanente. C'est l'intervention divine qui a fait cesser les atrocités de Hitler, atrocités commises grâce à l'intervention du démon.

Un pacte avec le Diable

On sait que Adolf Hitler avait un penchant très marqué pour l'ésotérisme. C'est une tendance méconnue par le grand public, les historiens préfèrent ne pas en parler. Pourquoi ? Je n'en ai aucune idée. Peut-être parce que tout ce qui touche au nazisme est sulfureux. Et pourtant...

Le Svastika

Regardons de près le symbole nazisme. Il s'agit d'une figure religieuse ancestrale, le Svastika, dont on trouve des traces en Eurasie, en Afrique du Nord et même en Amérique du Nord. On date sa première apparition à l'époque néolithique. Hitler s'approprie cette figure qui deviendra l'emblème du NSDAP. Peut-on dire qu'il pratiquait lui-même l'ésotérisme ou les sciences occultes ? Ce que l'on peut dire c'est que le Führer entretenait des relations privilégiées avec Albert Speer (1905 – 1981, architecte allemand, ministre de l'Armement et de la Production de guerre au sein du Troisième Reich, architecte en chef du Parti nazi) qui pratiquait le domaine de l'art divinatoire et du paranormal.

Les instructeurs ésotériques se sont succédé dans l'entourage de Hitler et certains, comme Martin Bormann (1900 – 1945, haut dignitaire nazi, conseiller de Hitler), témoignèrent des troubles mentaux du dictateur (coprophagie, inceste, tendances suicidaires). Hitler possédait des tares, mais aussi des dons comme cette prédisposition miraculeuse à échapper à tous les attentats menés contre lui ou encore cette capacité à électriser ses partisans par ses discours. La mythologie était omniprésente dans la doctrine nazie. Les nazis pensaient être des créatures supérieures dotées de pouvoirs paranormaux. Ils disaient, pour justifier leurs crimes, que cela était nécessaire afin de faire revivre cette race supérieure à laquelle ils appartenaient, une race issue d'une civilisation disparue depuis plusieurs siècles dans des conditions mystérieuses. Les nazis croyaient qu'ils étaient des descendants de « ces hommes parfaits » qui étaient parvenus à survivre dans les montagnes du Tibet et en Europe du Nord. Ils enverront même une expédition allemande à la recherche d'Akakor, une cité mythique souterraine perdue dans le désert de Gobi.

Les nazis adoraient le feu, c'était l'instrument de morts qu'ils préféraient. C'est d'ailleurs grâce au feu que Hitler s'empara du pouvoir lors de l'incendie du Reichstag en 1933 et c'est aussi grâce au feu que les nazis le feront disparaître d'un bunker assiégé par les Soviétiques. Hitler, au vu de ses actes et des atrocités commises, est un Antichrist, un messager du diable. Ses crimes abominables, l'endoctrinement des masses populaires, les cultes païens qu'il rendait à des divinités... Hitler était certainement un Antichrist.

Revenons un instant sur la définition de l'Antichrist. L'Antichrist signifie l'adversaire du Christ et non celui qui vient avant le Christ, qui est l'antéchrist. Souvent, on confond les deux notions. L'Adversaire, dans la Bible, est Satan. Dans le livre saint, aux épîtres de Jean et dans la 2e épître aux Thessaloniciens, l'Antichrist est un démon qui se substituera à Jésus-Christ et qui ramènera les foules pour les éloigner de la lumière de Dieu. L'Antichrist est donc celui qui nie le Christ, qui le renie. L'Antichrist n'est pas un seul démon, il représente tout un système social, économique, politique et religieux d'une puissance redoutable. L'Antichrist combat des idées par d'autres idées et fait naître un système nouveau avec des mentalités différentes. Hitler, en réalisant un pacte avec le Diable, est devenu un Antichrist et un damné. Cela devait faire partie de ce pacte. D'ailleurs, on le retrouve le dictateur nazi sous sa forme démoniaque dans l'histoire d'Anneliese Michel, une jeune femme possédée par plusieurs démons, dont Hitler. Je raconterai cette histoire un peu plus tard, mais d'abord, permettez-moi d'étayer mes propos.

Les prédictions de Zacharie

Zacharie était considéré comme le premier des derniers voyants de Juda, le Juif de l'Arménie majeure, converti au christianisme vers la fin du siècle dernier et mort dans les premières années de notre siècle. Le livre de l'Abbé Fatacioli « Le Jour de la Colère ou la Main de Dieu sur un Empire : Visions prophétiques d'un Voyant de Juda » écrit en 1856, rapporte ces prédictions.

C'est en 1807 que Zacharie eut sa vision de Hitler. Cette prophétie demeura secrète jusqu'à la publication du livre de l'Abbé Fatacioli. Elle nous décrit la montée du IIIe Reich et l'avènement de Hitler. Voici quelques passages de cette prophétie de Zacharie.

« ... Au milieu des orages, il régnait ; parmi les orages, il disparaissait. Des secousses violentes furent toujours sous ses pieds et ébranlèrent son siège, mais toujours son bras inflexible arrêta, contint... toujours le poids de son bras retombait, vengeur, inexorable, dévorant... »

« ... passions éternelles des âmes damnées... faces dévastées du roi des enfers, tel est cet homme... Œil dévorant, veillant sur le noir dépôt de l'usurpation et de l'iniquité, main sanglante... et faisant dans l'ombre des exécutions ténébreuses au moindre soupçon d'une opposition quelconque de leur part à la marche du Dragon... Et je compris que tout ce qu'allait faire le monstre et tyran était l'œuvre de Satan, le démon, et que son Esprit était leur esprit. »

« ... Et le tyran disait : "Que les peuples tremblent, que la Terre connaisse son dominateur ! Le jour du triomphe universel et dernier arrive. C'est moi qui le dis, qui le veux... »

« ... De toutes parts arrivèrent des hommes vêtus des habits sacrés du sacerdoce et portant sur leurs habits, avec les divers signes de leur ordre et de leur dignité, une croix imprimée à rebours. Le signe sacré semblait crier vengeance et appeler les foudres des cieux... Le Seigneur me dit : "Vois-tu l'homme dominateur ? Il a broyé le front de ses esclaves. Il s'est joué de toutes les choses saintes, il va maintenant allumer une guerre formidable et exciter contre lui deux nations puissantes sur les terres et les eaux du soleil couchant. Mais il tombera mort dans les enfers ».

Ces prédictions sont très claires : Zacharie nous parle de Hitler, d'un roi des enfers, d'un homme qui provoquera une guerre, mais qui sera puni par la puissance divine. À méditer...

D'autres prophéties mettront en garde le monde contre la folie de Hitler, dont celle d'un moine inconnu que l'on trouve dans le livre 'Die Zukunft der Welt' écrit par Louis Emrich (1893 – 1974, journaliste allemand et écrivain). Dans ce livre, on peut lire cette prédiction étrange :

« Aussi étrange qu'ait pu être l'un ou l'autre siècle, le vingtième siècle sera cependant le plus étrange. Il viendra un temps rempli de terreurs et de misères pour tous les hommes sur cette terre. Tout ce qu'on peut imaginer de mauvais et de déplaisant arrivera dans ce siècle. À son commencement, dans beaucoup de pays, les princes s'insurgeront contre leur père, les citoyens contre l'autorité, les enfants contre leurs parents, les païens contre Dieu et des peuples tout entiers contre l'ordre établi. Et il éclatera une guerre où les boulets tomberont du ciel. Et alors éclatera une seconde guerre au cours de laquelle presque toute la création sera bouleversée. De grands désastres de fortune et de biens se produiront et beaucoup de larmes seront versées. Les hommes seront sans âme et sans pitié. Des nuages empoisonnés et des rayons brûlants, plus brûlants que le soleil le plus incandescent à l'Équateur, des forteresses roulantes de fer et des vaisseaux volants remplis de boulets terribles et de flèches, des étoiles filantes mortelles et du feu sulfureux détruiront de grandes villes. Ce siècle sera le plus étrange de tous les siècles ; car les hommes seront fous d'eux-mêmes et du monde et se détruiront les uns les autres. »

Il s'agit bien de la Seconde Guerre mondiale, les atrocités commises sont mises en évidence ; on ne peut s'y tromper. Hermann Rauschning (1887 – 1982), homme politique allemand, fervent opposant au régime nazi, a essayé de prévenir les dirigeants de tous les États contre la folie meurtrière de Hitler. Dans son ouvrage 'Hitler m'a dit' publié en 1940, il met en garde les démocraties occidentales en affirmant que Hitler et ses adeptes sont des cavaliers apocalyptiques d'un nouveau chaos mondial.

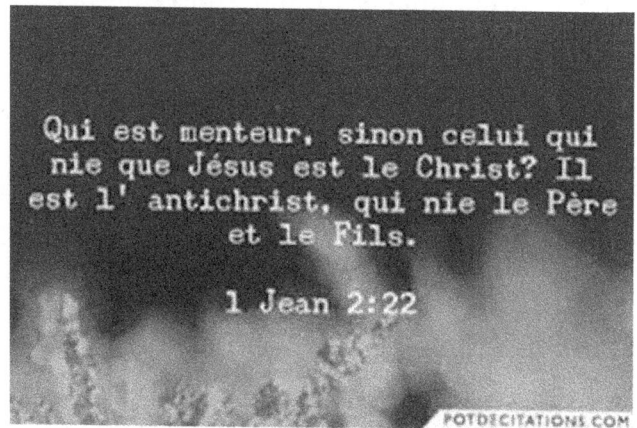

Et voici des propos tenus par Hitler lui-même : 'À la doctrine chrétienne du primat de la conscience individuelle et de la responsabilité personnelle, j'oppose la doctrine libératrice de la nullité de l'individu et de sa survivance dans l'immortalité visible de la nation. Tu n'es rien, le parti est tout...

Je supprime le dogme du rachat des hommes par la souffrance et par la mort d'un Sauveur divin. Je propose un dogme nouveau de la substitution des mérites : le rachat des individus par la vie et l'action du nouveau Législateur-Führer qui vient soulager les masses du fardeau de la liberté...

Tout acte a son sens, même le crime. Le mot même de crime est une survivance d'un monde passé. Je ne distingue qu'activité positive et activité négative. N'importe quel crime dans le vieux sens du mot est encore un acte de plus grande valeur que l'immobilité bourgeoise.'

Cela ressemble bien à un discours Antichrist...

Houston-Steward Chamberlain

Houston-Steward Chamberlain (1855 – 1927) était un philosophe britannique d'expression allemande principalement connu en tant que théoricien racialiste et son livre 'La Genèse du XIXe siècle' a contribué à alimenter les idées du nazisme.

Houston-Steward Chamberlain fut très touché par la défaite allemande et en tomba malade. En 1926, son affection l'avait rendu paralytique et l'obligeait à garder le lit (justice rémanente ?). Hitler venait lui rendre visite régulièrement, et le philosophe confia que la seule présence du Führer lui avait redonné la santé. Il retrouva même ses dons de clairvoyance qui avait disparu en 1918 et déclara à son entourage que tout cela avait été possible grâce à Hitler, car ce dernier était un éveilleur d'âmes qui véhicule des pouvoirs messianiques. Il ajouta que c'était le nouveau chef que Dieu envoie au peuple allemand ! Hitler était certainement un nouveau chef non pas envoyé par Dieu, mais par Satan.

Chamberlain était souvent assiégé par les démons. Un jour, alors qu'il voyageait en Italie, il fit une crise et eut une vision d'un démon lui ordonnant d'écrire un ouvrage. Le philosophe rédigea un essai sur le thème 'Race et Histoire', essai qui orientera plus tard Hitler.

Ce qui prouve que le démon lui-même a inspiré Hitler !

Hitler et l'occulte

L'on sait aujourd'hui que Hitler accordait une importance particulière aux sciences occultes ainsi qu'à la recherche de lieux insolites comme la cité perdue d'Akakor. On sait aussi que Hitler était entouré d'astrologues, de magiciens et de médiums. Hitler s'intéressait aux anciennes traditions et cités disparues. Les historiens nous disent que Hitler est mort suicidé dans son Bunker à Berlin où ses restes furent retrouvés et conservés par les Soviétiques. Mais cela est-il vraiment la vérité ?

L'emblème de la société du Thulé

De nombreux historiens s'accordent pour dire que Hitler était membre de la Thule-Gesellschaft, dite la société Thulé, une société secrète allemande fondée par Rudolf von Sebottendorff. Ce groupe s'intéressait particulièrement à l'Antiquité germanique et au pangermanisme aryen. Il élabora des mythes racistes et occultes, mythes qui inspirèrent l'idéologie nazie. Les idées professées par la société Thulé s'inspirent d'un corpus comportant des éléments ésotériques et mystiques puisés dans les idées de Guido von List (1848 – 1919), occultiste, théoricien de l'armanisme intégral (forme d'aryanisme) et à l'origine de l'ésotérisme nazi.

Les membres de société Thulé croyaient en l'existence d'un continent situé à l'extrême nord, continent qu'ils appelaient Hyperborée, qui aurait été peuplé d'hommes transparents. Ces derniers, en s'unissant aux autres hommes, auraient donné naissance à des êtres humains de plus en plus opaques, mais auraient conservé leurs facultés, ce qui les rend supérieurs aux humains ordinaires.

Dietrich Eckart (1868 – 1923, homme politique allemand, membre de la société Thulé) a initié Hitler à une forme de magie noire fondée sur des rituels puissants permettant d'entrer en contact avec des démons avec qui l'on pouvait signer un pacte.

Hitler lisait beaucoup et lorsqu'il se rendait à Vienne, il fréquentait la librairie d'Ernst Pretzscher avec qui il échangeait des livres sur l'occultisme. Ernst Pretzcher était libraire de profession et avait vécu au Mexique. Il connaissait les pratiques occultes de ce pays et il les confia à Hitler qui se vit offrir des perspectives. Le Führer, tout au long de la guerre, a recherché le peuple aryen, le peuple de race suprême. L'exemple le plus frappant a été le contact qu'il prit avec la Loge noire tibétaine. Certains membres de cette Loge noire tibétaine furent invités en Allemagne afin de former des groupes nazis d'élite. On les retrouva nus, assassinés ou suicidés à la fin de la guerre, un poignard planté dans l'abdomen. On n'expliquera jamais ce qu'il s'est réellement passé.

Le but secret de la Société de Thulé était de regrouper l'ensemble des Loges noires afin de maîtriser la planète, d'asservir les peuples. Et pour mettre en place ce plan, Hitler avait pris contact avec les plus hauts dirigeants de l'Ordre noir. Notons que la société de Thulé était une secte satanique où les membres pratiquaient les orgies d'asservissement sexuel, tout comme l'Ordre noir.

Hitler voyait en Amérique du Sud un lieu propice à l'implantation de la nouvelle race parmi les peuples primitifs de la forêt amazonienne. Dans les années 30, aidé par des dirigeants brésiliens, il avait déjà installé des avant-postes dans ce pays. Les nazis enlevaient des enfants dans des orphelinats brésiliens qu'ils soumettaient à des travaux forcés. Ces enfants étaient torturés et devaient travailler sans repos. C'étaient les premiers camps de l'horreur, et les survivants réclament aujourd'hui des dommages au gouvernement brésilien.

Dans les mêmes années, les nazis explorent la forêt amazonienne en vue de trouver un site comportant des ressources minières afin d'y implanter une future race. Le deuxième but était de découvrir la cité perdue d'Akakor.

À la recherche de cités perdues

Hitler recherchait partout, aux quatre coins du monde, des objets sacrés, comme la Lance de Longin par exemple, mais aussi des lieux mythiques. Pourquoi ?

En Amérique du Sud, dans la forêt amazonienne, Hitler dépensa une fortune afin de mener des expéditions pour chercher la cité perdue d'Akakor. Qu'avait de si particulier cette antique cité pour y mettre autant de moyen et d'argent pour la retrouver ? La réponse se trouve peut-être dans le fait que depuis des centaines d'années, des explorateurs parlent d'un fabuleux trésor enfoui dans la jungle amazonienne par les Incas. Certains pensaient que cette histoire n'était qu'un mythe, mais Hitler y croyait. Il recherchait ce trésor, mais aussi quelque chose de plus, des cités perdues, des civilisations disparues, comme les Mayas. Beaucoup de légendes circulent à propos de cités perdues au cœur du «poumon de la Terre» et Hitler voulait trouver, dans cette immense forêt hostile, une ville oubliée. Et il n'avait pas tort, car on vient de découvrir il y a peu, au milieu de la jungle amazonienne, une tribu sauvage. On peut alors très bien envisager qu'il en existe ou existait d'autres. Hitler était convaincu qu'il existait des peuples inconnus en Amazonie. Il y avait les Mayas, les Incas et des vestiges sont à découvrir, cachés dans l'enfer vert de la forêt, dans des territoires non encore explorés. C'est ce que recherchait aussi Hitler. Il désirait trouver des descendants des Aztèques, des Mayas, des Incas. Il s'appuyait sur les découvertes d'un historien et explorateur anglais, John L. Stephens (1805 – 1852), qui dans son livre « Incidents of travel in Center America » était persuadé que les Aztèques avaient survécu et existaient encore dans les déserts des Cordillères et que personne n'avait jusqu'ici visité, qu'ils y vivent comme leurs pères, avec les mêmes traditions et croyances. Ces territoires seraient en Amazonie, près du Pérou, du Mexique, du Guatemala et à l'ouest du Brésil.

Karl Brugger, journaliste-investigateur allemand alors correspondant à Rio en 1972, nous raconte cette recherche effrénée de civilisations perdues par Hitler. Ce dernier a rencontré, dans une taverne de Manaus, un Indien nommé Tatunca Nara qui se prétend être le prince d'Akakor. Brugger interrogea Tatunca et enregistra la conversation qui dura plusieurs heures. Plus tard, avec le prince, il s'enfoncera dans la jungle à la recherche de la cité secrète d'Akakor. Il racontera cette aventure dans un livre « Die Chronik von Akakor. Mythos und Legende eines Amazonischen Volkes » ou « La Chronique d'Akakor. Mythe et Légende d'un peuple antique d'Amazonie » pour la traduction.

Tatunca Nara confie au journaliste l'histoire étonnante du peuple d'Ugha Mongulala, un peuple élu par les dieux il y a quinze mille ans de cela. Il ajoute qu'un livre sacré écrit par des scribes Ugha Mongulala et rédigé dans la langue de ses ancêtres, le quechua, a consigné l'histoire de ce peuple. Hitler recherchait activement ce livre sacré intitulé la « Chronique d'Akakor » qui racontait l'histoire de trois grandes cités possédant les lumières de la Connaissance.

D'après Tatunca Nara, en 1932, le prince de la tribu du peuple d'Akakor, alors le prince Sinkaia, attaqua le village de Santa Maria, massacra tous les hommes et captura quatre femmes. Trois d'entre elles se noyèrent en tentant de s'échapper et la quatrième, une missionnaire allemande s'appelant Reinha, survécut et se prit d'affection pour le peuple d'Akakor. Elle épousa le prince et de cette union naquit Tatunca Nara. Quatre ans plus tard, Reinha regagna l'Allemagne et devint ambassadrice au service de Hitler. Trois mois plus après, elle revint à Ugha Mongulala accompagnée de trois nazis et une étrange alliance fut conclue entre le peuple d'Akakor et le Troisième Reich.

Les nazis entraînèrent les guerriers Ugha Mongulala à la guerre en vue de conquérir le Brésil. Mais cela n'eut jamais lieu. Après la Seconde Guerre mondiale, l'empire d'Ugha Mongulala abandonna ses rêves de reconquête et retomba en sommeil. Akakor devint un refuge pour quelques nazis en fuite. Akakor est-il un mythe créé de toutes pièces ? Une histoire mensongère proférée par un homme en mal de reconnaissance ?

Selon Brugger, le Troisième Reich voulait que le Brésil reste neutre dans la guerre, afin de pouvoir positionner des sous-marins dans l'Atlantique Sud et envahir le Brésil. Mais les États-Unis ruinèrent ce plan perfide en persuadant le gouvernement brésilien de s'aligner aux Alliés. Face à cette coalition, l'Allemagne riposte en coulant 38 navires de la flotte brésilienne.

En 1984, Brugger est assassiné et l'on pense que c'était pour des motifs politiques, que c'était parce que le journaliste avait en sa possession des dossiers importants concernant les rapports du Troisième Reich avec le Brésil, notamment celui d'Akakor. Brugger avait mis le doigt sur une histoire dans laquelle des éléments politiques et occultes étaient en jeu. On ne connaîtra peut-être jamais la vérité sur cette mystérieuse cité d'Akakor. A-t-elle existé ? Ce que l'on sait, c'est que les nazis avaient fouillé l'Amazonie. L'avaient-ils trouvée ? On pense que les nazis se préoccupaient d'Akakor en raison des relations occultes que ce peuple avait liées avec certains groupes sombres, notamment au Tibet. Ce sont ces groupes que les nazis cherchaient.

D'après des archives brésiliennes, on sait que le Troisième Reich avait mené plusieurs expéditions en Amazonie, avaient l'intention de s'y implanter. Dans quel but ? Pourquoi Hitler avait-il mis en place un plan d'une telle envergure ?

Hitler, toujours miraculeusement protégé

Hitler croyait en sa bonne étoile. Il était persuadé qu'une puissance mystérieuse le protégeait et lui dictait sa conduite. Déjà durant la Première Guerre mondiale, alors simple soldat engagé volontaire, Hitler a failli plusieurs fois perdre la vie.

Le soldat Hitler est envoyé près d'Ypres en Belgique où il connaît son premier combat le 28 octobre 1914. C'est la première tentative réalisée par les Allemands pour prendre le contrôle de la ville flamande. Le 1er novembre 1914, son bataillon est décimé. Sur 3600 hommes, seuls 611 sont encore opérationnels, dont Hitler. Pourtant, il a bien failli perdre la vie, comme il écrit à un ami de Munich, le juge Hepp : « Enfin, c'est au tour des Allemands d'attaquer. Quatre fois, nous avançons et devons reculer. De tout mon groupe, un seul subsiste en dehors de moi ; finalement, il tombe, lui aussi. Un projectile arrache la manche droite de ma capote ; mais par "miracle", je demeure sain et sauf. » Peut-on vraiment parler de miracle ?

Durant toute la Première Guerre mondiale, Hitler n'est resté qu'au grade de caporal. Pourtant, ses frères d'armes l'ont décrit comme un véritable guerrier fanatique, qui ne tolérait aucune fraternité et aucun défaitisme. C'est un soldat exemplaire, qui ne fume pas, ne boit pas, ne fréquente pas les bordels et refuse de coucher avec les Françaises prétextant que cela est contraire à l'honneur. C'est un homme solitaire qui s'isole souvent pour réfléchir et lire.

Le 7 octobre 1916, un obus explose dans l'abri des estafettes. Hitler s'en sort miraculeusement avec une blessure à la cuisse gauche. Il est soigné à l'hôpital de Beelitz. Guéri, il rejoint son bataillon. Lors de la deuxième offensive pour prendre le contrôle de la ville d'Ypres, Hitler est gravement gazé. Là aussi, il s'en sortira miraculeusement. Blessé aux yeux, il deviendra presque aveugle, mais recouvrera « miraculeusement » la vue.

Encore un autre exemple : au cours de l'été 1915, lors de la seconde bataille d'Ypres, Hitler mangeait avec ses compagnons d'armes dans une tranchée. Soudain, il entendit une voix lui demander de se lever et de se rendre à un endroit précis. Sans réfléchir, Hitler se mit debout et s'éloigna de vingt mètres de ses camarades, puis s'assit pour continuer son repas. Une forte détonation retentit de la tranchée. Un obus avait éclaté au-dessus du groupe tuant tout le monde.

On retrouva un poème qu'il avait composé durant l'automne 1915, lors de la bataille d'Ypres :

« Par les nuits mordantes, je vais souvent

Dans la clairière silencieuse au chêne de Wotan

M'unir aux puissances obscures...

Et tous ceux qui sont pleins d'impudence durant le jour

sont rendus tout petits par la formule magique... »

Notez, chers lecteurs, que Hitler parle de s'unir aux puissances obscures et de formule magique... Ajoutons à cela que Hitler a fait référence, dans ce poème de Wotan le seigneur de la guerre joyeuse, la divinité que les Scandinaves appelaient Odin. Hitler invoquait souvent cette divinité par des rites appris lorsqu'il séjournait à Vienne. Il s'imaginait auteur d'une nouvelle bible qui fondrait un nouvel État théocratique, il s'imaginait en Homme-Dieu capable de gouverner cet état. Et dans une des invocations à Wotan, il avait prédit la défaite des Allemands lors de la Première Guerre mondiale.

En 1917, alors sur le front de la Somme, Hitler entendit la voix de Wotan en songe et eut une vision : lui enseveli par une avalanche de terre et de fer brûlant. Il sort de la tranchée. À côté de lui, ses camarades dorment. Il s'avance hors de la tranchée et se dit que cela est stupide, puisqu'il se trouve maintenant à découvert et à la merci des balles. Il entend à nouveau la voix de Wotan lui ordonnant de s'éloigner le plus possible de la tranchée. Alors, Hitler continue de marcher à découvert, s'éloignant de l'abri. Soudain, une rafale de fer et de feu l'oblige à se plaquer au sol. L'explosion est toute proche, une grosse pièce d'artillerie s'acharne sur le secteur qu'il vient de quitter. Lorsque le calme revient, Hitler fait demi-tour pour rejoindre la tranchée. Elle n'est plus qu'un énorme trou abritant des cadavres... Depuis ce jour, Hitler fut convaincu de sa mission divine.

Encore une petite anecdote pour vous montrer que des forces obscures protégeaient Adolf Hitler et cela depuis sa naissance, comme si Satan avait prévu son destin, comme s'il était intervenu pour diriger l'histoire de l'Allemagne et l'histoire de l'humanité. Savez-vous que le père d'Adolf Hitler s'appelait Aloïs Schicklgruber ? Avouez que ce n'est pas un nom facile à prononcer et difficile à mémoriser. Satan intervint, avant même la naissance d'Adolf, pour donner au futur Führer un nom vite mémorisable par le monde entier. Remontons aux origines de Hitler : Maria-Anna Schicklgruber, la grand-mère d'Adolf Hitler, alors célibataire et travaillant comme domestique pour une famille israélite, se fit mettre enceinte par le fils de la maison. Naquit Aloïs Schicklgruber, d'un père juif et d'une mère célibataire. D'où les origines juives de Hitler.

Plus tard, Maria-Anna épousa un ouvrier, George Hiedler. Ce dernier adopta Aloïs. Mais, un employé de l'état civil, au lieu d'écrire sur les papiers administratifs Aloïs Hiedler, écrivit Aloïs Hitler. Et c'est donc d'une erreur qu'est né le nom du Führer. Et toujours aussi miraculeusement, Hitler déjoua tous les complots d'assassinat lors de son règne funeste.

Le svastika

On sait que la société Thulé ou l'ordre du Thulé était une société secrète allemande qui inspira l'idéologie nazie. Hitler faisait partie de l'ordre du Thulé. Cet ordre avait pour symbole le svastika qui devint la croix gammée du nazisme.

Une réunion secrète des membres du Thulé

Les membres du Thulé, dont Hitler faisait partie, invoquaient régulièrement les esprits pour obtenir des pouvoirs et faisaient des offrandes aux entités du bas astral, c'est-à-dire aux démons, qui répondaient à leurs appels. Lors d'une de ces cérémonies funestes, avant que Hitler rejoigne la société du Thulé en tant que membre, un démon annonça sa venue et prophétisa que cet homme sera le possesseur de la Sainte Lance et qu'il détiendra la toute-puissance, soit du bien, soit du mal. Il faudra alors l'accueillir avec tous les égards et se placer derrière lui.

Alfred Rosenberg, (1893 – 1946) homme politique, architecte et essayiste allemand, membre de l'ordre du Thulé, membre du Parti national-socialiste des travailleurs Allemand, proche de Hitler, théoricien du nazisme, et ministre du Reich aux Territoires occupés de l'est, se proclamait le prophète de l'Antichrist, l'Antichrist étant Hitler. On rapporta, mais les sources ne sont pas sûres, qu'une fois, lors d'une cérémonie noire, Rosenberg a invoqué Léviathan, Lucifer, la Bête de l'Apocalypse en disant que ces entités s'étaient déjà emparées du corps de l'Antichrist et qu'il fallait attendre sa venue comme le nouveau Messie. On comprend qu'il s'agissait de Hitler. Ce soir-là, les démons se déchaînèrent. La médium, dont le rôle était de contacter les forces démoniaques, entra en transe et faillit perdre la vie. Elle se mit à parler, à vociférer des mots qui sortaient de sa bouche en un flot ininterrompu. Certains membres du Thulé eurent très peur et se demandèrent ce qu'ils avaient provoqué là. Le baron Rudolf von Sebottendorf (1875 – 1945), ingénieur allemand naturalisé turc, franc-maçon et l'un des meneurs de la Société Thulé qui avait l'habitude d'invoquer les esprits et pratiquait la numérologie, l'astrologie et le soufisme, fut tellement effrayé par cette manifestation démoniaque, qu'il voulut fuir. Tout le monde était épouvanté si bien que personne ne songea à recueillir les paroles que débitait la médium toujours en transe. Soudain, le fantôme de la comtesse von Westarp se matérialisa au milieu de l'assemblée. Les Rouges avaient assassiné la comtesse von Wertstarp, ex-secrétaire de la société du Thulé. Elle annonça que « celui qui allait venir » serait le maître de l'Allemagne et de l'Autriche. Il en serait aussi le fléau et conduirait ces deux pays à la pire dégradation.

Les membres du Thulé n'étaient pas bavards concernant ces pratiques occultes.

Revenons au mot Svastika qui signifie « source » et représente la cause éternelle ou la fontaine de la création. La Société Thulé a utilisé le Svastika, qui est le symbole du Vril, c'est-à-dire le pouvoir de la création elle-même, comme leur propre symbole.

Édition allemande de 1922 de la Vril, The Power of the Coming Race de Edward Bulwer-Lytton

La Vril Force ou Vril Energy aurait été dérivée du Soleil Noir, — représenté comme un svastika composé de runes Sig — qui aurait existé au centre de la Terre, éclairant le Vril-ya et émettant du rayonnement dans le Forme de Vril. Selon la légende, la Vril peut être changée en l'agence la plus puissante sur tous les types de matières, animés et inanimés. Elle peut détruire la foudre, reconstituer la vie, guérir ou tuer. La Vril a été utilisée pour creuser des galeries à travers les montagnes et peut être utilisée comme source de lumière ou d'alimentation. Elle peut aussi servir à la concentration mentale. Il existerait un bâton de Vril qui véhiculerait un canal pour l'énergie. La Vril serait donc une véritable force magique, capable d'anéantir la vie ou de la créer.

Helena Petrovna von Hahn, connue sous le nom d'Helena Blavatsky ou madame Blavatsky (1831 – 1891), membre fondateur de la Société théosophique et d'un courant ésotérique auquel elle donna le nom de « théosophie », a approuvé cette définition de la Vril. Elle ajoute que la puissance de la Vril et sa réalisation par une élite surhumaine sont transformées en une doctrine mystique de la race. Les nationalistes allemandes du XIXe siècle ont accepté et intégré les idées raciales de Mme Blavatsky concernant les races et l'émergence d'un type d'être humain spirituellement développé. Ils ont mélangé l'occultisme théosophique avec l'antisémitisme et la doctrine de la suprématie raciale des peuples aryens ou indo-européens.

On sait que la Loge Luminous ou la Vril Society était une communauté secrète d'occultistes dans Berlin prénazi. La Vril Society était en fait une branche de la Société du Thulé. La Vril Society croyait que les Aryens étaient les ancêtres biologiques réels du Soleil Noir, qui est une forme de svastika. Et c'est cette force que les nazis recherchaient et essayaient désespérément de déchaîner sur le monde. Pour cela, les scientifiques du Troisième Reich ont mené beaucoup d'expériences afin de trouver la Vril. Ils travaillaient en collaboration avec les SS et pour les SS.

Le symbole du svastika a été découvert sur le site de l'ancienne Troie et fut associé aux migrations antiques des premiers Indo-Européens. On a relié ce symbole à des formes semblables trouvées sur des vases anciens en Allemagne et l'on a théorisé que le svastika était un symbole religieux significatif des ancêtres des Allemands, liant les cultures germaniques, grecques et indo-iraniennes.

Au début du XXe siècle, on utilisait le symbole du svastika dans le monde entier. On le considérait comme un symbole de chance et de succès. On peut d'ailleurs voir la croix gammée sur des reliures des

des œuvres de Rudyard Kipling (1865 – 1936) bien avant la montée du nazisme.

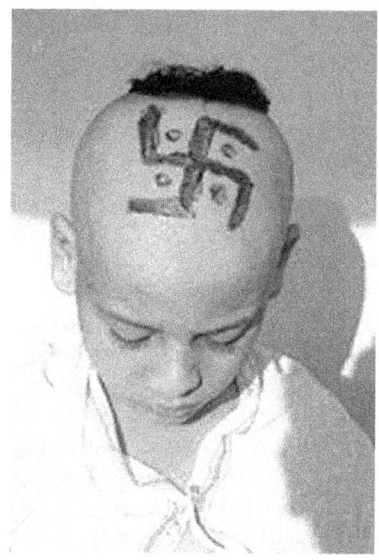

Une coutume en Inde veut que l'on dessine le symbole
du svastika sur le crâne rasé d'un enfant initié au Véda.

Très vite, le svastika devint le symbole des mouvements völkisch pour qui la croix gammée représentait « la race aryenne ». D'autres théoriciens assimilèrent ce concept, à l'image d'Alfred Rosenberg qui identifia la croix gammée à une race maître nordique originaire du nord de l'Europe.

Notons une étrange coïncidence : dans sa jeunesse, Hitler avait fréquenté l'école chorale bénédictine de l'abbaye de Lambach en Haute-Autriche. Cette école avait une croix gammée ciselée sur le portail du monastère et une autre croix gammée au-dessus de la grotte de printemps dans la cour. Ces croix gammées avaient été gravées en 1868. L'origine de ces dessins était le blason que portait l'abbé Theoderich Hagn (1816 – 1872) qui avait enseigné dans cette école et qui portait, sur sa toge, une croix gammée d'or avec des points obliques sur un champ bleu. Cette croix gammée puisait certainement ses origines dans l'ère médiévale.

Pour résumé, les nazis recherchaient cette force dont le symbole était la croix gammée, ils recherchaient la race suprême. La croix gammée a donc une origine occulte.

Je pense qu'il est inutile de multiplier les exemples pour comprendre que Hitler avait pactisé avec le Diable afin d'obtenir le pouvoir. Nous savons qu'Adolf Hitler avait un penchant très marqué pour l'ésotérisme, qu'il avait utilisé le svastika, à l'origine, je le rappelle, une figure religieuse ancestrale, pour en faire le symbole du parti nazi, que des prédictions avaient annoncé son avènement, que Hitler s'intéressait beaucoup aux cités perdues, qu'il possédait des dons, par exemple cette prédisposition miraculeuse à échapper à la mort ou encore cette capacité d'orateur exceptionnelle qui électrisait les foules.

Hitler était membre de la Société du Thulé et a côtoyé beaucoup de maîtres qui lui ont enseigné les domaines de l'occulte. Je citerai Albert Speer, Rudolf Hess... Ces instructeurs ésotériques se sont succédé dans l'entourage du dictateur. La mythologie était omniprésente dans la doctrine nationale socialiste. Les nazis se voyaient comme êtres supérieurs dotés de pouvoirs paranormaux ayant pour but de faire renaître la race aryenne, la race suprême disparue dans des conditions mystérieuses. Les nazis croyaient qu'il existait des descendants de ces « hommes parfaits » qui étaient parvenus à survivre dans les montagnes du Tibet et en Europe du Nord. D'où les expéditions entreprises par Hitler pour les retrouver.

Je rappelle que les nazis vouaient un rapport avec le feu assez mystérieux. Le feu était leur instrument de mort préféré. C'était grâce au feu, lors de l'incendie du Reichstag en 1933, que les nazis s'étaient emparés du pouvoir. C'était par le feu que Hitler disparut.

Si l'on combine tous ces éléments, on peut dire que Hitler était un antichrist, un messager du Diable. Mythologie, cultes païens, messes noires, endoctrinement des masses populaires, crimes abominables... toutes les conditions sont réunies pour considérer Hitler comme un représentant des forces maléfiques. Alors oui, nous pouvons penser que Hitler avait passé un pacte avec le Diable afin d'obtenir des pouvoirs. Et donc, que le démon avait influencé l'histoire de l'Allemagne et de l'humanité tout entière.

L'occulte dans le Troisième Reich

Les racines du nazisme

Nous savons que l'occulte occupait une place prépondérante dans l'histoire du Troisième Reich, histoire que nous allons dérouler afin de comprendre et d'analyser la part de l'occulte dans le Troisième Reich dans le but de montrer que le démon a influencé l'histoire.

Jörg von Liebenfels

Les premières racines du nazisme remontent à 1900, lorsque Jörg von Liebenfels (1874 – 1954) a fondé l'Ordre des Nouveaux Templiers. Jörg von Liebenfels était un ancien moine cistercien devenu théoricien et fondateur de la revue racialiste et eugéniste Ostara. C'est lui qui a développé une idéologie antiféministe et antisémite. Et là, chers lecteurs, vous remarquez que l'origine du nazisme vient d'un moine. Eh oui ! Le Malin a réussi l'exploit de s'immiscer dans l'Église ! Je dirai même qu'il se trouve surtout dans l'Église puisqu'il aspire à la détruire (cf. la vision de Léon XIII).

Les Templiers de Lanz ont choisi la croix gammée comme leur signe et se sont intéressés à des sujets tels que la supériorité de la race, l'astrologie, l'homéopathie et la nutrition. Guido von List était le professeur de Lanz. En 1908, Guido von List fonde l'organisation Armanen. List était le premier écrivain populaire à combiner l'idéologie völkisch (mouvement nationaliste allemand extrême) avec l'occultisme qu'il considérait comme le lien avec une ancienne race de prêtres et de sages Germaniques appelés Armanen, dont le saint symbole avait été la croix gammée. Guido von List a pris la croix gammée, qui pour le peuple germanique représentait l'emblème occulte du soleil, et en a fait l'incarnation de ses idées. Les membres de l'Armanen comprenaient Karl Lueger (1844 – 1910), maire de Vienne de 1897 jusqu'à sa mort.

L'adhésion entre l'Ordre des Nouveaux Templiers et l'Armanen se chevauchait souvent. En 1912, les membres des deux cultes se réunirent et fondèrent le Germanen Orden (l'Ordre allemand). Après la fin de la Première Guerre mondiale, le Germanen Orden fusionna avec une autre société occulte connue sous le nom de Thulé. La Société du Thulé avait pour symbole une croix gammée courbée avec un poignard superposé sur le dessus qui montre le lien clair que cette société portait à la fois à l'Armanen et à l'Orden. L'un des membres les plus éminents de Thulé fut le baron Rudolf von Sebottendorff. J'en ai déjà parlé lors du précédent chapitre. Rudolf von Sebottendorff était une figure importante dans les activités de la Société Thulé. Il était franc-maçon et pratiquait la méditation, l'astrologie, la numérologie et l'alchimie.

Rudolf von Sebottendorff

Rudolf von Sebottendorff, alias Adam Alfred Rudolf Glauer, était né à Hoyerswerda en Allemagne. Son père était ingénieur de locomotive de Silésie. Glauer semble avoir travaillé en tant que technicien en Égypte entre 1897 et 1900. En juillet 1900, il a voyagé en Turquie où il s'est installé en 1901 et a œuvré en tant qu'ingénieur. En 1905, il revint en Allemagne, à Dresde où il épousa Klara Voss. Le couple divorça en 1907. En 1908 ou 1909, Glauer est condamné pour escroquerie. Il devient citoyen ottoman en 1911 et, observant la loi turque, est adopté par le baron expatrié Heinrich von Sebottendorff peu de temps après. Cette adoption a été répétée plus tard en Allemagne et sa validité juridique a été remise en question, mais elle a été approuvée par la famille Sebottendorff, et sur cette base, Glauer a revendiqué son titre de baron de Sebottendorff. Après avoir combattu du côté ottoman-turc lors de la première guerre des Balkans, Sebottendorff est rentré en Allemagne avec un passeport turc en 1913. Il a été exempté du service militaire pendant la Première Guerre mondiale en raison de sa citoyenneté ottomane et d'une blessure reçue pendant la Première Guerre balkanique.

Rudolf von Sebottendorff s'intéressait particulièrement à la théosophie et à la franc-maçonnerie. Déjà en 1901, une famille de francs-maçons juifs l'avait initié au rite français de Memphis. Tout un programme ! En Turquie, il s'est intéressé à la numérologie, à la kabbale et au soufisme. Dans son roman autobiographique « Der Talisman des Rosenbreuzers » (Le Talisman Rosicrucien), Sebottendorff distingue la Maçonnerie turque influencée par le soufisme et la Maçonnerie classique. Vers 1912, grâce à un ensemble d'exercices de méditation numérologique, il est convaincu d'avoir découvert ce qu'il appelait « la clé de la réalisation ». En 1916, il entre en contact avec le Germanenorden, un ordre germanique ou teutonique, une société secrète völkisch au début du XXe siècle en Allemagne.

Theodor Fritsch (1852 – 1933, écrivain allemand antisémite persuadé de la supériorité de la race et du peuple allemand) et plusieurs occultistes allemands proéminents dont Philipp Stauff (1876 – 1923, journaliste et éditeur allemand, proche de Guido von List), ont fondé la Germanenorden à Berlin en 1912. Philipp Stauff deviendra le premier chef de la Germanenorden.

Theodor Fritsch croyait en la supériorité absolue de la race aryenne. Il militait contre l'urbanisation et l'industrialisation rapides et appelait à un retour aux valeurs paysannes. L'un des principaux objectifs de Fritsch était d'unir tous les partis politiques antisémites sous une seule bannière. Ce qui a été un échec, puisqu'en 1890, on dénombrait plus de 190 partis antisémites différents en Allemagne.

*Montage de portraits d'antisémites allemands réalisé en 1880/1881.
Au Centre : Otto Glagau, autour de lui dans le sens des aiguilles
d'une montre : Adolf König, Bernhard Förster, Max Liebermann von
Sonnenberg, Theodor Fritsch, Paul Förster et Otto Böckel.*

Theodor Fritsch avait un rival puissant en la personne d'Otto Böckel (1859 – 1923), politicien populiste allemand, l'un des premiers politiciens à exploiter avec succès l'antisémitisme comme une question politique dans le pays, avec qui il avait une forte rivalité personnelle.

En 1893, Fritsch publie son ouvrage le plus célèbre : « Le manuel de la question juive » aussi connu sous le nom de « catéchisme antisémite ». Des millions d'Allemands se procurent cet ouvrage vastement populaire qui était déjà dans sa 49e édition en 1944. Les idées de Fritsch ont grandement influencé Hitler et les nazis lors de leur accession au pouvoir. Fritsch a fondé un journal antisémite, « Le Marteau » en 1902, journal qui est devenu la base d'un nouveau mouvement en 1912, le Reichshammerbund.

Philipp Stauff était un Armaniste, un ami de Guido von List et un membre fondateur de la Guido-von-List-Society. Stauff a rejoint la Société de la List en 1910 et a rapidement pris la tête de la société aux côtés de Guido von List. Il était le principal représentant allemand de l'Ordre High Armanen à Berlin. Avant la Première Guerre mondiale, il était actif à la fois dans le Reichshammerbund et le Germanenorden. Son traité ésotérique « Runenhauser » publié en 1912 a étendu la thèse listianne des reliques armanistes. Il fut l'un des principaux officiers de la loyale province du Germanenorden.

La Germanenorden était un mouvement clandestin visant les échelons supérieurs de la société, regroupant des élites. Cet ordre possédait aussi pour symbole une croix gammée et se composait d'une structure hiérarchisée basée sur le modèle de la franc-maçonnerie. Les membres de cette secte se réunissaient régulièrement, notamment lors du solstice d'été, qui était une grande fête païenne célébrée dans les cercles völkisch. Souvent, ils se rassemblaient pour lire les Eddas. Les Eddas sont deux manuscrits du XIIIe siècle regroupant des poésies. Le premier manuscrit est un manuel d'initiation à la mythologie nordique destiné aux jeunes poètes. Le deuxième manuscrit, le Codex Regius, contient les grands poèmes sacrés et héroïques qui forment l'Edda poétique. Avant leur rédaction, ces poèmes étaient transmis oralement pendant des siècles et des siècles.

En plus des philosophies occultes et magiques, Philipp Stauff a enseigné à ses initiés des idéologies nationalistes de supériorité raciale et d'antisémitisme nordiques. Il exigeait des membres du Germanenorden une preuve qu'une lignée non aryenne n'avait pas souillé leur sang et leur faisait promettre de maintenir cette pureté dans le mariage.

En 1916, pendant la Première Guerre mondiale, le Germanenorden est divisé en deux parties. Eberhard von Brockhusen (1869-1939) devient le Grand Maître du loyaliste Germanenorden et Pohl, qui était chancelier de l'ordre, fonde le Germanenorden Walvater du Saint Graal. Rudolf von Sebottendorff le rejoint la même année. Ce dernier était convaincu que les systèmes mystiques islamiques et germaniques partageaient une racine aryenne commune. Il devint le maître de la province bavaroise de Walvater à la fin de 1917.

La loge de Munich de la Germanenorden Walvater reçut, en 1918, le nom de couverture de la Société Thulé, société devenue de plus en plus politique et créant, la même année, le Parti ouvrier allemand. Hitler rejoignit ce parti en 1919 et le transforma en Parti National Socialiste ouvrier Allemand ou parti nazi.

Panneau publicitaire pour le Völkischer Beobachter. On y remarque le symbole de la croix gammée et l'aigle.

Sebottendorfr possédait un journal, le « Völkischer Beobachter ». Hitler l'acheta en 1921 et ce journal devint l'outil le plus important de la propagande hitlérienne. Par la suite, Sebottendorff quitta la Société du Thulé et la Bavière. Il fut poursuivi pour négligence pour avoir remis plusieurs noms de membres de la Thulé aux mains du gouvernement de la République soviétique de Bavière, permettant l'exécution de sept membres par les Soviétiques. Sebottendorff n'a jamais nié cette accusation. Il fut contraint de fuir l'Allemagne et se réfugia en Turquie où il profita de sa retraite pour publier deux ouvrages, dont « La pratique de l'ancienne maçonnerie turque : la clé de la compréhension de l'alchimie ». Il revint en Allemagne en janvier 1933 et publia « Avant l'arrivée d'Hitler : d'abord documenté depuis les premiers jours du Mouvement national-socialiste ». Hitler a détesté ce livre et l'a interdit. Sebottendorff fut arrêté, mais échappa, peut-être grâce à des complices à Munich, à la Gestapo et en 1934, retourna en Turquie où il mourut le 8 mai 1945.

La Société Thulé

La Société Thulé était un groupe d'occultistes basé à Munich, selon le nom d'un mythique pays nordique de la légende grecque. Cette société secrète est notable surtout dans le parrainage du Parti ouvrier allemand, le futur Parti national-socialiste des travailleurs allemands fondé par Hitler.

Un grand nombre de membres de la Société Thulé ont été associés à Adolf Hitler, comme Rudolf Hess et Dietrich Eckart. Les réunions avaient lieu à l'hôtel Vier Jahreszeiten à Munich et Hitler a probablement assisté à certaines de ces réunions. Les occultistes croyaient que Hitler était le rédempteur de l'Allemagne, un prophète, le sauveur du peuple allemand. Les membres de la Société Thulé ont été les premiers disciples de Hitler et, donc, ont joué un rôle important dans l'ascension de ce dernier au pouvoir.

Rappelons que Rudolf von Sebottendorff a pris le nom de la Société du Thulé pour couvrir le Germanenorden Walvater du Saint-Graal.

Un des principaux thèmes de la Société du Thulé était une revendication concernant les origines de la race aryenne. En 1917, les gens qui voulaient se joindre à l'Ordre germanique, dont la Société Thulé s'est développée en 1918, devaient signer une « déclaration de foi de sang » concernant leur lignée pure et prouvant que leur sang n'était pas souillé par du sang juif ou coloré.

La Société Thulé a attiré environ 250 adeptes à Munich et 1500 dans la grande Bavière. Ces derniers étaient plus intéressés par le racisme et à la lutte contre les Juifs et les communistes qu'à l'occultisme. Sebottendorff, en décembre 1918, avait programmé le kidnapping du Premier ministre socialiste bavarois, Kurt Eisner. Mais son plan échoua. Pendant la révolution bavaroise d'avril 1919, les thulistes ont été accusés d'infiltration au sein du gouvernement en vue d'un coup d'État. Le 26 avril 1919, les dirigeants communistes de Munich ont perquisitionné les locaux de la Société Thulé et ont arrêté sept membres, dont Walter Nauhaus, la comtesse Heila von Westarp qui a officié en tant que secrétaire au sein de la société et le prince Gustave de Thurn. Tous ont été exécutés par pendaison.

En réponse, le Thulé a organisé un soulèvement des citoyens. La même année, la Société du Thulé achète un hebdomadaire local « The Münchener Beobachter » (Observateur de Munich), change son nom en « Münchener Beochter und Sportblatt » (Observateur de Munich et du sport) afin d'en améliorer sa circulation. Le Münchener Beochter und Sportblatt deviendra plus tard le « Völkischer Beobachter », le principal journal nazi édité par Karl Harrer (1890 – 1926), journaliste et homme politique allemand, l'un des membres fondateurs du NSDAP.

Harrer était aussi un membre de la Société Thulé. Au sein de l'organisation, il avait pour tâche d'établir un parti politique, l'Ordre des travailleurs politiques. Le 5 janvier 1919, il crée, avec d'autres adhérents, le DAP et devient le premier président du parti. Mais, ses plans pour continuer le DAP comme société secrète semblable à la société de Thulé ont heurté ceux d'Adolf Hitler qui avait rejoint le parti. Vers la fin de 1919, la rivalité entre les deux hommes est si forte que Harrer accusa Hitler de mégalomanie avant d'être forcé à démissionner de tous les bureaux du parti le 5 janvier 1920. Hitler obtient le poste de vice-président du parti, avec Dexler en président, puis président du parti en 1921.

Emblème du NSDPA, on observera la croix gammée et l'aigle.

À la fin du mois de février 1920, le DAP devint le NSDAP, connu aussi sous le nom du parti nazi. Hitler a rompu les liens du parti avec la Société Thulé qui a été dissoute environ cinq ans plus tard, bien avant l'arrivée de Hitler au pouvoir. Rudolf von Sebottendorff, qui s'était retiré de la Société Thulé en 1919, revint en 1933 dans l'espoir de la relancer. Dans son livre, publié la même année, il déclara que la Société Thulé avait ouvert la voie au Führer. Hitler n'a pas accueilli favorablement cette affirmation. En 1933, il condamne toutes les organisations ésotériques, y compris les occultistes völkisch et interdit le livre de Sebottendorff. Ce dernier est emprisonné, mais arrive à s'échapper et s'exile en Turquie.

Cependant, cela est prouvé aujourd'hui, le Troisième Reich comportait de nombreux membres du Thulé au sein de son organisation et qu'il avait incorporé son idéologie. Les livres d'Alfred Rosenberg expriment certains des enseignements de la Société Thulé et Heinrich Himmler, qui éprouvait un grand intérêt pour le mysticisme, avait adopté beaucoup d'idées occultes issues de la Société du Thulé.

Et, bien sûr, le svastika, utilisé pour la première fois dans les cercles Völkisch par List et symbole de la Thule Gesellschaft, est devenue l'emblème du Troisième Reich. La boucle est bouclée !

Le but des membres du Thulé était de briser la barrière de la réalité physique et des contraintes morales afin de fusionner avec le « moi divin » dans le royaume spirituel invisible. Les séances d'occultismes devaient permettre aux Thulistes d'atteindre les « champs universels d'énergie » dans le but « d'éveiller les puissances endormies en soi » et ainsi accéder à des capacités psychiques surhumaines, capacités dont était dotée autrefois la fière race aryenne. Si l'on arrivait à ce niveau, alors on devenait le chef suprême de tous les hommes pendant 1000 ans.

Les Thulistes, pour parvenir à ce résultat, invoquaient des divinités païennes, dont Wotan (on se souvient que Hitler avait un lien avec cette divinité alors qu'il n'était qu'un simple soldat). Dès l'arrivée de Hitler à la Société Thulé, Dietrich Eckart, membre du Thulé, a prophétisé que le messie était prêt à accomplir sa mission et a introduit Hitler à l'intérieur des cercles occultes comme étant « le sauveur tant attendu ».

Si l'on regroupe tout ce que je viens de vous dire concernant les sociétés secrètes d'occultismes auxquelles Hitler était membre, si l'on tient compte de toutes les coïncidences (l'erreur de l'employé sur le nom de famille de son père...), si l'on considère les prédictions, le fait que Hitler lisait beaucoup de livres ésotériques, qu'il a souvent échappé à la mort, qu'il recherchait activement des cités perdues en Amazonie, qu'il a envoyé des troupes explorer cette région afin de créer une race d'hommes parfaits, qu'il a massacré des millions de gens, qu'il a commis des crimes abominables, qu'il a endoctriné un peuple entier... on ne peut que se dire que le Diable marchait à côté de lui !

Et voici pour preuve l'histoire d'Anneliese Michel, histoire véridique, documentée, qui a donné lieu à un procès et dans laquelle Hitler apparaît en damné. Je vous laisse lire afin que vous vous fassiez votre propre opinion sur le sujet.

Anneliese Michel

Savez-vous que le film « L'exorcisme d'Emily Rose », film américain de Scott Derrickson et sorti en 2005, s'inspire d'un fait réel, celui de l'histoire d'Anneliese Michel, une jeune Allemande qui mourut tragiquement après huit longues années de possession démoniaque ou de maladie.

Anneliese Michel à l'âge de 15 ans

Anneliese Michel est née le 21 septembre 1952 à Leiblfing (Bavière) au sein d'une famille catholique très pratiquante. Anneliese est une jeune fille très croyante. Cette Bavaroise a tout pour vivre heureuse. Elle est entourée de ses parents et de ses trois sœurs, Gertrud, Roswitha et Barbara. L'éducation se veut rigoureuse et pieuse, car pour les Michel, le respect des valeurs chrétiennes est très important.

C'est en 1958 que les problèmes commencent. Anneliese a alors 16 ans. Un jour, elle se met à trembler violemment et ne contrôle plus son corps. Puis, elle est régulièrement prise de convulsions. Durant ces crises, elle perd sa voix et n'arrive plus à appeler ses parents pour l'aider. On supplie le médecin de famille de l'examiner. Ce dernier, ne trouvant aucune maladie physique, va l'interner dans un hôpital psychiatrique. Les psychiatres diagnostiquent une épilepsie et une dépression sévère. Elle séjourne plus d'un an en hôpital psychiatrique sans que les médecins puissent faire cesser les crises. On la bourre de médicaments, mais Anneliese continuent à hurler, à vociférer des insanités, à convulser, à réaliser des génuflexions à un rythme effréné sans pouvoir s'arrêter. Elle ne se nourrit plus et a du mal à boire. Elle voit des visages démoniaques, qu'elle appelle Fratzen, en train de grimacer lorsqu'elle récite ses prières quotidiennes. Elle entend des voix. Elle en parle avec les médecins qui ne savent plus comment l'aider.

Enfin, Anneliese Michel rentre chez elle. Elle est fatiguée et terriblement amaigrie. Elle reprend le chemin de l'école. Elle voit souvent des démons autour d'elle et est régulièrement victime d'attaques démoniaques. Elle ne cesse de prier et de boire de l'eau bénite. Elle espère que les médicaments contre l'épilepsie la soulagent enfin. La famille, incapable de l'aider et présente lors de ces crises terrifiantes et troublantes, se tourne vers l'Église. Au début de l'année 1973, les parents d'Anneliese demandent à plusieurs prêtres d'exorciser leur fille. Mais l'adolescente ne répond pas aux critères spécifiques d'une possession démoniaque. Elle ne lévite pas, ne parle pas une langue inconnue, ne divulgue aucun fait caché...

Cependant, les crises d'Anneliese deviennent de plus en plus violentes. Elle insulte ses proches, elle les bat, se mutile... À cette époque, elle ne se nourrit presque plus, dort à même le sol et a une aversion profonde pour les crucifix et tous les portraits de Jésus. Ses parents l'entendent, impuissants, hurler toute la journée et la nuit. Elle s'agenouille et se relève avec un rythme effréné sans pouvoir s'arrêter.

Les pères Alt et Renz

Enfin, en 1975, l'archevêché de Würzburg autorise un exorcisme basé sur le rituel romain. Ce sont les pères Alt et Renz qui vont pratiquer un à deux exorcismes par semaine sur elle. Parfois, lors des séances, il faut plus de trois hommes pour la maîtriser. Mais les crises ne cessent pas. De plus en plus souvent, elle reste paralysée et inconsciente. Elle refuse catégoriquement de manger. Elle boit son urine et se nourrit d'araignées, seul aliment que les démons acceptent qu'elle avale. Ses nombreuses génuflexions, plus de six cents de suite, ont provoqué une rupture des ligaments. Elle ne marche plus ou doit être soutenue. Souvent, des odeurs pestilentielles se dégagent de son corps. En parallèle de ces exorcismes, la jeune fille prend un traitement médical relativement lourd, un véritable cocktail de médicaments, comprenant des calmants, des cachets contre l'épilepsie et d'autres pour soigner une hystérie épisodique.

Les prêtres ont enregistré près de quarante cassettes audio des séances de prières. On y entend Anneliese Michel vociférer, prendre plusieurs voix, dire des insanités. Parfois même, on peut entendre les démons parler entre eux. D'ailleurs, à un moment, ils se présentent et l'on peut clairement distinguer les noms d'Hitler, Néron, Judas Iscariote, Lucifer, Caïn... Et voilà Hitler en damné dans le corps de cette pauvre jeune fille ! Si toute cette histoire est vraie, nous avons la preuve que Hitler avait bien passé un pacte avec le diable et qu'il est devenu un damné que le démon peut utiliser à sa guise. Comme Néron, Judas et Caïn d'ailleurs... (Rappelons que Caïn est un personnage biblique. Il était le fils d'Adam et Ève et a tué son frère Abel devenant le premier meurtrier de l'histoire de l'humanité. Caïn a été poussé par le démon à commettre un tel crime.)

Une fois, Anneliese a déclaré avoir vu la Vierge, lui avoir parlé et avoir accepté son sort, c'est-à-dire mourir pour prouver l'existence de Dieu. En effet, si le Diable existe, Dieu existe, ça tombe sous le sens.

Le 30 juin 1976, Anneliese Michel, affaiblie par une pneumonie, le visage émacié et très maigre, rejoint son Créateur. Elle a alors 23 ans. Le rapport d'autopsie indique que son décès est lié à une sévère malnutrition et à une déshydratation. Les parents et les ecclésiastiques sont arrêtés. Ils sont inculpés de négligence ayant entraîné la mort.

Le procès débute en mars 1978. Des avocats payés par l'Église défendent les deux prêtres tandis que les Michel prennent un avocat libéral qui va plaider pour que les croyances de chacun soient respectées. En effet, l'exorcisme en Allemagne n'est pas illégal du moment qu'il est ordonné par l'Église. Les Michel croient en Dieu et en la possession démoniaque. Ils ont pensé pouvoir aider leur fille en la faisant exorciser.

La ligne de défenses des prêtres est aussi très simple. Pour eux, ils ont libéré une victime du démon qui a su trouver la paix juste avant sa mort. Les enregistrements audio des exorcismes sont diffusés à la cour. On peut y entendre les démons parler et se disputer, se demandant qui allait quitter le corps d'Anneliese le premier.

En face des prêtres et des parents, les médecins retracent la maladie de la jeune femme, son épilepsie, sa dépression, son hystérie. Ils expliquent les convulsions par le fait qu'Anneliese ne suivait pas correctement son traitement médical et par son arrêt brutal. De plus, Anneliese ne s'alimentait plus et ne buvait plus. C'est cela qui l'a tuée, cela et les rituels d'exorcisme qui n'ont fait que l'affaiblir davantage.

Le procès est retentissant. L'Église se trouve sur le banc des accusés. Le juge décide de condamner les prêtres et les parents à six mois de prison avec sursis pour négligence ayant entraîné la mort d'Anneliese Michel. En effet, un non-lieu aurait laissé la porte ouverte à toutes sortes de rituels plus ou moins encadrés, dans la mesure où la possession démoniaque est reconnue comme une réalité.

Félicitas Goodman, l'auteure d'un livre racontant l'histoire d'Anneliese Michel, déroule les faits sans jamais y prendre part. Elle révèle des témoignages édifiants, troublants et touchants sur ce qui est arrivé à cette pauvre jeune fille, sans jamais dire clairement s'il s'agit d'une maladie mentale ou d'une possession démoniaque. Elle ne prend pas parti, elle se contente de donner les faits.

Félicitas Goodman a recueilli des témoignages de personnes étrangères à la famille qui raconteront tous la même chose : des odeurs pestilentielles se dégageaient de la jeune fille, odeurs que des badauds sont certains d'avoir senties.

Alors que des psychiatres sont appelés à la barre et affirment que si Anneliese avait suivi son traitement médical jamais elle ne serait morte, on peut se demander pourquoi ils n'ont jamais réussi à soulager ses crises. Pire puisque la thérapeutique prescrite semblait accélérer les convulsions. L'autopsie n'avait révélé aucune lésion, aucune anomalie neurologique sur le cerveau d'Anneliese, ce qui aurait pu démontrer qu'elle était hystérique et malade mentalement. De plus, il y a les enregistrements audio, que même Félicitas, pourtant linguiste, n'a pu interpréter et analyser tant certaines émissions vocales étaient étranges.

D'ailleurs, parlons un peu de ces enregistrements audio. On y entend les démons se disputer, on les entend dire leur nom : Judas Iscariote, Caïn, Néron Hitler. Ces enregistrements sont très troublants. Les spécialistes qui les ont examinés ont conclu que les voix que l'on distingue sur les bandes audio ne peuvent provenir d'une jeune femme. Que l'on y croie ou pas, ces enregistrements audio des exorcismes, que l'on peut entendre dans une vidéo publiée sur YouTube, sont déroutants, inquiétants, effrayants et donnent des frissons. Un conseil : récitez une prière avant de les écouter.

Comment expliquer la maladie d'Anneliese Michel ? Comment expliquer qu'aucun médicament n'ait pu la soulager ? Comment expliquer les enregistrements audio ? Dans cette affaire, la science est dépassée par les évènements. Et s'il s'agit bien d'une possession démoniaque, alors nous détenons peut-être la preuve que Hitler est un damné. Je dis peut-être, puisque le démon est le prince du mensonge, il a pu mentir pour déstabiliser les exorcistes. En effet, l'histoire se passe en Allemagne, et les atrocités commises par Hitler sont encore très présentes dans les esprits. Mais, nous savons aussi que le démon peut se servir des âmes des damnés, surtout celles qui étaient possédées de leur vivant ou celles qui ont réalisé un pacte avec lui, pour tourmenter des personnes en vie. Le démon possède le pouvoir d'utiliser les damnés qui sont sous sa domination pour violenter ou effrayer les vivants qui sont sur terre. On peut en conclure que Hitler est un damné, ainsi que Néron, Judas Iscariote et Caïn. Et donc, que Hitler avait fait un pacte avec le Diable pour obtenir le pouvoir ou que le démon l'avait possédé.

Aujourd'hui, Anneliese Michel repose en paix dans le cimetière de son village.

Le génocide du Rwanda

Le 6 avril 1994, Juvénal Habyarimana, président-dictateur du Rwanda, est tué dans un attentat à bord de son avion privé. Cet attentat signera le début du génocide du Rwanda. En représailles, les fidèles du président-dictateur de la majorité hutue massacrent les Tutsis qui représentent 10 % de la population rwandaise ainsi que des Hutus modérés. En à peine trois mois, plus de 800 000 personnes sont abattues à coups de machette, dans une barbarie sans nom. Le génocide du Rwanda est le plus meurtrier des génocides du XXe siècle.

Comment cela a-t-il pu se produire ? Quels sont les facteurs du déclenchement de l'horreur ? Pourquoi l'Europe et particulièrement la France a-t-elle laissé faire ? Comment la haine de l'autre a-t-elle pu monter à ce point pour en arriver à massacrer des individus à la machette ? Comment des hommes ont-ils pu tuer à coups de machette d'autres hommes, des femmes, des femmes enceintes, des enfants, des vieillards dans l'indifférence des Européens ? Ne peut-on pas y voir l'œuvre du démon ? Avec le génocide du Rwanda, nous plongeons en plein cœur de l'enfer.

S'interroger sur le génocide du Rwanda, sa construction, la motivation des Hutus, leur haine ethnique ne rendra pas la vie à des millions de personnes, ne lavera pas la conscience des Européens, mais nous permettra de réfléchir à nos actes. Si cela peut contribuer que jamais plus une telle atrocité ne recommence, alors l'humanité aura gagné son combat contre le démon. Ce combat est spirituel et chacun de nous doit le mener tous les jours. Nous n'avons qu'un seul ennemi, cet ennemi n'est pas l'étranger, n'est pas celui qui n'a pas la même religion que nous, n'est pas celui qui a une couleur de peau différente de la notre, n'est pas celui qui ne nous ressemble pas. Cet ennemi c'est Satan. C'est lui qui monte les hommes les uns contre les c'est lui qui distille le racisme, la haine, c'est lui qui inspire les doctrines les plus meurtrières, c'est lui qui fait naître dans les esprits des hommes l'envie de dominer ou d'imposer ses idées sur le monde. Aimons-nous les uns les autres, acceptons-nous les uns les autres, et le démon n'aura plus d'emprise sur nous. Travaillons à ce qu'il n'y est plus jamais de génocide ! Et pour y arriver, il faut montrer les actes du démon et les condamner. Il était au Rwanda et nous devons en parler. Tout comme il était en Allemagne et a fait massacrer des milliers de Juifs.

Photographies de victimes du génocide au Kigali Genocide Memorial Centre à Kigali (Rwanda).

Je veux aussi parler du Rwanda pour une autre raison que je vais vous exposer. Tous les 6 avril, les Rwandais commémorent le troisième grand génocide du XXe siècle, le génocide du Rwanda. Ils commémorent le fait qu'un pays entier s'est transformé en un immense lac de sang. Ils commémorent l'horreur des massacres perpétrés à la machette, entre voisins, entre familles, entre amis. Ils commémorent pour ne pas oublier et pour éviter que cela se reproduise.

Depuis, le Rwanda a fait preuve de beaucoup de courage pour se relever de cette terrible épreuve, se reconstruire et transformer le pays, qui est l'un des plus pauvres et ruraux d'Afrique, en une nation émergente en bannissant les haines ethniques et la corruption. Mais, je trouve insoutenable et horrible la manière dont cette tragédie est ignorée chez nous, en Europe, comme si les morts ont plus d'importance en Occident qu'en Afrique. En Europe, on commémore les crimes d'Auschwitz, on ne cesse de donner des leçons en matière de droits de l'homme alors que nous fermons les yeux lorsque ces droits sont bafoués sur un autre continent. Nous ne voulons pas voir ce qu'il se passe ailleurs, nous ne manifestons aucun respect pour la mémoire des morts au Rwanda, nous faisons comme si ce drame n'avait jamais existé ou serait issu d'un mauvais film d'horreur. Les Occidentaux ont une lourde responsabilité sur le génocide du Rwanda.

Pour mémoire, je rappelle que les Nations Unies avaient évacué leurs Casques bleus du pays au début du génocide. Pourtant, leur rôle consiste à maintenir la paix ! Je rappelle que la France avait fait de même avec ses ressortissants dans les jours qui ont suivi le déclenchement du génocide, abandonnant les Tutsis à une mort certaine et refusant de les prendre dans les chars, les avions, les camions afin de les mettre à l'abri. Je rappelle aussi que l'armée française, en créant la zone Turquoise dans le sud-ouest du pays à partir de juin 1994, a offert un sanctuaire aux Hutus qu'elle a appuyés dans l'espoir qu'ils puissent reconquérir le pouvoir. Et enfin, je rappelle que la communauté internationale avait refusé d'employer le terme génocide pour ne pas agir juridiquement. Alors la question n'est pas de savoir qui a tiré sur le président-dictateur rwandais, mais de prendre nos responsabilités concernant cette tragédie et de respecter la mémoire et la dignité des victimes. Nous devons avoir de l'estime pour le peuple rwandais et ses rescapés qui vivent aujourd'hui en Europe. À cause de notre inculture, de notre stupidité, c'est exactement l'inverse qui se produit. Nous ne cessons de leur enfoncer des coups de poignard en plein cœur. C'est inadmissible ! Encore une preuve que le démon vit en chacun de nous, car si l'on y réfléchit, on ne peut qu'avoir un cœur de démon pour agir ainsi !

Après ce coup de gueule, revenons au génocide du Rwanda. Afin de vous montrer que l'enfer existe bien sur terre, je vais dérouler l'histoire du Rwanda, tenter de comprendre les causes du génocide, exposer les faits historiques du génocide et enfin donner les conclusions des historiens et des spécialistes. Alors, je pourrai vous expliquer ma théorie.

L'histoire du Rwanda

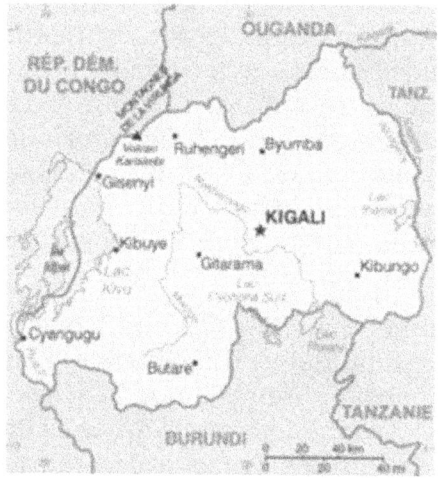

La République du Rwanda, surnommée le « pays des mille collines » se situe en Afrique de l'Est et s'étend sur 26 338 km2 dans la région des Grands Lacs. Ses voisins sont, au nord, l'Ouganda, à l'est, la Tanzanie, au sud, le Burundi et à l'ouest, la République démocratique du Congo. Sa capitale Kigali est au centre du pays.

Les archéologues ont découvert les traces d'une civilisation au Rwanda datant de 1000 av. J.-C. Cette civilisation maîtrisait le fer et la poterie. Les ethnologues affirment que cette population venait de l'actuelle République démocratique du Congo. Et c'est donc à cette époque qu'ils considèrent que les premiers Tutsis, originaires du nord, et Hutus, originaires de l'ouest, sont arrivés sur le territoire du Rwanda d'aujourd'hui.

C'est vers le Xe siècle que le Rwanda commence à s'immerger en tant que nation. Il devient alors un royaume gouverné par un roi. Vingt-cinq monarques se succéderont jusqu'à la colonisation. Avant l'arrivée des Européens sur le territoire, la population rwandaise était structurée en une vingtaine de clans composés par des éleveurs, les Tutsis, les agriculteurs, les Hutus et les artisans, les Twas. La tribu était la référence identitaire de chaque Rwandais. Chaque clan possédait son chef, appelé le Mwami. Une des tribus de la lignée tutsie dominait le pays et l'on considérait son Mwami comme le roi du Rwanda. Les clans et donc les populations parlaient une langue identique, le kinyarwanda, avaient la même religion, pouvaient se marier entre elles et pouvaient passer, avec l'accord du Mwami d'une tribu à un autre.

Lors de la colonisation, les ethnologues européens et les Pères de l'Église catholique ont diffusé une histoire sur le Rwanda qui est aujourd'hui remise en cause. D'après eux, les premiers habitants du Rwanda auraient été des Pygmées, certainement des ancêtres des Twa. Pour eux, le Rwanda était divisé en quatre groupes : les chefs de milices, des Hutus, les chefs de sol, principalement des Hutus, les chefs des pâturages, des Tutsis et enfin les chefs des armées, également des Tutsis. Cette conception ethniste est aujourd'hui remise en cause au profit d'une conception socioculturelle. En effet, la population du Rwanda, comme je viens de le dire plus haut, se solidarise autour de mêmes langue, religion et culture. Or, on définit une ethnie par un ensemble de personnes partageant la même langue, la même culture, les mêmes traditions qui se transmettent de génération en génération. Les Hutus (agriculteurs), les Tutsis (les éleveurs) et les Twas (les ouvriers et les artisans) n'étaient pas des catégories figées et il était fréquent de passer d'une classe à une autre selon les mariages ou la richesse.

Donc, avant la colonisation, le Rwanda était un pays structuré qui n'avait jamais connu l'esclavage ni l'exploitation des minorités. Les trois groupes, Twa, Hutu et Tutsi, vivaient en symbiose. Ils étaient un peuple uni, une même ethnie.

En 1885, la France et l'Angleterre avaient occupé presque toute l'Afrique. Ils en tiraient d'innombrables richesses. À la même époque, les Allemands développent leur industrie et ont besoin de ressources. Ils cherchent alors de nouvelles terres à exploiter. En 1894, le comte allemand Gustav Adolf von Götzen est envoyé au Rwanda avec 620 soldats et prend le pays. Le Rwanda est donc probablement le dernier territoire découvert et colonisé d'Afrique par les Européens.

Les Allemands ont administré le pays en s'appuyant sur l'organisation déjà existante et sur les missionnaires, les prêtres de l'Église catholique, arrivés avant eux. Leur première erreur, si je puis dire, a été de renforcer le pouvoir du roi tutsi aux dépens des autres petits royaumes.

Au XIXe siècle, les colonisateurs tracent de nouvelles frontières dictées en fonction des intérêts des puissances impérialistes européennes. Ces frontières ne tiennent pas compte des réalités clanique, ethnique, économique, linguistique et politique de la région des Grand-Lacs. Des siècles de relation et d'échanges cordiaux ont construit ces réalités qui se voient balayées, déstabilisées, anéanties par les tout puissants Européens qui imposent à l'Afrique traditionnelle le modernisme et le progrès.

Au début du XXe siècle, la France, la Grande-Bretagne, l'Allemagne ainsi que la Russie développent leur industrie et ont besoin de ressources. Ils mènent une véritable guerre d'exploitation qui ira jusqu'au déclenchement de la Première Guerre mondiale. Le conflit s'étendra aux territoires coloniaux. Des États profitent de cette grande guerre pour opérer des nettoyages ethniques : la Turquie massacre plus d'un million d'Arméniens, l'Empire ottoman effectue un nettoyage ethnique en assassinant plus de 250 000 Assyriens et 350 000 Grecs dans le cadre d'une politique d'épuration ethnique. Bien sûr, on parlera très peu de ces génocides qui restent encore peu reconnus au sein de l'Europe.

En 1916, les Belges chassent les Allemands du Rwanda. En 1919, le Traité de Versailles attribue le Rwanda et le Congo à la Belgique et en 1924, la Société des Nations confie à la Belgique un mandat de tutelle. C'est dans ce contexte que les Européens colonisent et éduquent les Rwandais en les obligeant à quitter leur culture traditionnelle millénaire.

Pendant des décennies, la situation géographique du Rwanda a limité les échanges avec les pays limitrophes, ce qui a permis aux habitants de s'auto satisfaire, c'est-à-dire de répondre à leurs besoins dans une organisation clanique respectée et avec des coutumes ancestrales. Puis, les Européens sont arrivés et ont bouleversé cette culture millénaire. En 100 ans, les colonisateurs vont radicalement transformer le Rwanda, avec l'apport des nouvelles technologies inconnues par les Rwandais et l'idée de pouvoir et d'enrichissement propre aux Européens. Cela va occasionner de grands dégâts, comme une surpopulation, la pauvreté, une lutte de pouvoir interne avec des discours idéologiques trompeurs.

Yuhi V (mort en exil à Moba, Congo belge, en 1944), de son nom de naissance Musinga, fut l'un des derniers souverains du royaume du Ruanda. Ici une photographie que l'on suppose de 1916 avec sa famille.

En 1931, le roi du Rwanda, Yuhi Musinga, rejette l'acte baptismal. Il s'exile dans l'actuelle République démocratique du Congo. Cet acte signe le premier refus des colonisateurs et le besoin de reprendre, pour les Rwandais, leurs coutumes ancestrales, leurs identités. La Belgique confie le pouvoir à son fils, le Mwami Mutara Rudahigwa qui lui est converti au catholicisme. La carte d'identité ethnique est instituée, et avec elle, les premières idées de races entraînant la montée du racisme dans le pays.

Le 25 juillet 1959, le Mwami Mutara Rudahigwa meurt dans des conditions inexpliquées. Les conseillers de ce dernier placent Kigeli V Ndahindurwa, un Tutsi, au pouvoir. Les Hutus, soutenus par l'Église, refusent cette succession et réclament d'être intégrés au sein du nouveau gouvernement. Des manifestations éclatent dans tout le pays et certaines se transforment en révoltes après la rumeur de l'assassinat d'un homme politique hutu. Les Tutsis, qui sont minoritaires, sont pourchassés et massacrés. C'est la guerre civile.

En 1960, plus de 200 000 Tutsis, ainsi que l'ancien gouvernement de Kigeli Ndahindurwa, quittent le pays pour l'Ouganda. En septembre 1961, un référendum est organisé et 80 % des votants sont en faveur de la mise en place d'une démocratie. Le parti politique Parmehutu obtient 78 % des sièges à l'Assemblée nationale du Rwanda. Le 26 octobre de la même année, Grégoire Kayibanda, un Hutu, devient le premier président de la République du Rwanda. Le 1er juillet 1962, la Belgique accorde l'indépendance au Rwanda.

En décembre 1963, les réfugiés tutsis essaient de revenir au Rwanda par la force. C'est un échec. Ils sont massacrés et plusieurs milliers de Tutsis vivant au Rwanda sont tués, 300 000 autres prennent le chemin de l'exil.

Fin 1972 et début 1973, des politiciens et des militaires issus du nord du pays menacent le pouvoir de Grégoire Kayibanda. Il essaie, alors, de regrouper les Hutus autour de lui en se servant des Tutsis comme boucs émissaires et de la peur provoquée par les massacres de Hutus au Burundi en 1972. Une véritable politique anti-tutsie se met en place dans les institutions scolaires. Les Tutsis, élèves et professeurs, sont systématiquement expulsés, quelques-uns sont tués au sein même des écoles républicaines. Les Tutsis prennent à nouveau le chemin de l'exil. Profitant du climat houleux régnant au Rwanda, Juvénal Habyarimana, Hutu d'origine, ministre de la Défense, renverse Grégoire Kayibanda en juillet 1973 et fonde, en 1975, le parti du Mouvement révolutionnaire national pour le développement (MRND). La même année, le président français Giscard d'Estaing signe un accord d'assistance militaire avec le gouvernement rwandais. Entre 1987 et 1994, la France livrera des équipements militaires au Rwanda.

En 1978, Habyarimana change la Constitution et fait adopter un régime à parti unique, le MRND, dont tous les Rwandais sont membres d'office. Bien qu'il soit davantage dictateur que président d'une démocratie, Juvénal Habyarimana séduit les gouvernements occidentaux. L'aide internationale ne tarde pas à arriver dans le pays. Personne, dans le monde occidental, ne pense à dénoncer les crimes de ce président-dictateur, en particulier l'assassinat de son prédécesseur et de certains ministres. Personne ne remet en cause sa façon de gouverner qui ressemble davantage à une dictature qu'à une démocratie. Personne ne l'accuse d'être l'ennemi des Tutsis.

Juvénal Habyarimana impose un service civique tous les samedis afin de stimuler la cohésion sociale et l'appartenance des hommes à une nation. De nombreux projets de développement, facilités par le jumelage avec des collectivités locales européennes, comme la Belgique, la France, l'Allemagne, la Suisse, mettent en évidence les bonnes relations entre l'Europe et le Rwanda. L'Europe savait ce qu'il se passait au Rwanda, connaissait la haine du président rwandais pour les Tutsis, mais a préféré fermer les yeux et privilégier l'argent. Malheureusement, c'est encore comme cela que ça se passe aujourd'hui : on priorise l'argent aux vies humaines, on préfère tuer pour s'enrichir plutôt que de perdre de l'argent.

En septembre 1990, le pape se rend au Rwanda. L'Église est favorable aux projets émis par le président-dictateur.

Une seule question fait débat : celle des réfugiés tutsis à l'étranger. En effet, 600 000 Tutsis et opposants hutus vivent en exil à la fin des années 80. En Ouganda, ces derniers s'organisent et fondent le Front patriotique rwandais (FPR) en 1987. Juvénal Habyarimana subit une pression interne, mais aussi externe de la part des pays bailleurs de fonds qui exigent des réformes. Le 5 juillet 1990, Habyarimana démissionne de la présidence de son parti unique et autorise la création de partis politiques. Puis, il nomme les membres d'une commission chargés d'étudier la réforme politique. Au même moment, le Front patriotique rwandais décide de lancer une attaque contre le Rwanda depuis l'Ouganda. Le 1er octobre, ils entrent en force au nord du Rwanda. Dès le 4 octobre 1990, la France, le Zaïre ainsi que la Belgique interviennent afin d'évacuer les Occidentaux. Huit à dix mille Tutsis sont faits prisonniers. La Belgique, en désaccord avec cette politique, rapatrie ses troupes du Rwanda. Les soldats français sont maintenus sur le sol Rwandais jusqu'à la mise en place des Casques bleus de l'ONU en décembre 1993.

Nous nous trouvons aux prémices du génocide.

Le génocide des Tutsis.

Officiellement, le génocide du Rwanda s'est déroulé entre le 6 avril et le 4 juillet 1994, après l'attentat contre Juvénal Habyarimana et le président du Burundi, Cyprien Ntaryamina. Entre le 6 avril et le 4 juillet, plus de 800 000 Rwandais, la plupart des Tutsis, les autres des Hutus modérés, ont été massacrés avec une violence extrême par des Hutus radicaux.

Ces derniers sont responsables de ce génocide. Ils voulaient éliminer les Tutsis du Rwanda. Il s'agit donc bien d'une division ethnique, mais cette division avait commencé bien avant le génocide. Pour comprendre ce génocide, il faut observer les différents évènements qui ont précédé cette catastrophe pour l'humanité. D'où l'histoire du Rwanda que je vous ai relaté plus haut. On parle de 800 000 Rwandais assassinés ; or ce chiffre est bien supérieur si l'on tient compte des tueries perpétrées contre les Tutsis sous le gouvernement de Juvénal Habyarimana, sous celui de Grégoire Kayibanda et même bien avant cela pendant la colonisation. Car, si l'on y regarde de plus près, avant la colonisation, le peuple rwandais, composé de Tutsis, de Hutus et de Twas, vivait en harmonie. Il n'y avait pas la notion d'ethnie, de race introduite par les Occidentaux. Il n'y avait pas la notion de richesse et de pouvoir introduite elle aussi par les Occidentaux. Les Rwandais auraient certainement coulé des jours heureux sans l'intervention des Occidentaux.

Sachant cela, déroulons les évènements du génocide lui-même. En décembre 1993, les troupes de l'ONU sont en place au Rwanda. Qu'est-ce que l'ONU ? L'Organisation des Nations Unies est une organisation internationale fondée en 1945 et regroupant aujourd'hui 193 États membres. Sa mission première est la résolution des problèmes humanitaires, comme la paix, la sécurité, le changement climatique, le développement durable, les droits de l'homme, le désarmement, le terrorisme, les crises humanitaires et sanitaires... Donc, si les troupes de l'ONU étaient en place au Rwanda c'est que l'on savait qu'il s'y préparait quelque chose de terrible. Déjà en 1990, l'ambassadeur de France au Rwanda, Georges Martes, avait alerté le président Mitterrand sur un risque de génocide contre les Tutsis. Le gouvernement français savait donc qu'il existait un danger de génocide, mais malgré cela, et sachant cela, il a continué d'aider le régime d'Habyarimana. Le gouvernement français était au courant que l'armée rwandaise avait massacré 1 000 Bahimas (apparentés aux Tutsis) à Mutara, un millier de Bagogwe (apparentés aussi aux Tutsis) au nord-ouest du Rwanda, que les extrémistes hutus avaient exécuté divers groupes tutsis...

C'était dans ce contexte de guerre civile, avec un gouvernement hutu en échec et des tensions très fortes, que le Hutu Power fut créé en février 1993 au Rwanda. Le Hutu Power revendiquait clairement l'extermination des Tutsis et la supériorité des Hutus. Ce groupe extrémiste soutenait le gouvernement d'Habyarimana ainsi que son armée la FAR (Force Armée Régulière) contre le FPR-APR (Front Patriotique Rwandais — Armée Patriotique Rwandaise) composé de Tutsis et de Hutus modérés. Le gouvernement français était au courant des conflits, puisqu'il avait organisé, de juin 1992 à août 1993, les accords d'Arusha. Ces derniers avaient pour objectifs d'établir des accords de paix entre le Hutu Power et la FAR d'un côté et le FPR-APR de l'autre. Et c'est au terme de ces accords signés que l'ONU fut envoyé afin de soutenir la réalisation de ces accords. On créa alors la MINUAR (Mission des Nations Unies pour l'Assistance au Rwanda). En réalité, la MINUAR avait utilisé le conflit du Rwanda et les accords d'Arusha pour asseoir un peu plus l'hégémonie impérialiste des pays européens.

Est-ce que la paix pouvait devenir une réalité après des années de conflits entretenus par les Occidentaux ?

Un nouveau gouvernement fut formé après les accords d'Arusha, dans lequel on y avait intégré des membres du FPR-APR. Paul Kagamé, un Tutsi, devint vice-président ainsi que ministre de la Défense. Ce qui n'arrêta pas le conflit entre le FPR-APR et le Hutu Power qui continua de présenter son idéologie raciale prônant l'extermination totale des Tutsis.

Le 6 avril 1994, l'avion transportant le président rwandais, Juvénal Habyarimana ainsi que le président du Burundi, Cyprien Ntaryamira, s'est écrasé à la suite d'un tir de missile. Aussitôt, les membres du Hutu Power ont désigné les Tutsis comme les organisateurs de cet attentat. Le même jour, « la radio libre des mille collines » la radio du Hutu Power, donne le signal pour le déclenchement du génocide. Dès les premières heures après le signal, des Hutus radicaux massacrent des milliers de Tutsis et de Hutus modérés, considérés comme des traîtres, à coup de machette, de gourdins cloutés, de couteaux. Des meurtres d'une sauvagerie sans nom, inimaginable. Hommes, femmes, enfants, vieillards, ils n'épargnèrent personne. Ces milices meurtrières étaient souvent assistées des FAR.

Une violence qui atteint des sommets dans la barbarie. Les femmes et les filles étaient violées, les femmes enceintes éventrées à l'arme blanche pour tuer le fœtus... Parfois, on parquait les Tutsis et les Hutus modérés dans des écoles, des stades... bref dans des endroits clos et on les massacrait à coup de machette ou l'on faisait exploser des grenades sur les bâtiments. La radio libre des mille collines dénonçait et indiquait aux Hutus radicaux les lieux où les Tutsis étaient cachés.

Les Casques bleus de l'ONU avaient demandé des consignes concernant cette radio qui aidait les génocidaires. Ils reçurent l'ordre de laisser la radio émettre. Comme c'est étrange comme ordre... En à peine cent jours, plus de 800 000 victimes furent éventrées, décapitées, lacérées, égorgées. Le 30 avril 1994 ; le FPR appelait l'ONU de ne pas intervenir, car les Casques bleus ne pourraient rien faire pour faire cesser la barbarie.

La date officielle de l'arrêt des massacres fut le 4 juillet 1994. Mais, on sait qu'après cette date, les assassinats ont continué. Et face à ces massacres, l'ONU envoyait des rapports, mais ne s'est jamais interposée, n'a rien fait pour protéger la population tutsie. Pourtant, d'après la Convention du 9 décembre 1948, la charte de l'ONU, les Casques bleus avaient pour obligation d'intervenir dans ce conflit. Ils n'en reçurent pas l'ordre. Et cela pour une raison très simple. La Convention dit que l'ONU doit intervenir en cas de génocide. Or, ce mot n'a jamais été prononcé pendant les massacres. Oubli ou erreur volontaire... On ne le sait pas. Quoi qu'il en soit, comme l'on n'avait pas utilisé le terme génocide, alors l'ONU, d'après la sémantique des textes de la bureaucratie de l'ONU, n'était pas dans l'obligation d'intervenir. J'ai ma théorie concernant cette non-intervention. Je pense qu'un pays en guerre civile arrange bien les affaires d'autres pays qui peuvent renforcer leurs hégémonies économiques et politiques sur ce pays. Et c'est exactement cela qu'il s'est passé au Rwanda. On a laissé faire ce génocide pour que les pays impérialistes, les pays rentiers, puissent davantage contrôler le Rwanda et ses ressources. On a laissé massacrer des milliers de personnes pour qu'une poignée d'individus puissent s'enrichir. C'est ce que j'appelle faire du profit sur la misère des gens. Et j'en veux pour preuve que La MINUAR, qui était censée maintenir la paix, avait reçu des ordres émanant de Paris qui leur disaient de ne pas intervenir pendant les massacres. Combien de vie aurait-on pu sauver ?

Imaginez des militaires français, spectateurs du génocide, voyant des femmes, des hommes, des enfants se faire tuer d'une manière abominable et ne pouvant pas intervenir ! Et c'est seulement en juin 1994, c'est-à-dire après plus de deux mois de génocide, que le gouvernement français a déclenché l'Opération Turquoise qui avait pour but de stopper les massacres et de créer une ZHS (Zone Humanitaire Sûre). Ce qui veut dire que François Mitterrand a attendu deux mois avant d'intervenir ! Ce qui veut dire que François Mitterrand a du sang de milliers de personnes sur les mains ! Mais bien sûr, il ne sera jamais ennuyé ! François Mitterrand, le socialiste, celui qui a laissé des milliers de personnes mourir afin de dominer le Rwanda ! Je ne fais pas de politique, car pour moi, la politique est à l'origine de beaucoup de maux de notre société. Par contre, je peux dire que, lorsque je regarde l'histoire du socialisme, que presque tous les hommes socialistes qui ont gouverné notre pays ne sont pas des saints, bien au contraire. Ils ont fait du social dans un seul sens, c'est-à-dire dans leur sens. Bien sûr, il y a eu des avancées dans le domaine social, mais cela n'est-il pas fait pour cacher des vérités macabres ? Je le répète, je ne fais pas de politique, car pour moi, la politique c'est pourri, ça ne sert à rien. Regardez les Rwandais avant la colonisation, ils vivaient en harmonie avec la nature, en paix. Et du moment qu'on leur a mis en tête des idées de démocratie, de pouvoir, d'enrichissement, cela a conduit à un désastre.

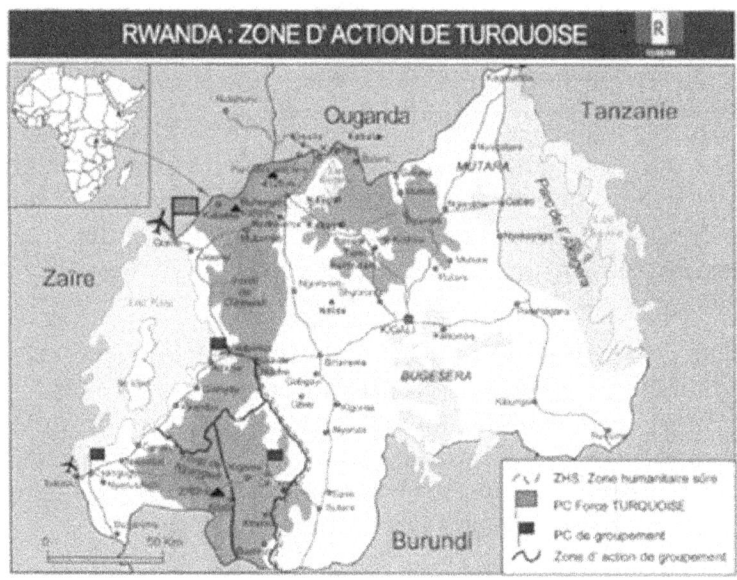

L'opération Turquoise au Rwanda était offensive avant d'être humanitaire.

Je vous parlais de la mise en place de la Zone Humanitaire Sûre. Sachez, chers lecteurs, que c'est par ce territoire que des membres du gouvernement rwandais génocidaire se sont enfuis ainsi que des FAR et des acteurs du génocide afin de gagner le Zaïre. Alors, je me pose une question : est-ce que cette zone n'a pas été créée justement pour que les meurtriers puissent s'enfuir afin de cacher une vérité monstrueuse ? C'était le lieutenant-colonel Jacques Hogard ainsi que les commandos du 2e REP qui encadraient cette zone. Comment ont-ils pu laisser filer des milliers d'hommes ?

Le 8 novembre 1994, le Conseil de Sécurité des Nations Unies crée le TPIR (Tribunal Pénal International pour le Rwanda) afin de juger les génocidaires. Il n'est pas certain que tous seront condamnés un jour. Beaucoup ne seront jamais retrouvés et mourront de vieillesse.

Une responsabilité internationale

Comment les pays membres de l'ONU ont-ils pu laisser faire ? Pourquoi personne n'est-il intervenu dans le conflit ? Le génocide du Rwanda, par sa barbarie, a marqué les mémoires. Pourtant, encore aujourd'hui, on continue à nier la responsabilité, notamment de la France, mais aussi de la Belgique et d'autres nations.

Au vu de ce que l'on connaît, tout a été mis en place pour asseoir une suprématie occidentale à un pays africain. On fait naître la haine, on instille la notion de race et d'ethnie, et on laisse mijoter quelques années. C'est un plan machiavélique. Attention à la justice rémanente, car elle, elle peut tomber n'importe quand.

Revenons sur quelques points. Un tribunal spécial a été créé pour juger les génocidaires. Et là, une remarque me vient à l'esprit : pourquoi François Mitterrand n'a-t-il pas été entendu pour ce crime ? Pourquoi l'armée impérialiste, cette armée du gouvernement français criminel, donnant des ordres de non-intervention alors que des femmes, des enfants se faisaient massacrer n'a-t-elle pas été jugée ?

Des tribunaux traditionnels rwandais, les Gacaca, avaient pour mission de traduire en justice les meurtriers, le tout sous la supervision de l'ONU. Ainsi, en plaçant les génocidaires au jugement des tribunaux des villages Rwandais, les gouvernements s'exonéraient de toutes leurs responsabilités. Encore un plan machiavélique ! De plus, ces tribunaux de villages n'avaient pas les moyens ni le pouvoir de placer en détention des membres des pays impérialistes comme la France ! Et le tour était joué : les Européens pouvaient dormir sur leurs deux oreilles. Youpi ! (C'est de l'ironie, j'espère que vous l'aurez compris, car au fond de moi gronde une grande colère.)

En 1995, une assemblée nationale transitoire adopta une nouvelle constitution pour le Rwanda. Cette constitution admet le multipartisme, c'est-à-dire que les autorités publiques acceptent d'autres partis politiques dans les débats, ainsi que dans les élections et acceptent l'idée d'être critiqués. Normalement, cela donne la garantie, avec la liberté de la presse, que les citoyens ont le contrôle sur le pouvoir exécutif. Sauf que le Rwanda était dans une politique post-génocidaire, une politique déjà très violente et que ce multipartisme va simplement créer encore plus de divisions. Donc, ce multipartisme est un outil de division, un des nombreux outils de divisions utilisés par les Occidentaux pour garder le pouvoir sur le pays.

Cette constitution avait aussi adopté un système législatif bicaméral, c'est-à-dire un système parlementaire à deux chambres, la chambre des députés et la chambre des sénateurs. Le Parlement est donc divisé en deux chambres distinctes, une chambre haute et une chambre basse. Ce système a pour but de modérer l'action de la Chambre basse élue au suffrage direct et représentant le peuple en soumettant toutes les décisions à l'examen de la Chambre haute, élue généralement au suffrage indirect et représentant souvent des départements, des régions ou des États. En France, par exemple, le bicamérisme sert à modérer l'action de la Chambre basse qui est l'Assemblée nationale élue au suffrage universel direct, en soumettant toutes les décisions à l'examen de la Chambre haute, le Sénat qui est élu au suffrage universel indirect et qui est plus conservateur. Au Rwanda, ce système se traduisit par le fait que le président de la République devenait alors le chef de l'État et le chef du gouvernement, faisant de lui l'homme le plus puissant du Rwanda.

Le 17 avril 2000, c'est Paul Kagamé qui devient le président de la République rwandaise et donc l'homme le plus puissant du pays. Paul Kagamé est le seul dirigeant à avoir mis fin concrètement au génocide des Tutsis du moins officiellement. Les partisans du régime Kagamé accusent les ONG et les institutions internationales de pratiquer le jeu du négationnisme en ne prônant pas la lutte contre l'idéologie du génocide. Paul Kagamé s'est occupé du développement économique du pays, de la mise au travail intensif des Rwandais, de la lutte contre la corruption. Il ne se calque pas sur les idéaux occidentaux, mais respecte les traditions africaines et n'hésite pas à intervenir directement dans des conflits locaux. Mais Paul Kagamé a aussi trempé dans des affaires louches. En effet, on l'accuse d'avoir assassiné plusieurs opposants la veille de l'élection présidentielle. Un journaliste de Reporters sans frontières, Jean-Léonard Rugambage, a été tué alors qu'il enquêtait sur une tentative de meurtre contre Faustin Kayumba Nyamwasa, un opposant de Paul Kagamé. Reporters sans frontières avait positionné le Rwanda à la 157e place, sur 175 pays, du classement mondial de la liberté de la presse, dénonçant un climat de terreur ainsi qu'une escalade de la répression contre les voix indépendantes et la dérive totalitaire au Rwanda sous Kagamé.

Paul Kagamé, l'homme qui mit fin au génocide.

Tout cela n'empêche pas que le gouvernement français a sa part de responsabilité sur ce qu'il s'est passé au Rwanda. La France est intervenue sur le pouvoir en place, n'a pas bougé, n'a pas empêché le génocide de se produire. Et pourtant, elle savait ce qu'il se préparait au Rwanda.

Pour sa défense, la France a plaidé le fait que Washington élaborait un plan afin de remodeler l'ensemble de l'Afrique de l'Est. Ce projet consisterait, une fois le pouvoir d'Habyarimana tombé, de créer un vaste empire anglophone qui rassemblerait l'Ouganda, la province zaïroise du Kivu, le Rwanda et le Burundi, empire qui serait sous l'autorité du Premier ministre ougandais, lui-même défenseur des Tutsis et sous la férule des intérêts des Anglo-saxons. Plusieurs conseillers de l'Élysée ont défendu cette rumeur sur la base d'un document produit par un groupe d'opposants ougandais. On comprend, alors, que la France n'a pas bougé, car elle ne voulait pas venir en aide aux Anglo-saxons. Tout est une histoire de territoire. La France espérait même que les Tutsis se fassent massacrer afin de récupérer le pouvoir. Cela n'est qu'une supposition...

Une autre supposition est qu'il y avait de l'argent à se faire, des contrats à signer ! À l'époque du génocide, Jean-Christophe Mitterrand, fils du président de la République François Mitterrand, est le responsable de la cellule Afrique de l'Élysée depuis 1986. Ce dernier préférait les contacts personnels avec les chefs d'États africains et n'hésitait pas à se déplacer pour discuter avec eux. Cette technique lui aurait permis de décrocher plusieurs contrats sur le marché des relations publiques pour divers potentats d'Afrique francophone, notamment au Togo, au Cameroun, au Congo et en Côte d'Ivoire. Ces marchés, aux profits de la société Adefi-International, société qui appartenait à Jean-Pierre Fleury, un très bon ami de Jean-Christophe Mitterrand, consistaient à fournir des prestations de police pour le compte de ces mêmes gouvernements, comme le filmage d'une manifestation d'opposants congolais et camerounais à Paris, ou encore lors d'une affaire d'exportation de missiles sol-air à l'Afrique du Sud, via le Congo, affaire qui a été arrêtée in extremis. Jean-Christophe Mitterrand était un ami personnel de Juvénal Habyarimana et de son fils. Et c'est tout naturellement qu'il le soutenait ainsi que sa politique génocidaire, dans le but de ne pas perdre les contrats établis. Donc, pour l'argent...

Pour l'argent, pour le pouvoir, des milliers d'innocents sont morts... La faute à des hommes cupides, des hommes qui ont pactisé, sans le savoir, avec Satan. Des hommes qui sont devenus des meurtriers et qui donc appartiennent au démon. Des hommes qui ont préféré écouter la voix du démon leur disant d'assouvir leur pouvoir et d'augmenter leur richesse. Voilà comment le démon a influencé l'histoire du Rwanda.

Conclusion

Après la Seconde Guerre mondiale, il a fallu une vingtaine d'années pour que l'on ouvre les yeux sur les atrocités commises par Hitler, pour que l'on prenne conscience de la portée de l'élimination des Juifs d'Europe. Hitler a changé la face du monde. Et j'en veux pour preuve les Jeux olympiques, qui se calquent sur ceux mis en place par Hitler en été 1936 où l'idée n'était pas de montrer du sport, mais plutôt celle d'afficher la supériorité d'un pays par rapport à un autre, de montrer la puissance du pays qui reçoit et d'établir des contacts politiques. Aujourd'hui, les Jeux olympiques se calquent sur ces jeux de l'été 1936, c'est une parodie de jeux olympiques, une démonstration de force et de puissance.

Cela fait maintenant 23 ans que le génocide au Rwanda a eu lieu. Pensez-vous que nous avons aujourd'hui mesuré l'ampleur de cet évènement ? Personnellement j'en doute. En Occident, on ne s'intéresse pas au Rwanda et surtout, on veut nous cacher les faits. France Culture a diffusé, il n'y a pas longtemps, une série de documentaires intitulée « Rwanda, un génocide oublié ». Mais combien de personnes ont vu cette série ? Aujourd'hui, il est clair que rares sont ceux, hormis la communauté scientifique et d'experts, qui ont compris l'importance et l'horreur de cet évènement. On a voulu nous cacher les atrocités de ce génocide et surtout la complicité de l'État français. Il faut en parler. Ne pas en parler, c'est oublier et faire le jeu du Diable. D'ailleurs, c'est ce qu'il est en train de se passer. L'idée de races reparaît, on veut éliminer des communautés au profit d'autres communautés, on reparle de nettoyage ethnique, et l'on entre dans le jeu du démon ! C'est ce qu'il désire ! Les arguments du démon n'ont pas changé, il nous montre que l'autre c'est un étranger. L'autre, celui qui est différent, devint alors dangereux. Il fait monter la haine pour nous conduire à la guerre civile ! L'histoire se répète toujours, elle s'écrit sur une succession d'évènements influencés par le démon.

Sur le plan politique, rien n'a changé depuis le génocide du Rwanda. Les politiques n'ont tiré aucune leçon sur ce drame. L'ONU n'a pas modifié son mode d'action, car beaucoup trop handicapée par sa lourdeur bureaucratique. Les États membres de l'ONU ne disposent d'aucun moyen de stopper un deuxième génocide s'il devait se reproduire. Bien sûr, la responsabilité première du génocide incombe aux acteurs locaux. N'oublions pas que ce sont des Rwandais qui ont massacré d'autres Rwandais. Des Rwandais qui s'étaient mis en tête de détruire d'autres Rwandais. Des Rwandais qui se sont transformés en monstre sur la thèse d'une idéologie raciale inhumaine, idéologie insufflée par le démon. La responsabilité de la France dans cette affaire est indirecte. Mitterrand entretenait de bonnes relations avec le régime du président Habyarimana ; mais, les massacres des Tutsis entre 1990 et 1993 auraient dû l'alerter. Mitterrand aurait dû remettre en question son soutien à Habyarimana. Il faut savoir que dans les milieux anglo-saxons, la politique française envers le Rwanda est très critiquée. La France doit avoir le courage de regarder son histoire en face, d'en tirer les conséquences. C'est pourquoi, d'ailleurs, lorsque la France se dit le pays des droits de l'homme, le pays de la liberté et de légalité, certains doivent se tordre de rire !

Les États-Unis ont aussi joué un rôle dans ce génocide. On sait aujourd'hui que la Maison-Blanche a tout fait pour bloquer les travaux du Conseil de sécurité, de telle sorte que le mot génocide ne soit jamais prononcé afin de ne pas déclencher d'intervention internationale. Il faut aussi savoir que Paul Kagamé a fait des études à West Point, une célèbre école militaire des États-Unis. On peut alors penser, et cela n'est qu'une supposition, que le génocide soit dû à une friction entre les États-Unis et le monde occidental, chacun voulant obtenir la suprématie sur les terres d'Afrique riches en or, en diamants...

Pour conclure, je reprends une formule d'Hannah Arendt à propos de la Shoah, mais qui s'applique aussi pour le génocide du Rwanda : « Il ne s'agissait plus de chasser une population d'UNE terre, mais de LA TERRE... » C'est exactement ce qu'il s'est passé au Rwanda. Les Hutus ont voulu éliminer de la surface de la Terre les Tutsis. Cette idée de nettoyage ethnique, soufflée par le démon je le rappelle, est vieille comme le monde. C'est le meilleur moyen, pour le démon, de faire commettre à l'homme des péchés en masse, le meilleur moyen de faire commettre à tout un peuple des atrocités. Ce mécanisme est le même qu'a utilisé le régime nazi qui voulait éradiquer les Juifs (puis tous ceux qui n'étaient pas aryens), qu'est utilisé lors du génocide arménien, celui de l'ex-Yougoslavie, celui des Indiens par les Américains... On veut chasser celui qui nous est étranger, celui que l'on considère comme une race inférieure. Cette idée de race est fausse. C'est un leurre inventé par le démon pour faire monter en nous la haine de l'autre. Et cela conduit toujours à des crimes atroces. C'est ce que veut le démon.

Le démon utilise son pouvoir ordinaire pour nous insuffler sa haine. Il nous manipule afin de nourrir sa propre haine qu'il voue à l'homme. Il fait naître en nous les tentations, les idées fausses. Il fait naître en nous des envies de puissance, de gloire, de richesse. Puis il combine le tout et n'a plus qu'à laisser faire. Il sait que l'homme va s'entretuer, va commettre des massacres... C'est ce qu'il attend de nous ! Nous avons les moyens de lui résister, mais nous préférons fermer les yeux, ce qui lui permet d'agir à sa guise. Dans notre monde où l'on ne croit plus en rien, Satan est le roi. Il nous domine et par extension, il domine le monde. D'ailleurs, j'ai l'habitude de dire que l'argent appartient à Satan. Et c'est l'argent qui domine notre monde. Des hommes tuent pour de l'argent et achètent du sexe. Je ne sais pas si nous pourrons arrêter tout cela. Je garde espoir qu'un jour nous ouvrirons les yeux et que nous rejetterons toutes ces doctrines malsaines, malfaisantes, inspirées de Satan pour enfin vivre en paix les uns avec les autres.

Un massacre résulte d'une imbrication complexe entre, d'une part, des buts de guerre poursuivis rationnellement (conquête du pouvoir, contrôle d'un territoire ou de ses richesses) et, d'autre part des discours et des pratiques qui semblent relever de la folie. Des idées insufflées par le démon, des idées qui conduisent à des génocides. C'est l'œuvre du Mal Absolu. Et une fois cette œuvre réalisée, une fois qu'elle a provoqué des milliers de morts, alors on ouvre les yeux et l'on découvre l'horreur. C'est ce qui s'est passé au Rwanda ou dans l'Allemagne nazie : des meurtres de masse pour une idéologie raciale ! Et l'on peut multiplier les exemples, avec le cas des Arméniens persécutés par les Turcs, les Tchétchènes persécutés par les Russes...

Pour basculer dans le crime de masse, il faut aussi un autre facteur qui est la peur. Il faut que les gens aient peur de celui que l'on présente comme un ennemi. Et le démon sait susciter la peur de l'autre. La peur et la propagande, car il faut inciter les gens à entrer en action. Leur faire peur et les inciter à passer à l'acte. C'est ce que fait le démon continuellement, chaque jour, dans le monde entier. Le démon n'épargne personne, mais ceux qui croient au Christ peuvent s'en défendre.

Le démon était présent au Rwanda, mais aussi en Allemagne, en Russie, en Bosnie, en Espagne lors de la guerre d'Espagne... Le démon a façonné l'histoire. Et nous, pauvres mortels que nous sommes, nous n'en tirons aucune leçon !

La chasse aux sorcières

Il y a plusieurs siècles de cela, en Europe puis en Amérique, la peur des forces du mal a déclenché des chasses aux sorcières, de véritables persécutions contre des femmes soupçonnées de sorcellerie et conduites, la plupart du temps, au bûcher. Ces chasses aux sorcières ont eu lieu principalement en France, en Allemagne, dans le nord de l'Italie, en Suisse, sur les territoires de la Belgique actuelle, du Luxembourg, aux Pays-Bas, mais se sont aussi étendues aux États-Unis avec le fameux procès des sorcières de Salem. Des dizaines de milliers de personnes sont torturées, conduites au bûcher. Comment cette paranoïa contre la sorcière a-t-elle commencé? Qu'est-ce qui l'a alimentée? Que sait-on aujourd'hui de ces personnes — essentiellement des femmes — qui furent persécutées pendant des siècles? Comment cette haine a-t-elle pu mener à une telle barbarie?

Pour tenter de répondre à toutes ces questions, nous devons, dans un premier temps, relater l'histoire de l'exorcisme jusqu'à cette période sombre de l'histoire chrétienne.

L'histoire de l'exorcisme

> J'ai moi-même croisé des âmes de damnés - pas de simples défunts, mais de damnés. Mais j'ai toujours pu constater qu'il y avait derrière eux un démon pour les manipuler. Autrement dit, c'étaient des esclaves de Satan. A la merci du démon qui les envoyait infester des humains. Le démon se servait d'eux pour attirer des ennuis à telle ou telle personne. C'est lui qui commandait.
> Père Gabriel Amorth

Avant tout, donnons une définition claire de ce qu'est l'exorcisme. Le Larousse nous apprend que la possession démoniaque est un phénomène diabolique qui fait d'un sujet l'instrument du démon. Cette définition est juste, mais incomplète. La possession démoniaque est plus perfide, plus complexe que ce que le dictionnaire nous dit. Rappelons-nous que Jésus-Christ a été livré pour nous délivrer du Mal et qu'il a vaincu Satan sur la Croix. Satan est certes terrassé, mais il continue à lutter pour arracher des âmes à Dieu, pour pervertir les hommes. C'est un combat qu'il sait perdu d'avance, mais ce combat se poursuivra jusqu'au Jugement dernier.

Tous les hommes sont plongés dans cette lutte, qu'ils le veuillent ou non. Notre travail à nous, notre unique épreuve consiste à résister aux tentations de Satan et à lui faire face, surtout dans les mauvais moments, afin de gagner notre place aux côtés du Christ. Nous disposons de moyens pour nous défendre contre le démon, des outils donnés par Dieu pour le chasser : croire en Jésus-Christ et invoquer son nom, la prière et vivre étroitement avec la Parole de Dieu.

Satan dispose de deux pouvoirs pour convertir les hommes à sa cause. Le premier pouvoir est ce qu'on appelle le pouvoir ordinaire qui consiste à tenter les hommes. Durant toute l'histoire de l'humanité, Satan a utilisé ce pouvoir contre les hommes afin de faire naître les péchés en masse. D'où la chute de l'Empire romain d'Occident, le nazisme, le génocide du Rwanda... Par ce pouvoir ordinaire, Satan fait naître en nous toutes sortes d'envies, de perversion. Il nous convainc que nous avons besoin de richesse, de gloire, d'asservir les autres. Il nous pervertit, nous plonge dans la luxure. Alors, nous croyons être heureux parce que nous avons de l'argent, mais ce n'est pas le cas. C'est une fausse impression, car il nous manquera l'essentiel pour vivre : l'amour. Aujourd'hui, à cause du mauvais usage des médias, du matérialisme, du pouvoir donné à l'argent et à la société de surconsommation, Satan est omniprésent. Il nous tente sans arrêt et beaucoup lui ont succombé. Il n'y a qu'à voir la multiplication des sectes sataniques, la misère morale dans laquelle est plongé le monde, le manque d'entraide, l'importance donnée à l'argent, la décadence du sexe, la mise à mal de la famille, les actes barbares loués... et surtout l'histoire de l'humanité pour nous en rendre compte.

Le deuxième pouvoir de Satan, que l'on appelle le pouvoir extraordinaire, est la possibilité qui lui est donnée de nous posséder. C'est la possession démoniaque. Elle est plus rare que le phénomène de tentation, qui lui est omniprésent dans la vie quotidienne. Concrètement, la possession démoniaque est l'acte par lequel un démon envahit notre corps et notre esprit afin d'en prendre le contrôle. L'exorcisme vise à expulser le démon hors du corps de la victime afin de la libérer de l'emprise démoniaque. Deux étapes précèdent la possession démoniaque : l'obsession qui est une suite de tentation et d'attaques violentes, parfois continuelles, faites par le démon et la vexation où le démon provoque toutes sortes de troubles et de maladies chez sa victime. Il y a aussi l'infestation diabolique qui touche les demeures, les objets et les animaux. L'infestation peut conduire à l'obsession et donc à la possession.

Pour posséder un être humain, le démon doit l'affaiblir, c'est-à-dire qu'il doit s'attaquer à lui. La plupart du temps, il se montre à lui, lui fait subir des sévices, grogne ou parle à côté de lui, tape dans les murs... C'est l'obsession ou la vexation diabolique.

Comme je le disais plus haut, l'exorcisme (ou les prières de délivrance faites par quelqu'un qui n'est pas prêtre ou un groupe) est le moyen de libérer le possédé de son emprise démoniaque. L'exorcisme est donc un acte curatif, mais pas seulement, puisqu'il permet aussi de diagnostiquer si un démon possède une personne ou si cette personne souffre de troubles physiques ou psychiques pouvant être soignés par la médecine. Car le démon ne se révèle que dans l'exorcisme, il y est forcé.

Dans le cas des persécutions des sorcières, il aurait fallu exorciser ces femmes, les aider à se libérer de leur emprise démoniaque et non les poursuivre, les opprimer, les torturer et les tuer. Il aurait fallu réaliser des exorcismes sur elles pour s'assurer de l'emprise démoniaque afin de les guérir. Et non, les persécuter, les interroger, les torturer ou les brûler sur le bûcher. Je ne peux expliquer ce point de vue sans un retour en arrière de l'histoire de l'exorcisme. Nous devons évoquer l'histoire de l'exorcisme dans l'Église catholique de Jésus-Christ jusqu'aux persécutions des sorcières. Les théologiens ont très peu abordé ce thème, ce pan de l'histoire et il me semble essentiel d'en parler pour comprendre comment Satan s'est immiscé dans l'histoire de l'Église et a provoqué les chasses aux sorcières. Dans cet exposé, je survolerai la période de l'Antiquité, car c'est une époque où le diable et la pratique de l'exorcisme étaient très présents. Dans mon blogue « Possession et Damnation », je relate certaines histoires de l'Antiquité, notamment avec l'article sur la possession de Loudun.

De tout temps, dans toutes les religions, chez tous les peuples, même avant les Hébreux, les Égyptiens, les Assyriens... il y avait déjà une intuition de l'existence des esprits du mal. On devait d'ailleurs s'en défendre par différents moyens conformes à la mentalité socioculturelle des divers peuples. C'est pourquoi je peux le dire : l'exorcisme a toujours existé, sous d'autres formes, mais il a toujours été présent.

L'Église orientale n'a jamais accepté l'institution de l'exorcisme. Elle a toujours considéré l'exorcisme comme un charisme personnel.

En Roumanie et en Moldavie, on réalise des exorcismes à tour de bras dans les monastères orthodoxes. Pour cela, il suffit de le demander ! Les orthodoxes, considèrent l'exorcisme comme une pratique ordinaire, comme elle l'était dans le passé au sein de l'Église catholique.

En Égypte, dans l'Église copte, il existe quinze monastères ou sanctuaires où l'on réalise régulièrement des exorcismes.

Le Christ nous a donné le pouvoir de chasser les démons. C'est un pouvoir qui exige l'obligation de croire en Lui et de Lui être fidèle.

Pendant la vie du Christ

L'Évangile nous parle d'une manière claire et précise de la lutte de Jésus-Christ et du démon. La vie publique de Jésus commence avec la tentation au désert.

Durant son existence sur terre, Jésus a délivré de nombreuses personnes possédées du démon. Il est le premier exorciste. Ce pouvoir qu'a Jésus de vaincre les démons, de les repousser est fortement souligné dans les Évangiles et est reconnu par les démons eux-mêmes. Comme l'affirme Jean, le Christ est venu « pour détruire les œuvres de Satan » (Jean 3,8). Jésus dit lui-même être venu pour détruire le règne du démon et instaurer le Règne de dieu (Luc 11,20).

Le diable, « prince de ce monde » (Jean 14,30) comme l'appelle le Christ ou, « dieu de ce monde » (Corinthiens 4,4) comme le nomme Jean, se sentait sûr de sa domination sur l'homme. Or, Jésus lui ôta cette domination. L'importance de cette lutte directe, de cette victoire, est fondamentale pour comprendre l'œuvre de la Rédemption. Jésus nous a donné un enseignement précis en ce qui concerne le démon. Il a mis en lumière l'action de Satan contre Dieu, il a libéré les possédés, faisant ainsi clairement la distinction entre la délivrance proprement dite et la guérison des malades. Jésus a offert ce pouvoir aux Apôtres puis à tous ceux qui croient en lui, étendant largement le pouvoir de faire le bien et que seul un aveuglement contemporain ne comprend pas et tente de nier.

Les Apôtres ont continué à chasser le Malin après la Résurrection du Christ et ils en parlent dans les Évangiles : « Résistez à Satan et il vous fuira » (Jacques 4,7), « celui qui est issu de Dieu ne pèche pas et Dieu le protège de façon à ce que le Malin ne le touche pas. » (Jean 5,18), « Notre bataille ne consiste pas à lutter contre les créatures faites de chair et de sang, mais contre les princes, les puissances, les dominateurs de ce monde obscur, contre les esprits malins des régions célestes. » (Éphésiens 6,12)

La Bible parle du démon plus de 1 000 fois et le Nouveau Testament compte 568 références au démon. Celui qui ne croit pas au démon ne comprend pas l'œuvre du Christ et trompe les fidèles. Les Apôtres ont réalisé des exorcismes et leurs successeurs, les évêques, y croient-ils ? Parfois j'en doute et c'est pourquoi le monde va mal aujourd'hui, car les seuls qui peuvent lutter contre le démon ne croient pas en lui.

Au cours des trois premiers siècles

Lors de la construction de l'Église chrétienne, tous les chrétiens pouvaient exorciser, pouvaient exercer le pouvoir reçu du Christ (qu'ils ont toujours), pouvaient chasser le démon au nom du Christ. Les exorcismes avaient une grande valeur apologétique, ce qui conduisait les païens possédés à s'adresser aux chrétiens pour obtenir la délivrance. Il n'y avait aucune persécution des païens et des démoniaques. Tertullien et Justin confirment par des écrits l'efficacité avec laquelle les chrétiens délivraient du démon d'autres chrétiens ou des païens. À cette époque, on croyait en Satan et donc aux influences maléfiques et c'est cette croyance qui permettait d'être sauvé.

Le pape Paul VI nous dit que « Ce n'est pas étonnant alors, si notre société régresse du niveau d'une authentique humanité, au fur et à mesure qu'elle avance dans une pseudo-maturité morale, vers une indifférence, à un refus de voir la différence entre le bien et le mal. L'Écriture nous avertit durement que le monde (allant vers la décadence que nous observons) gît sous le pouvoir du Malin. » Et il a raison !

Ces réflexions prennent tout leur sens lorsque nous constatons que le monde actuel est bien sous la domination de Satan. Avant, le pouvoir apologétique des exorcismes attirait les païens vers les chrétiens. Aujourd'hui, nous sommes dans la situation contraire : les chrétiens ne trouvent plus aucune compréhension ni aucune aide au sein de l'Église et ils s'adressent aux mages, à d'autres religions, aux sectes... C'est le païen qui attire le croyant.

Revenons à la période qui nous intéresse. Irénée nous dit que l'invocation seule du nom de Jésus-Christ suffit à chasser Satan des hommes. Celsius nous dit que la force de l'exorcisme repose sur le nom de Jésus. Origène ajoute et affirme qu'au nom de Jésus, on peut chasser les démons des personnes, mais aussi des choses, des lieux, des animaux.

La pratique des exorcismes s'est développée, dans et depuis les premiers temps, dans deux directions différentes : la délivrance des possédés et le rite du baptême. Malheureusement, la dernière réforme liturgique, et probablement pour ne pas effrayer les fidèles, a réduit l'exorcisme baptismal, surtout des petits enfants. Le baptême perd ainsi sa fonction d'exorcisme.

Les premiers chrétiens étaient convaincus que le paganisme était l'œuvre du démon. Ils y voyaient une contrefaçon de la vraie religion, contrefaçon opérée par le démon. D'où la nécessité de l'exorcisme sur chaque individu et sur le monde social, pour que la domination du démon passe à la domination de Dieu. Les chrétiens considéraient comme un acte d'amour envers son prochain. Ils ne persécutaient pas les démoniaques, mais cherchaient à les arracher du démon. Ils exorcisaient d'autres chrétiens ou des païens dans le seul but de les sauver de la désolation.

Du IIIe au VIe siècle

C'est une période de grandes évolutions pour l'Église et pour la pratique de l'exorcisme. De grands évènements historiques, comme les victoires de Constantin et de Théodore, peuvent faire penser que le christianisme a détruit le paganisme. Mais, on interprète les invasions barbares comme l'avènement d'un nouveau paganisme ayant aussi besoin d'être exorcisé. Ce fut le début de grandes figures, comme saint Martin de Tours, qui fut un grand exorciste et qui fit convertir beaucoup de barbares.

Le début du monachisme donna beaucoup d'élan à l'exorcisme. Les premiers moines, Antoine, Pacôme, Hilarion, se retirent dans le désert pour combattre le démon. Le but principal des premiers moines était de lutter contre le démon, de délivrer l'humanité de ses assauts. Ce qui en fait des combattants de première ligne. Les œuvres relatant l'activité des premiers moines expriment clairement ce combat spirituel. Je pense, notamment, au manuscrit « La Vie de saint Antoine » écrit par saint Athanase. Une idée commençait alors à poindre : même si tous les chrétiens pouvaient chasser le démon, ceux qui se consacraient à la prière et au jeûne l'emportaient dans cette œuvre.

Aux environs de l'an 300, pendant la dernière persécution de Dioclétien, nous trouvons des témoignages étroitement liés de chrétiens héroïques et de la lutte contre le démon. À Rome, parmi les derniers martyrs, se distinguent Marcellin et Pierre. Pierre est le plus ancien exorciste martyrisé que nous connaissons. On pense que c'est lui qui distilla l'idée de moine-exorciste. À la même époque, les faux exorcistes, les escrocs se multiplient et il fallait s'en défendre. C'est ainsi que dans les premières dispositions canoniques dans l'Église occidentale, lors du Synode romain, le pape Sylvestre nomme les exorcistes dans les ordres mineurs. C'est aussi dû au droit romain qui veut tout régulariser. De cette façon, les exorcistes sont insérés dans le sacrement de l'Ordre. Par la suite, l'Église anglicane, vers 1550, abolira cette coutume et l'Église catholique fera de même lors du Vatican II.

L'Église orientale s'oppose à la bureaucratisation de l'exorcisme, car elle le considère comme un charisme, une capacité que possède chaque fidèle, homme ou femme, à repousser le démon. Cette règle s'applique aujourd'hui encore : l'exorciste est celui qui a le charisme.

C'est en 416 que le pape Innocent Ier a décrété que les exorcismes ne pouvaient être administrés qu'avec l'accord de l'évêché. En Orient, on a continué à utiliser la liberté charismatique, sans aucune règle particulière. Il faut préciser qu'en instaurant cette règle, l'Église n'a pas voulu limiter le pouvoir du croyant de se libérer du démon ou de libérer les autres du démon, ni de limiter le pouvoir de l'Esprit-Saint de donner des charismes à qui bons lui semble (l'histoire de l'Église chrétienne est remplie de saints). Il n'a pas été question, non plus, de limiter le pouvoir donné par Jésus-Christ de chasser le démon en son

Mais, à partir de maintenant, il faudra parler de l'exorcisme comme d'un sacramental administré par les évêques et de prières de délivrance toutes les autres prières faites par des particuliers ou des groupes. Le but est certes identique, car l'on vise la délivrance du démoniaque, mais les mots sont différents.

Du VIe au XIIe siècle

Pendant cette longue période, que ce soit en Orient ou en Occident, la pratique de l'exorcisme est en plein essor. Les Églises regorgent d'exorcistes et ceux qui veulent le devenir, doivent être apprentis d'un exorciste confirmé afin de suivre une préparation adéquate. De nos jours, le prêtre qui est nommé exorciste reçoit qu'une seule instruction qui est celle de se débrouiller.

C'est une période caractérisée par une grande créativité au niveau des formules d'exorcisme. Ces formules sont encore récitées aujourd'hui et se trouvent dans le Rituel de 1614.

Durant cette même époque, on note la résurgence du dualisme manichéen, à travers l'hérésie des Cathares et des Albigeois, qui sera dénoncée par le Synode de Prague de 560. Il est utile de constater ce fait, car cela expliquera un certain type d'exorcismes et surtout la persécution des hérétiques, qui s'intensifiera durant les siècles qui suivront.

Jusqu'au XIIe siècle, le peuple et les théologiens rejetteront la croyance aux sorcières et ne pensaient pas à persécuter les possédés, mais à les aider et à les sauver.

Les premières représentations de Satan naissent à cette époque là et avec elles, les premières représentations des exorcistes. La pratique de l'exorcisme faisait partie intégrante de la pastorale de l'Église, comme cela doit être, mais n'est plus de nos jours.

Représentation de saint François d'Assises et des diables, œuvre de Giotto

Du XII au XV siècle

C'est une période très triste pour l'Église et une période qui prépare à des temps encore plus tristes. Bien sûr, c'est durant cette période que l'on construit les plus belles cathédrales, que de grands papes théocratiques viennent au pouvoir. Mais, c'est aussi l'époque de la lutte contre les Albigeois, le début des grandes hérésies, avec les contestations anticléricales et anti-ecclésiastiques. C'est la période où Satan s'est immiscé au sein même de l'Église pour la détruire.

Des guerres sans fin ravagent l'Europe. Le peuple a faim. Et surtout, celles que l'on appelait jusque-là « bonnes femmes », c'est-à-dire les femmes un peu fofolles, mais pour qui l'on avait de la compassion, deviennent des sorcières. Ces femmes qui avaient besoin d'être exorcisées sont, au contraire, persécutées et brûlées sur le bûcher. On se souvient de Jeanne d'Arc que l'on a déclarée sorcière pour des motifs politiques. Cela nous montre bien l'écroulement de la justice, non seulement juridique, mais aussi pastorale.

Ceux qui dirigent les pays, les peuples, l'Église, ceux qui commandent, prennent des dispositions aux conséquences gravissimes, sans doute pensant, dans un premier temps, modérer les choses en les réglementant.

En 1252, le pape Innocent IV autorise la torture contre les hérétiques.

En 1326, Jean XXII autorise, pour la première fois de toute l'histoire de l'Église, l'inquisition contre les sorcières, signant ainsi le début de la folie meurtrière qui va s'abattre partout en Europe et ailleurs. Et cette folie est accompagnée de calamités naturelles qui vont créer encore plus de pauvreté parmi le peuple, de la famine...

De 1340 à 1450, la peste noire ravage l'Europe entière. Cette épidémie va décimer des populations entières dans de grandes souffrances et va engendrer l'écroulement des valeurs morales, luttes civiles, schismes au sein même de l'Église.

Et c'est de cette débâcle que surgit la manie de tout diaboliser, non pas une diabolisation qui conduit vers l'exorcisme et donc la délivrance, mais une diabolisation destructrice.

Du XVIe au XVIIe siècle

C'est vraiment une époque de pure folie, une période où les exorcismes ont laissé place aux persécutions. C'est une période très noire qu'il est essentiel de décrire pour comprendre notre époque actuelle. En narrant cette période, nous apprenons beaucoup sur notre propre époque. Et je m'aperçois d'un fait bien établi qu'il est indispensable de retenir : là où l'on réalise des exorcismes, il n'y a pas de persécutions, même si l'on est à la même période, avec la même mentalité, avec les mêmes problèmes. Là où les exorcismes ne combattent pas et ne chassent pas le Diable, les hommes sont diabolisés et tués. Ce phénomène est particulièrement vrai pour notre époque et me préoccupe beaucoup pour notre société et l'Église.

Aujourd'hui, les hommes d'Église emploient moult ruses, injonctions, tentatives pour minimiser l'existence du démon et pour réduire son action, cela n'est pas bon. Lorsque je constate que l'on ne chasse plus le démon, mais au contraire, qu'on essaie d'éliminer les exorcismes de la pastorale, je me dis que nous serons bientôt perdus. Car, ce n'est pas le diable qui va en pâtir, mais bien l'homme. Et il y a tellement de façons différentes de diaboliser l'humanité (Dachau, les goulags, les génocides, les nettoyages ethniques…). Cela me fait très peur, car l'on ne s'attaque pas au bon ennemi.

Revenons à l'époque qui nous intéresse. Donc, je disais qu'à cette époque déjà, on ressentait le besoin urgent de réformer les rituels d'exorcismes, mais personne n'a bougé. Comme aujourd'hui d'ailleurs, où la seule partie délaissée et non réformée après le Vatican II reste le Rituel. Alors comme les hommes d'Église ne se décidaient pas à se pencher sur la question, Charles V prit l'initiative de le rénover. Il promulgua un édit « Ad Augusta » le 9 juillet 1548 dans lequel il ordonnait la réforme du Rituel. Mais le mal était trop profond et la chasse aux sorcières atteignit son comble dans les années 1560 à 1630.

Heureusement qu'il y a eu quelques éclaircies dans cette sombre période. Prenons le cas de Jeanne Fery (1559-1620), qui était une véritable sorcière liée au diable par un pacte à dénoncer à l'Inquisition et à brûler au bûcher selon les règles en vigueur à cette époque-là. Grâce au Ciel, elle trouva sur son chemin Louis de Berlaymont, archevêque de Cambrai, qui fit le nécessaire afin que Jeanne ne soit pas soumise à un procès et condamnée, mais exorcisée. Il fallut plus d'un an pour que Jeanne soit délivrée du démon. Après, elle vécut de manière exemplaire le restant de sa vie et entra dans les Ordres. Ce qui montre que l'exorcisme est bien l'arme à adopter contre le Malin et non la persécution.

L'idée de la chasse aux sorcières se répandit surtout dans les pays protestants, là même où au XVIIe siècle des guerres de religion éclateront.

Ce que je tiens à souligner, c'est que là où l'on pratiquait encore des exorcismes, il n'y eut pas de persécutions. Je sais, je me répète, mais c'est une notion très importante qu'il faut bien garder en tête. Par exemple, dans la Rome des Papes, on recense qu'un seul cas et dans l'Irlande catholique, les sorcières ne furent pas persécutées, mais sauvées.

Le jésuite Friedrich Spee publia en 1631 le livre « Cautio criminalis » dans lequel il dénonce la torture et la chasse aux sorcières. C'est le début de la résipiscence qui s'étendit dans le camp des protestants. Par contre, cela n'eut aucun effet sur le Concile de Trente qui se borna à considérer l'exorcisme comme un ordre mineur.

Conclusion

La chasse aux sorcières cessa d'une manière aussi absurde qu'elle avait commencée : d'un seul coup. Mais ce à quoi l'on se serait logiquement attendu n'advint pas : la persécution remplaça les exorcismes et non le contraire. Par contre, là où l'on continuait à pratiquer les exorcismes, il n'y eut pas de persécution. Il aurait donc fallu remettre les exorcismes en vigueur. Mais cela ne se fit pas. Au contraire, la réaction aux excès du passé conduisit à un désintérêt total du diable et de son action, désintérêt qui subsiste encore aujourd'hui. Le diable devint un symbole, un pantin, l'emblème de l'idée abstraite du mal. Et non plus un être, une entité qui agit en profondeur.

En se référant à ce rapide diaporama de l'histoire de l'exorcisme dans l'Église catholique, réfléchissons sur quelques points importants de cette histoire. Tout d'abord, il faut se dire que les démons existent. Ce sont des esprits purs créés bons par Dieu, mais qui se sont pervertis. Ces démons exercent sur les hommes un pouvoir maléfique qui peut aller jusqu'à la possession. Le Christ nous a donné les moyens de chasser les démons, il a conféré ce pouvoir à ceux qui croient en lui. Ces points sont bien établis dans les Évangiles, donc, j'ai envie de dire que ceux qui ne croient pas au diable, sortent de la foi chrétienne.

La lutte contre le démon doit être menée par tous. C'est essentiel et c'est le fondement même de la vie. Il faut sans cesse le repousser, ne pas être tenté et vivre le plus humblement, le plus juste possible, envers soi et envers autrui. L'action ordinaire du démon est la tentation.

Nous devons lutter contre les tentations issues de la chair, du monde, du démon. On doit considérer l'exorciste comme un prêtre qui est missionné par l'Église dans le but de venir nous aider lorsque nous sommes en butte par rapport à l'action extraordinaire du démon.

En ce qui concerne la chasse aux sorcières, la réponse aurait été l'exorcisme et non les persécutions. Mais Satan en a décidé autrement. Il a distillé l'idée qu'il fallait persécuter ces pauvres femmes, les tuer. Ainsi, il a jeté le discrédit sur l'Église tout entière. Car aujourd'hui, on reproche souvent aux chrétiens d'avoir tué de nombreuses personnes innocentes ! Et de la même manière, Satan, en être malin et fourbe, a pu convaincre qu'il n'existait pas, qu'il ne représentait qu'un symbole du mal.

La persécution des sorcières

Rentrons plus en détail dans l'histoire de la persécution des sorcières. La chasse aux sorcières est la poursuite, la persécution et la condamnation de personnes accusées de pratiquer la sorcellerie. Cette chasse aux sorcières a connu son apogée dans les années 1560-1580 jusqu'aux années 1620-1630 en Europe avant de prendre fin subitement. On estime que cette fin est survenue par la remise en cause progressive par le christianisme de la chasse aux sorcières, puis par la culture scientifique et technologique.

Représentation de la sorcière selon Albrecht Dürer

Qui étaient ces femmes considérées comme sorcières ? Le plus souvent, il s'agissait de femmes qui se distinguaient par leur apparence physique, leurs pratiques ou leurs comportements. Celles qui vendaient des produits de beauté, des remèdes contre la toux et autre mal étaient assimilées à des sorcières. Celles qui procuraient des philtres et des potions pour faire le mal, pour soumettre l'autre étaient aussi vues comme des sorcières. À cette époque, il suffisait presque souhaiter le mal à autrui pour que l'on soit soupçonné de sorcellerie. On pensait que la sorcière pouvait réaliser toutes sortes de choses extraordinaires, comme faire revenir l'être aimé, rendre malade une personne, deviner l'avenir, faire périr une récolte... On se persuadait que les sorcières possédaient des pouvoirs magiques donnés par Satan lors des sabbats. Les sorcières étaient aussi des femmes de mauvaise vie, des prostituées, qui s'offraient au Diable lors d'orgies infernales appelées le sabbat.

On soupçonna de sorcellerie d'abord les femmes vieilles et les laides, puis celles qui avaient un défaut physique. Mais surtout, les femmes que l'on considérait comme trop libres. Dès qu'une épidémie apparaissait, le peuple recherchait une coupable parmi les femmes de la communauté libérées de la tutelle de l'homme. Parfois, un simple ragot suffisait à faire naître la suspicion et la méfiance. Les inquisiteurs écoutaient attentivement ces potins et incitaient à la dénonciation de celles et ceux qui étaient soupçonnés de sorcellerie ou de pratiques hérétiques et magiques.

Cette croyance ne peut se comprendre qu'en se replongeant dans les mentalités anciennes. Dans le Moyen-Âge chrétien, il suffisait parfois qu'une personne tombe malade, qu'une grange brûle ou qu'une brebis meure sans cause apparente pour que toute la communauté de villageois désigne une coupable que son comportement ou sa marginalité a rendue coupable. C'est ainsi que l'on a aussi persécuté ceux que l'on croyait coupables de lycanthropie. Alors, on violente cette personne, on la torture, on la bâtonne, on la noie, on la pend ou on la brûle vive.

La véritable épidémie de chasse aux sorcières, contrôlées par les autorités, a touché certaines régions d'Allemagne, de France, de Suisse, de Belgique... mais n'a quasiment pas gagné les états catholiques d'Espagne ou d'Italie. Pourquoi ? Parce que dans ces états, on pratiquait encore des exorcismes !

Le christianisme avait interdit la répression de la sorcellerie, car il estimait qu'il s'agissait d'une superstition païenne. Il fallait alors amener le païen vers la foi du Christ pour le sauver et non le persécuter.

Bien sûr, il y avait l'Inquisition qui s'occupait de pourchasser l'hérésie, c'est-à-dire l'erreur en matière de doctrine religieuse, mais qui ne s'intéressait pas encore à la sorcellerie qui relevait des tribunaux civils ou de l'évangélisation par le prêche. L'Église a changé d'avis sur ce point à la fin du Moyen-Âge, avant de revenir à sa doctrine initiale et d'interdire au début du XVIIe siècle par le Parlement de Paris, toute forme de répression de la sorcellerie.

La période de la chasse aux sorcières est surtout marquée aux XVIe et XVIIe siècles en Europe. Elle s'est mise en place au XVe siècle et se termine vers les années 1680. La sorcellerie était vue comme une magie malfaisante à but nuisible, causant des maux divers, comme la maladie, la mort, la pauvreté, des désastres naturels... Il existait deux sortes de personnes se livrant à la pratique de la magie : les magiciens lettrés appelés aussi les nigromanciens ou invocateurs de démons et les sorciers et sorcières. La différence résidait dans le fait que le magicien lettré était instruit et possédait des grimoires et autres livres magiques alors que les sorciers étaient issus des milieux populaires et ne savaient pas lire et écrire.

Le véritable point de départ de la chasse aux sorcières a été retracé par les historiens jusqu'au XIIIe siècle. En 1233, le pape Grégoire IX (1145-1241), à la demande de Conrad de Marbourg (1180-1233), premier inquisiteur allemand, édicte la première bulle de l'histoire contre la sorcellerie, la « Vox in Rama ». Dans cet écrit, le pape Grégoire IX décrit le sabbat des sorciers et leur culte rendu au diable.

Dans les années 1260, le pape Alexandre IV (1199-1261) ordonne aux inquisiteurs de s'intéresser aux « sortilèges et divinations ayant saveur d'hérésie ». Ainsi, la sorcellerie devient un crime contre la foi. La base idéologique de la persécution contre les sorciers et sorcières se met doucement en place.

Au début du XIVe siècle, le nombre de procès pour sorcellerie est encore faible en Europe. Et beaucoup de ces procès touchent des membres importants du clergé et sont souvent des stratégies politiques, comme ce fut le cas pour les procès de Boniface VIII, des Templiers ou encore des Visconti.

Vers 1326, le pape Jean XXII (1244-1334) rédige la bulle « Super Illius Specula » dans laquelle il définit la sorcellerie comme une hérésie. Sorcellerie et hérésie, qui jusque-là étaient perçues comme deux univers éloignés, vont être assimilées pour les trois siècles suivants.

Un écrit datant de 1533 relatant l'exécution d'une sorcière accusée d'avoir brûlé la vile de Schilbach en 1531.

Dans la seconde moitié du XIVe siècle, les procès se font plus rares, mais cette tendance va s'inverser de 1376 à 1435. En Europe, le nombre de procès pour sorcellerie de la période s'étendant de 1436 à 1499 est en moyenne trois fois plus élevé que la période précédente. Les temps sont troubles en Europe. Alors que l'absolutisme (monarchie absolue) gagne en puissance et en influence, figeant la société, la Réforme secoue le catholicisme qui est plus que jamais désuni. C'est dans ce contexte de peur, d'insécurité et d'affirmation du pouvoir que la justice laïque poursuit la sorcellerie. C'est dans ce contexte que la sorcellerie populaire supplante celle de la magie rituelle des invocateurs de démons et passe au premier plan. C'est aussi à ce moment que se dessine l'image de la sorcière stéréotypée telle que nous la connaissons aujourd'hui, avec son balai volant, ses grosses verrues sur le visage, son chapeau pointu et ses mains griffues.

Cette idéologie de la chasse aux sorcières se construit selon trois étapes. D'abord, il y a l'aspect du crime de la foi. Cet aspect se base sur une culture dénonciatrice du paganisme, de l'impiété et de l'hérésie. Ici, on ne combat plus les forces du Mal avec l'exorcisme, mais avec la justice de l'homme qui veut la mort des sorcières. J'ajoute à cela la hantise du péché originel qui est assigné à la femme. C'est ainsi que la chasse à la sorcellerie devient une chasse aux sorcières. Les régions latines, Portugal, Espagne, sud de la France, Italie, ne partagent pas ce point de vue concernant la femme.

Et voici pourquoi on peut y voir la marque de Satan dans ces évènements tragiques : la chasse aux sorcières qui s'est déroulée à la fin du Moyen-Âge est une vraie guerre de type fasciste pour démolir les droits de la femme. Cela peut paraître étonnant, voire absurde, de parler de fascisme à propos des chasses aux sorcières médiévales, et pourtant, ce sont les classes dirigeantes, en se servant des appareils religieux, juridiques et militaires, qui ont instrumentalisé ces épisodes meurtriers. Elles ont utilisé les milieux populaires les plus misérables afin qu'ils s'en prennent à des femmes jugées trop indépendantes ou qui exerçaient des professions réservées aux hommes. On est bien dans le domaine du pogrome (émeute sanglante dirigée contre une minorité ethnique ou religieuse), de la violence raciste. Ici, le pogrome était dirigé vers les femmes que l'on a diabolisées. Dans la Seconde Guerre mondiale, ce pogrome était dirigé contre les Juifs. Au Rwanda, cela s'est concrétisé par le massacre des Tutsis. Je pourrai continuer les exemples, mais l'on a bien compris que Satan use toujours des mêmes stratagèmes pour détruire une population, pour faire naître les péchés de masse, pour instiller la haine de l'autre... On voit bien l'œuvre de son pouvoir ordinaire.

La deuxième étape est l'évolution de l'imaginaire touchant à la mort et au Mal. La mort était considérée comme un sommeil apaisé et éternel et le Diable comme une figure imaginaire. Or le contexte a changé cette situation. À cause des épidémies de peste noire qui ont décimé l'Europe au XIVe siècle, des guerres, du climat d'insécurité touchant les XVe et XVIe siècle, la mort devient une chose dont il faut avoir peur. On commence à redouter la mort. Elle est vue comme quelque chose de maléfique. Et ainsi, la peur étant omniprésente, on voit le Diable partout, on diabolise tout.

La troisième étape est la multiplication des traités de démonologie et les descriptions des rituels pratiqués lors du sabbat. Ces rituels sont montrés comme des antithèses de l'Eucharistie et sont effectués par des sorciers et des sorcières. On s'adonne au cannibalisme, à l'infanticide, à l'accouplement avec des démons, et surtout, à la dévotion au Mal. Ces récits dépeignent avec exagération l'adoration du démon par les sorcières et encouragent la peur du Mal, donc la peur de la sorcière. La sorcière devient donc quelqu'un à supprimer.

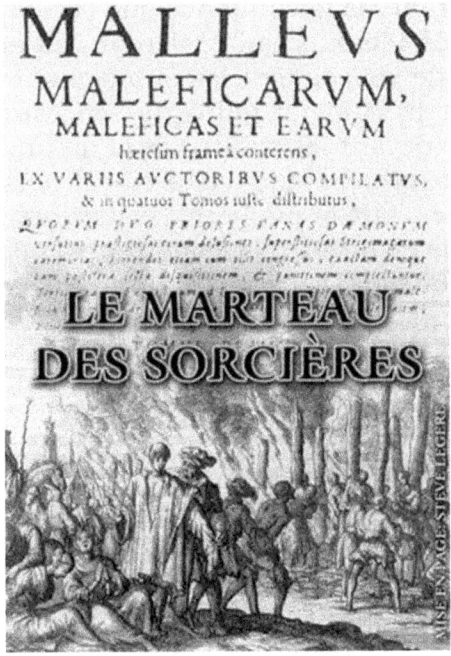

Voici un exemple d'ouvrage qui circule à cette époque : « Malleus Maleficarum » écrit par Heinrich Kramer et Jacques Sprenger en 1486, deux dominicains qui s'appuient sur une enquête commanditée par l'Inquisition. Cet ouvrage décrit les sorcières, leurs pratiques ainsi que les méthodes à suivre pour les reconnaître. « Malleur Maleficarum » ou « Marteau des sorcières » en français connaît un véritable succès. Il sera traduit en plusieurs langues et connaîtra plus de trente éditions latines entre 1486 et 1669. Il servira de référence à la justice séculière, de mode d'emploi de la chasse aux sorcières.

La première partie de ce livre traite de la nature de la sorcellerie. Une section de cette première partie affirme que les femmes, à cause de leur faible composition et de l'infériorité de leur intelligence, seraient par nature prédisposées à céder aux tentations de Satan. Les auteurs confirment que certains actes ne sont qu'illusoires, comme le fait de se transformer en animaux, alors que d'autres sont possibles, comme le fait de provoquer des tempêtes, de détruire les récoltes ou de se rendre au sabbat en volant.

La seconde partie du livre explique la façon dont il faut procéder pour capturer, instruire un procès, organiser la détention et enfin éliminer les sorcières.

La seconde partie traite de la confiance que l'on peut accorder ou non aux déclarations des témoins qui profèrent des accusations souvent par envie ou désir de vengeance ; les auteurs affirment toutefois que les indiscrétions et la rumeur publique sont suffisantes pour conduire une personne devant les tribunaux et qu'une défense trop véhémente d'un avocat prouve que celui-ci est ensorcelé. Le manuel donne des indications sur la manière d'éviter aux autorités d'être sujettes à la sorcellerie et rassure le lecteur sur le fait que les juges, en tant que représentants de Dieu, sont immunisés contre le pouvoir des sorcières. Constatons, alors, chers lecteurs, comme il est simple, grâce à la peur, d'instiller une idée dans l'esprit des gens ! C'est ce que Satan a régulièrement fait tout au long de l'histoire de l'humanité pour provoquer des guerres, des massacres...

C'est après la publication de cet ouvrage que commencèrent les arrestations systématiques des femmes soupçonnées de sorcellerie, et cela toucha toute l'Europe, principalement l'Allemagne, la Suisse, la France, mais aussi l'Espagne et l'Italie qui avaient été relativement épargnées par ces idées meurtrières. À aucun moment, on ne s'est dit que cela était de la folie, que l'on allait contre les lois de Dieu qui interdisaient de tuer ou de juger son prochain. Au lieu d'aider les sorcières, comme il est stipulé dans les Évangiles (les sorcières sont des démoniaques et ont donc besoin d'un exorcisme), on les a torturées et tuées. On est allé contre les Saintes Écritures, on a commis des péchés ! Les tribunaux des régions catholiques, mais surtout des régions protestantes ont envoyé des sorcières au bûcher. On estime à 100 000 le nombre de procès et à 50 000 le nombre des exécutions. Les juges sont donc devenus complices du Diable !

Cette situation ne fit que s'aggraver, notamment chez les protestants. En effet, le roi d'Angleterre Jacques 1er, qui se passionnait pour la démonologie, réclama des châtiments impitoyables pour toutes les personnes suspectées de sorcellerie. Cette tradition protestante se perpétua longtemps dans le puritanisme anglais et américain.

En France, de célèbres affaires, comme le procès des Ursulines en 1611, le procès d'Urbain Grandier et des Ursulines de Loudun en

1634, le procès du maréchal de Luxembourg en 1681... marquèrent cette persécution des sorcières. Mais le procès qui marquera l'histoire est certainement celui de Jeanne d'Arc, accusée d'hérésie, condamnée à être brûlée vive en 1431.

En Allemagne, des années 1625 à 1630, plus de 600 personnes accusées de sorcellerie furent brûlées dans le seul évêché de Bamberg.

Les dernières persécutions se termineront vers la fin du XVIIe siècle, aussi soudainement qu'elles étaient apparues. 80 % des victimes de ces persécutions étaient des femmes qui étaient brûlées vives, parfois avec leurs enfants, surtout s'il s'agissait de filles, le tout devant des centaines de personnes qui réclamaient la mort de ces dames. Ces femmes appartenaient le plus souvent aux classes populaires.

Les fausses idées, les tortures et les procès

À cette époque, on se faisait tout un tas de fausses idées concernant les sorcières et l'on procédait à tout un tas de moyens horribles pour les démasquer.

Par exemple, si l'on soupçonnait une femme de sorcellerie, on la jetait nue à l'eau, les mains et les pieds attachés pour l'empêcher de surnager. On pensait qu'une sorcière était plus légère que l'eau. Donc, si la femme flottait, on la repêchait aussitôt pour la conduire au bûcher. Si elle se noyait, eh bien, elle était morte innocente.

Une femme suspectée de sorcellerie avait peu de chances de s'en sortir vivante. Disons-le clairement, les procès n'étaient pas équitables. Deux témoignages suffisaient à prouver la culpabilité de la femme. Les accusées n'avaient que peu ou pas le droit à la parole et ne pouvaient se défendre, car l'on n'accordait que peu de crédit aux propos d'une personne dont on pensait qu'elle parlait sous l'emprise du démon. Pire, il ne fallait surtout pas l'écouter !

WITCHCRAFT AT SALEM VILLAGE.

Les inquisiteurs tentaient par tous les moyens d'obtenir des aveux, par des interrogatoires, des examens physiques et des tortures. Ils recherchaient la marque du Diable sur la personne soupçonnée et un simple grain de beauté pouvait devenir cette marque. Ils inspectaient à la loupe le corps de la personne, qui était entièrement dénudée, tondue et rasée (sourcils, poils, duvets), la pilosité était associée à la bestialité et donc au Malin. Ses vêtements étaient brûlés. Dépouillée de toute affaire personnelle, la supposée sorcière attendait nue. Elle était régulièrement aspergée d'eau bénite. Ensuite, les inquisiteurs l'attachaient à une table ou la suspendaient pour examiner son corps dans les moindres détails. Lorsqu'un inquisiteur apercevait une marque qui lui semblait suspecte sur le corps nu de la sorcière, il la piquait avec une aiguille. Si du sang ne coulait pas de la blessure, cela prouvait que la femme était une sorcière. Il y avait bien sûr d'autres méthodes, comme la torture, pour vérifier l'appartenance au Malin. La femme ainsi torturée n'avait pas d'autre choix que d'avouer sa culpabilité pour faire cesser les souffrances.

Alors, plusieurs types de peine étaient prononcés, la plus douce étant réservée à la sorcière qui s'était dénoncée d'elle-même. Les peines pouvaient aller du pèlerinage, à la flagellation publique, à une amende, au port de la croix. Dans les cas les plus graves, la femme était revêtue d'une camisole en toile bénite et conduite au bûcher pour y être brûlée vive. Et le plus souvent, on estimait qu'il s'agissait d'un cas grave de sorcellerie.

Femme accusée de sorcellerie, gravure française du XIXe siècle

Le mouvement de la chasse aux sorcières a cessé vers la fin du XVIIe siècle et cela pour plusieurs raisons. Une autre idée vint supplanter celle de la sorcière, celle du mythe de la sorcière. En effet, les superstitions et les croyances en des personnes se réunissant et dotées de pouvoirs surnaturels dont le but était de propager le mal avaient décru avec les années. Ce fut le début de l'athéisme et la naissance d'une nouvelle ère encore plus fertile pour Satan. Car là, on ne croit plus en lui, on en rit, on se moque des gens qui ont la foi et l'on commence à les traiter de fous ou de simplets.

Ceci est dû à l'essor de la médecine et aux avancées de la science. Et la science a donné des explications à certains faits que l'on considérait comme surnaturels. Des penseurs, libertins et cartésiens, récusent peu à peu l'idée de sorcellerie démoniaque, l'Église elle-même devient prudente sur la question. Dès 1601, le Parlement de Paris interdit l'épreuve de l'eau, puis le droit d'appel au parlement devient obligatoire en 1624 pour les sentences capitales.

Surtout, la sorcellerie devient une légende, un mythe. On n'y croit plus. On ne croit plus à la magie, puisque presque tout peut s'expliquer par la science. Et l'on commence à rire des sorcières, à dessiner des portraits grotesques... L'histoire va prendre un autre tournant. Satan s'est assez amusé ou du moins, a réussi son plan : à présent, on ne croit plus en lui et il peut agir librement. C'est ce qu'il voulait. En se servant de l'athéisme, il pourra nous faire croire que la sorcellerie n'est que folklore, et donc que nous pouvons la pratiquer sans aucun danger. Il pourra davantage nous éloigner de Dieu en nous faisons croire qu'il n'existe pas, que c'est une pure folie que de croire en un Dieu Unique et Rédempteur. C'est ainsi qu'il pourra, au fil des années, engendrer des guerres, des massacres, distiller des idées de haine chez les hommes. Et c'est ainsi que nous arrivons à Hitler, au Rwanda... L'histoire suit un fil, une logique. Et c'est Satan qui donne la direction du fil.

Le Titanic

Le Titanic le 10 avril 1912 à Southampton

On connaît tous l'histoire du naufrage du Titanic, ce paquebot transatlantique britannique de la White Star Line, notamment à travers l'excellent film de James Cameron. Le dimanche 14 avril 1912, par une nuit calme et obscure d'une nuit sans lune, alors qu'il se situe au sud de Terre-Neuve et vogue en direction de New York, le Titanic percute un iceberg à 23 h 40 précise. Le 15 avril 1912, à 2 h 20, à moins de trois heures de l'impact, le Titanic, pourtant surnommé l'insubmersible, sombrera au fond de l'océan Atlantique et engloutira les deux tiers de ses passagers et membres d'équipages.

Le fait d'avoir heurté un iceberg n'est pas la seule cause du naufrage du Titanic et du nombre de morts. Il en existe plusieurs qui, prises dans leur ensemble, expliquent pourquoi le Titanic a sombré, pourquoi il y a eu autant de morts. On peut appeler cela le hasard ou le destin. Moi j'appelle cela la marque du démon, car, encore une fois, c'est la cupidité des hommes qui sera la cause de tous ces morts. Le Titanic était-il un paquebot maudit ?

L'histoire de la White Star Line

Avant de commencer l'histoire du Titanic, j'aimerais évoquer, chers lecteurs, l'histoire de la White Star Line, la compagnie maritime qui a conçu le Titanic et surtout de sa décadence. C'est important d'en parler, car je voudrai montrer que dès que l'homme se croit invincible, au-dessus de tout, c'est la chute. C'est ce qu'il s'est passé pour l'Empire romain d'Occident. À force de vouloir trop s'enrichir, on finit par périr. Et le cas du Titanic est un bel exemple de ce que j'appelle la justice rémanente.

La White Star Line, compagnie maritime britannique, est l'une des plus importantes compagnies de transport maritime du début du XXe siècle. L'émigration des Européens vers l'Amérique du Nord ainsi que le nombre de riches voyageurs étaient en constante croissance et les compagnies maritimes allemandes et britanniques se concurrençaient. C'était une guerre sans merci qui se jouait entre les compagnies, une guerre alimentée par l'appât du gain. À la clé, la richesse et la notoriété.

Les dirigeants de la White Star Line, qui avaient en tête de remporter tous les marchés du transport de passagers et soutenus par des capitaux américains, s'engagèrent dans une politique commerciale agressive. Et c'est cette politique qui va précipiter le Titanic au fond de l'océan.

Après la Première Guerre mondiale, les compagnies maritimes se lancent dans une guerre technologique sans merci. C'est à celle qui inventera le plus gros, le plus puissant, le plus robuste, le plus rapide des navires jamais conçus.

Le 28 mars 1838, le Sirius, navire affrété par la British & American Steam Navigation, part de Londres, fait une escale à Cork, en Irlande et rejoint New York en 18 jours et 14 heures. C'est une prouesse pour l'époque. C'est la première traversée de l'Atlantique sans l'aide de voiles. Ce navire est équipé de roues à aubes mues par la vapeur. Long de 63 mètres, il peut transporter 40 passagers. Au même moment, la Great Western Steamship Compagny inaugure le Great Western, navire qui effectuera la traversée en à peine 14 jours.

En 1845, John Pilkuington et Henry Threlfall Wilson fondent la White Star Line à Liverpool. À cette époque, la White Star Line était une toute petite compagnie maritime qui ne faisait pas peur aux plus grosses. La White Star Line s'occupe principalement des transports vers les terrains aurifères de l'Australie. La compagnie possède une flotte constituée de clippers en bois, dont le Blue Jacket, le Red Jacket et le Ellen. En 1845, la traversée de l'Atlantique Nord s'effectue en 9 jours et 17 heures.

En 1864, la White Star Line veut étendre ses activités et fusionne avec la compagnie maritime Black Ball an Eagle Line afin de constituer un conglomérat que l'on appellera l'Australian and Eastern Navigation Company Ltd. L'année suivant, la White Star Line met en service son tout premier navire à vapeur, le Royal Standard. La même année, l'équipe dirigeante de la White Star Line change et la société veut s'attaquer au marché du transport sur la route de l'Atlantique Nord. Mais la société n'a pas les ressources nécessaires et n'arrive à s'imposer sur ce marché. Elle possède des navires peu puissants, donc peu rapides. L'entreprise n'a pas les moyens d'innover, elle fait faillite en 1867.

En janvier 1868, Thomas Henry Ismay, directeur de la compagnie National Line de Liverpool et Edward Harland, directeur des chantiers Harland & Wolff, s'associent et rachètent la White Star Line pour la somme de 1000 Livres sterling. Ainsi s'instaurent des relations étroites entre la compagnie de transports maritimes et les chantiers Harland & Wolff.

Le 30 juillet 1869, la White Star Line passe sa première commande aux chantiers Harland & Wolff. Le 6 septembre de la même année, Thomas Henry Ismay fonde la Compagnie Oceanic Steam Navigation Co. Ltd, une société mère de la White Star Line dans le but de faire de la White Star Line une compagnie de grande classe sur les routes de l'Atlantique. Désormais, les navires de la White Star Line auront une structure en acier et non plus en bois. Un contrat de partenariat exclusif est conclu entre la White Star Line et les chantiers Harland & Wolff. Ainsi, les chantiers ne travailleront que pour la compagnie qui commandera ses navires exclusivement aux chantiers.

En 1870, Thomas Henry Ismay s'associe avec William Imrie et crée une société holding appelée Ismay, Imrie and Company. Le 27 août 1870, le paquebot Océanic est construit et sera mis sur la route de l'atlantique nord durant l'année 1871. Suivront trois autres navires sous la bannière de la White Star Line, l'Atlantic, le Baltic et le Republic. L'Atlantic se disloquera le 1er avril 1873 sur les rochers du Cap Prospect, près de Halifax en faisant 582 victimes. Peut-on voir cette tragédie comme un signe du naufrage futur du Titanic ?

Au début du XXe siècle, les chantiers Harland & Wolff deviendront les plus importants du monde en matière de conception et de fabrication de navires. Entre 1889 et 1909, de nombreux navires, sous le pavillon de la White Star Line sortirons des chantiers Harland & Wolff : le Teutonic, le Majestic, l'Oceanic, le Celtic, le Cedric, l'Arabic, le Baltic, l'Adriatic, le Magantic... tous plus beaux, plus majestueux, plus luxueux, plus rapides, plus grands que les navires construits dans d'autres chantiers. Déjà en août 1896, la traversée de l'Atlantique Nord s'effectue en à peine 6 jours et 21 heures. Et il faut encore raccourcir ce temps !

Le Teutonic

En 1901, la White Star Line est la plus importante compagnie de navigation britannique et leader de la traversée de l'Atlantique. Pourtant, elle veut encore grandir. En 1902, la Compagnie International Mercantile Maritime Co. (IMMCO), dont le directeur est Harold Arthur Sanderson, partenaire de Joseph Bruce Ismay, le fils d'Henry, qui a pris la tête de la société holding après le décès de son père, achète la White Star Line pour 10 millions de Livres. L'IMMCO est une société de transport maritime appartenant au financier américain John Pierpont Morgan et dont le siège est situé dans le New Jersey. Et c'est là que les choses vont se corser : par une pratique courante du capitalisme de l'époque, l'International Navigation Company, elle-même propriété de l'International Mercantile Marine Company, la IMMCO, possède toutes les actions de la White Star Line. À présent, tout sera une question d'argent, de profit et cela par n'importe quel moyen. L'IMMCO détient aussi d'autres compagnies maritimes, comme la British and North Atlantic Company, la Mississipi and Dominion Company, l'Atlantic Transport Company ainsi que la moitié du capital de la Leyland. Ainsi, le conglomérat, que l'on appelle le Trust de l'Océan ou la Morgan Combinaison, « The Morgan Combine », regroupe les pavillons de la White Star Line, la Red Star Line, l'American Line, la Dominion Line, l'Atlantic Transport Line et la Leyland Line, donc plus 100 navires au total. C'est le début de la course au gigantisme, le début de la perte du Titanic avant même qu'il ne soit créé.

Les Navires de la White Star Line continuent de flotter sous le pavillon britannique, d'employer un équipage anglais, mais la société est désormais sous le contrôle des Américains.

Joseph Bruce Ismay

En 1904, Joseph Bruce Ismay, avec l'appui de John Pierpont Morgan, devient le président directeur général de l'International Mercantile Marine Co. On lui remet, donc, les pleins pouvoirs de cette société. La même année, William James Pirrie, alors président des chantiers Harland & Wolff, devient administrateur de l'International Mercantile Marine Co.

En 1907, au cours d'un dîner chez William James Pirrie, Joseph Bruce Ismay discute sur la construction de deux bâtiments (un troisième sera construit ultérieurement) luxueux, grands et rapides, afin de rivaliser avec ceux des autres compagnies. Ces navires appartiendront à la classe dite « Olympic » et seront destinés essentiellement à battre la compagnie rivale, la Cunard Line, dans la bataille du transport des passagers sur la route de l'Atlantique Nord.

Le 29 juillet 1908, à Belfast, les plans de conception des navires de la classe « Olympic » élaborés par les chantiers Harland & Wolff sont approuvés et validés. La construction de ces navires peut démarrer sous la supervision directe de William James Pirrie avec l'assistance de son neveu Thomas Andrews, l'ingénieur des deux mastodontes. Le 31 juillet 1908, deux « lettres d'accord » sont signées pour la construction de l'Olympic et du Titanic. Le troisième navire, le Gigantic, que l'on rebaptisera le Britannic, viendra ultérieurement. Une charte des chantiers Harland & Wolff spécifie que tous les navires seront construits sur la base du prix de revient majoré d'un pourcentage contractuel avec les meilleurs matériaux et le meilleur savoir-faire possible. Ceci ne fut pas le cas, puisque l'on sait aujourd'hui que les rivets utilisés pour les chambres étanches étaient de moindres qualités.

Le 20 octobre 1910, la construction de l'Olympic, un luxueux bateau de 20 000 tonnes, est terminée, une construction rapide qui fut possible grâce à des milliers d'embauches. En effet, en 1852, les chantiers Harland & Wolff employaient 150 ouvriers. Ils seront 14 000 en 1910. La construction du Titanic est lancée le 31 mai 1910, tandis que l'Olympic effectue sa première traversée vers New York le 14 juin 1910. À l'automne, Joseph Bruce Ismay quitte la présidence de l'International Mercantile Marine Co. afin de se consacrer à la White Star Line. La présidence de l'International Mercantile Marine Co. sera confiée à Harold Arthur Sanderson.

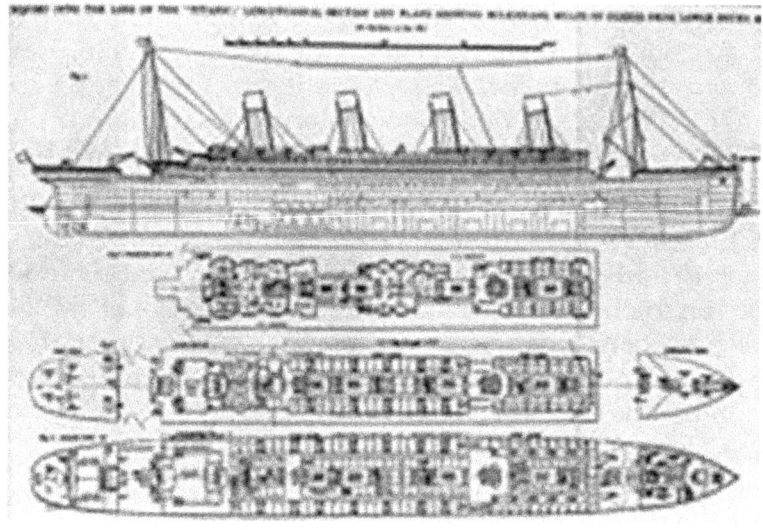

Plan du Titanic

Le 10 avril 1912, le Titanic appareille à Southampton pour son premier voyage. Avec l'Olympic, il est le plus grand et le plus somptueux paquebot du monde. L'inauguration du Titanic se fait en grande pompe. Toute la presse est présente pour assister au départ de ce gigantesque paquebot. Les personnages les plus influents de Londres et des États-Unis montent à bord du bateau surnommé l'insubmersible pour ce voyage inaugural. C'est une grande fête qui va se terminer dans un bain de sang. Le 14 avril 1912, à 23 h 40, le Titanic heurte un iceberg et coulera au fond de l'océan Atlantique le 15 avril à 2 h 20 faisant 1490 victimes. À bord du navire se trouvait Joseph Bruce Ismay, qui a survécu. C'est ce dernier qui aurait demandé au capitaine du Titanic de ne pas ralentir la cadence afin de pulvériser le temps de la traversée de l'Atlantic. Ce fut une des raisons du naufrage du Titanic.

Que peut-on dire de l'histoire de la compagnie White Star Line ? Que peut-on en déduire ? Que la course à l'argent, au pouvoir, à la gloire mène toujours vers une catastrophe. À force de vouloir aller toujours plus vite, de construire des navires toujours plus grands et luxueux, la White Star Line a signé sa propre mort et est responsable de la mort de milliers de personnes. Mais les dirigeants de la White Star Line, ainsi que d'autres sociétés, ont continué leur course à la gloire. Et malheureusement, le 21 novembre 1916, le Britannic, un navire encore plus somptueux que le Titanic, lancé le 26 février 1914, est coulé par une mine allemande en mer Égée…

Représentation du peintre Willy Stöwer sur le naufrage du Titanic

La White Star Line connaîtra de grandes difficultés financières, surtout pendant la crise des années 30. Elle sera obligée de fusionner avec sa concurrente directe, la Cunard Line, touchée elle aussi par la crise économique. Le 10 mai 1934, la nouvelle société est enregistrée sous le nom de la Cunard White Star Line Ltd. Les navires arborent double pavillon. Cette compagnie innove et lance des paquebots d'un nouveau type, le Queen Mary en 1934 et le Queen Elizabeth en 1938. Et voilà que le Queen Mary traverse l'Atlantique Nord en moins de 4 jours ! Comme quoi rien n'arrête la folie des hommes !

Caractéristiques du Titanic

Arrêtons-nous sur les caractéristiques du Titanic afin de mieux comprendre pourquoi il a coulé au fond de l'océan Atlantique.

Le Titanic était le paquebot le plus luxueux et le plus grand jamais construit ! Mesurant 269 mètres de long et 28 mètres de haut, il pouvait prendre à son bord 2471 passagers répartis en trois classes, plus les membres d'équipage au nombre de 885 hommes et femmes. Ce paquebot transportait aussi du courrier. Sa fabrication a coûté 7,5 millions d'USD ! Une somme considérable pour l'époque !

La poupe du Titanic

Le Titanic comportait dix ponts. Les ponts A, B, C, D, E, F, G étaient les ponts des premières classes, A étant le pont le plus haut, G le pont le plus bas. Au-dessus du pont A, se trouvait le pont supérieur ou pont des embarcations. Au niveau des ponts Orlop et G, on trouvait les chaudières, les machines, les cales ainsi que les réserves d'eau et de nourriture.

Une combinaison de deux types de machines propulsait tous les paquebots de classe Olympic, donc du Titanic : vingt-neuf chaudières réparties dans six salles qui alimentent en vapeur les machines alternatives à triple expansion situées dans la salle des machines à l'arrière des chaudières et une turbine. Les chaudières actionnent les deux hélices latérales à trois pales et la turbine fait tourner l'hélice centrale à quatre pales. Le paquebot pouvait naviguer à une vitesse de 21 nœuds ce qui demandait environ 700 tonnes de charbon par jour.

Quatre dynamos de 400 kW fournissaient l'énergie électrique nécessaire au fonctionnement des différents équipements du navire. Trois cheminées évacuaient les fumées de combustion du charbon et la vapeur. La quatrième cheminée aérait les salles des machines et évacuait la vapeur des cuisines. Mais son rôle était surtout esthétique.

Plan du Titanic

La passerelle de navigation du Titanic se trouvait sur le pont supérieur, à environ 60 mètres de la proue. Elle s'étendait sur toute la largeur du navire et comprenait deux timoneries, deux ailerons de manœuvre, une salle de navigation et une salle des cartes. En arrière de la passerelle se trouvaient les quartiers des officiers qui bénéficiaient de cabines proportionnelles à leur rang. Ainsi, le capitaine du navire, Edward Smith, disposait d'une véritable suite avec salon privatif et salle de bains. La salle de radiotélégraphie sans fil se situait à l'arrière de la première cheminée et deux opérateurs radio assuraient la communication. Pour l'unique traversée du paquebot, les deux opérateurs étaient Jack Phillips et Harold Bride. Retenez, chers lecteurs, ces deux noms, car ces deux hommes joueront un rôle capital dans le naufrage du Titanic. Les opérateurs se relayaient jour et nuit de sorte que la radio ne devait jamais être éteinte.

Les quartiers des chauffeurs et soutiers se trouvaient dans la proue du navire. Ces derniers y accédaient par un escalier en colimaçon et un tunnel. La veille était assurée depuis le nid-de-pie situé sur le mât avant. Une ligne téléphonique directe permettait de communiquer entre le nid-de-pie, la timonerie, la plage arrière, la salle des machines et le compartiment arrière, améliorant ainsi la rapidité des manœuvres du navire. Les passagers de première classe disposaient d'une ligne téléphonique pour communiquer avec les différents services, notamment les offices.

La coque du Titanic était divisée en seize compartiments étanches fermés par douze portes dont la fermeture se contrôlait par le biais d'un interrupteur situé sur la passerelle. La fermeture des portes pouvait aussi être automatique en cas de voie d'eau. De plus, si deux compartiments adjacents étaient inondés, alors le navire pouvait rester à flot. Et cette limite était élargie à quatre compartiments si ce sont les compartiments avant du navire qui seraient inondés. Le Titanic était équipé d'un double fond et de huit pompes capables d'évacuer 400 tonnes d'eau par heure. Tout cela avait entraîné la rumeur d'une prétendue « insubmersibilité » du navire. La compagnie n'avait jamais démenti cette rumeur. D'ailleurs, un employé avait déclaré au moment du lancement du Titanic : « Dieu lui-même ne pourrait pas couler ce paquebot ».

À bord du Titanic se trouvaient 20 canots de sauvetage : 14 d'une capacité de 65 personnes et 2 d'une capacité de 40 personnes plus 4 radeaux pliables de type Engelhardt d'une capacité de 47 personnes. Calculons : le Titanic était équipé de 20 canaux pouvant contenir 1178 passagers. Or le Titanic transportait 2471 passagers et 885 membres d'équipage ! On voit bien qu'il n'y avait pas assez de canots pour évacuer tout le monde. Mais le Titanic était dans la légalité avec les mesures de l'époque qui considéraient que ces canots avaient le temps d'effectuer plusieurs navettes entre un gros paquebot qui met du temps à couler et les navires sauveteurs.

Alexander Carliste, l'un des concepteurs du navire, avait émis l'idée de canots supplémentaires. Mais Ismay avait rejeté la proposition prétextant que cela encombrerait le pont supérieur et affaiblirait l'image de la fiabilité de la White Star Line.

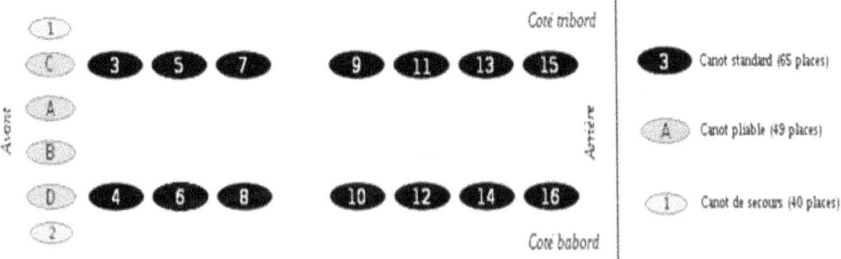

Plan des canots de sauvetage

Cependant, pour éviter un coût supplémentaire lors d'un éventuel changement de réglementation, Carlisle avait réussi à convaincre Ismay d'installer des bossoirs de type Welin capables de faire descendre successivement plusieurs canots. C'est un peu comme si Alexander Carliste avait eu un pressentiment sur le destin tragique du Titanic. Par la suite, les lois sont modifiées pour obliger toutes les compagnies maritimes à avoir des canots de sauvetage en nombre suffisant, c'est la naissance de la convention internationale SOLAS (Safety of Life at Sea), deux ans après la tragédie.

Le Titanic présentait un luxe et un confort encore inégalés pour l'époque, surtout pour les installations de première classe qui s'étendaient du pont des embarcations au pont E. Ces installations comprenaient un gymnase, un fumoir, un restaurant à la carte, un café véranda, une piscine, des bains turcs, un salon d'écriture et de lecture et une promenade couverte. Certaines cabines étaient équipées de salles de bains et deux d'entre elles disposaient même d'une promenade privée. Deux somptueux escaliers reliaient toutes ces installations et les cabines. On peut voir ces escaliers dans le film de James Cameron lors de la scène où Jacques Dawson regarde avec admiration Rose Dewitt descendre un escalier. L'escalier situé à l'avant disposait de trois ascenseurs desservant les ponts A à E. La vaste salle à manger (que l'on voit aussi dans le film) se situait sur le pont D.

Une cabine de première classe

Les passagers de deuxième classe bénéficiaient de cabines souvent équivalentes à celles des premières classes des autres navires. Ces cabines étaient situées à l'arrière des ponts D à G. Un escalier et un ascenseur desservaient la totalité de la hauteur du navire, donnant ainsi aux passagers de deuxième classe un accès au pont des embarcations, à leur fumoir situé sur le pont B, à leur bibliothèque située sur le pont C, à leur salle à manger situé sur le pont D et d'une promenade couverte.

Les cabines des passagers de troisième classe disposaient de 4 à 8 couchettes. Les dortoirs des hommes célibataires étaient situés à l'avant du navire tandis que les femmes et les enfants voyageaient à l'arrière du navire et les familles au centre. La salle à manger des passagers de troisième classe se trouvait sur le pont F et ces derniers disposaient de leur propre cuisine, ainsi que d'un fumoir et du pont de poupe. Ils étaient relativement bien logés, mais nous pouvons remarquer une chose : les différentes classes ne se mélangeaient pas, chacun était tenu de rester à sa place.

Sur les 1316 passagers à bord du Titanic pour son voyage inaugural, 325 sont de première classe, 285 de seconde classe et 706 de troisième classe. Ce sera la classe où il y aura le plus de décès.

Les passagers de première classe sont très fortunés. Il s'agit essentiellement d'hommes d'affaires, d'artistes, de hauts gradés militaires et de politiciens. Ils sont souvent accompagnés d'un ou plusieurs domestiques et voyagent avec de nombreux bagages. Joseph Bruce Ismay, le président de l'International Mercantile Marine Company et de la White Star Line et Thomas Andrews, le concepteur du navire sont aussi passagers du Titanic pour son voyage inaugural.

John Jacob Astor IV et son épouse Madeleine.

L'homme le plus riche à bord du Titanic est John Jacob Astor IV, colonel, écrivain, inventeur et propriétaire de plusieurs hôtels aux États-Unis. D'autres grandes fortunes sont également à bord du Titanic pour son voyage inaugural, comme Benjamin Guggenheim, Jacques Futrelle, Archibald Gracie, ainsi que le sportif Richard Norris William. À bord, se trouve aussi Archibald Butt, l'aide de camp du président américain William Howard Taft. Ce dernier rentre aux États-Unis afin de préparer les élections présidentielles de l'automne suivant. Archibald Butt meurt durant le naufrage du Titanic, ainsi que Thomas Andrews, ainsi que Benjamin Guggenheim, qui après s'être assuré que sa compagne est en sécurité dans un canot, choisit de mourir en gentleman avec son valet, Victor Giglio. Jacques Futrella périra aussi dans le naufrage du Titanic. JJ Astor, qui avait embarqué avec sa jeune épouse enceinte à bord du Titanic, disparaîtra dans le naufrage. Ce personnage emblématique de l'histoire du paquebot apparaît dans plusieurs films relatant le drame, notamment dans celui de James Cameron.

La deuxième classe est plus hétéroclite. Elle comprend des entrepreneurs, des enseignants, des ecclésiastiques et quelques immigrants aisés. Citons Lawrence Beesley, un rescapé du naufrage, enseignant, journaliste et écrivain qui publiera, la même année, le récit du naufrage et dressera un compte-rendu détaillé sur les évènements. En deuxième classe, on trouve aussi la famille Navratil, un père voyageant avec ses deux enfants en bas âge. Pour l'histoire, le père de famille avait subtilisé ses enfants à la garde de leur mère alors que le couple était en instance de divorce. Monsieur Navratil avait jeté ses deux enfants dans le dernier canot de sauvetage. Ils seront identifiés à bord du Carpathia et rendus à leur mère. Michel Navratil, un des enfants, deviendra professeur à l'université de Montpellier. L'histoire de ces « orphelins du Titanic » a fait le tour du monde !

La troisième classe, c'est la classe des immigrés. Ils voyagent souvent en famille, parfois en groupe d'une dizaine de personnes. Ces immigrés viennent de Scandinavie, d'Europe de l'Est, d'Irlande et d'Asie et veulent rejoindre les États-Unis. Avant l'embarquement, ils font l'objet de contrôles sanitaires stricts et sont rigoureusement séparés des autres passagers pour éviter tout risque de contamination de poux, de galle...

Parlons maintenant de l'équipage du Titanic. Je vous disais que 889 personnes (66 officiers, des matelots, des veilleurs, des quartiers-maîtres, 325 mécaniciens, les gueules noires comme on les appelait) constituaient l'équipage. Ces derniers n'ont pas le droit d'entrer en contact avec les passagers. Enfin, 471 hommes et 23 femmes font partie du personnel hôtelier du navire.

Le commandement du Titanic est confié à Edward John Smith, qui par sa popularité, est affecté aux traversées inaugurales des grands navires de la White Star Line depuis 1904. Le commandant en second est Henry Tingle Wilde. Les deux hommes se connaissent puisqu'ils ont travaillé ensemble à bord de l'Olympic. Ils sont assistés par les officiers chargés de diriger le navire et de veiller au bon déroulement de la croisière eux-mêmes assistés par les quartiers-maîtres qui tiennent la barre, les veilleurs postés dans le nid-de-pie et les matelots qui assurent les veilles et se chargent de l'entretien des appareils.

Le Commandant Edward John Smith

Le personnel mécanicien travaille dans les entrailles du navire sous la direction du chef mécanicien Joseph Belle et alimente les 29 chaudières du navire. Les conditions de travail sont exécrables. Ces hommes travaillent dans une chaleur étouffante, dans la poussière, à une cadence infernale. Aucun ne survivra au naufrage du Titanic.

Le personnel hôtelier, composé de stewards et d'hôtesses, est affecté à des cabines ou des installations du navire. Ils se tiennent au service des passagers. Il y a aussi les cuisiniers. Ce beau monde est sous la direction du commissaire de bord Hugh McElroy qui doit se plier aux doléances des passagers de première classe.

Ha oui j'oubliais ! À bord du Titanic se trouve aussi un orchestre formé d'un quintette et d'un trio sous la direction de Wallace Hartley. Ces musiciens se produisent en première et deuxième classe. Ils sont entrés dans la légende du Titanic grâce à leur comportement héroïque lors du naufrage. Ces hommes font partie de l'équipage, mais sont comptés comme passagers de seconde classe.

Le naufrage du Titanic

Dessin montrant l'hypothèse selon laquelle un iceberg avait éventré la coque du paquebot. Cette hypothèse fut abandonnée après la découverte de l'épave.

Le Titanic a coulé parce qu'il a percuté un iceberg, que cet iceberg a éventré sa coque. C'est la théorie la plus connue, mais réfutée lors de la découverte de l'épave en 1985.

Déroulons les faits de cette nuit tragique afin d'en démêler le vrai du faux.

Le 10 avril 1912, à 12 h, le Titanic appareille à Southampton en Angleterre où embarquent 922 passagers. À 18 h 30, il est à Cherbourg en France et 274 passagers prennent place à son bord. Le 11 avril 1912, à 11 h 30, le Titanic arrive à Queenstown en Irlande où 120 personnes, essentiellement de troisièmes classes, montent à bord du paquebot. Ce qui fait 1316 voyageurs à bord du Titanic, plus les employés. Mais, il n'a jamais été possible de déterminer avec exactitude le nombre de passagers, à cause des annulations de dernière minute et de la présence de passagers clandestins.

Thomas Andrew, l'architecte du Titanic.

Thomas Andrew est le premier passager à monter à bord du paquebot qu'il a conçu, imaginé, dessiné. Bruce Ismay embarquera un peu plus tard. Suivront les autres passagers, dont certains sont célèbres, comme Isidor Straus, le propriétaire de la chaîne de magasins Macy's à New York. John Jacob Astor, le plus fortuné des voyageurs, embarque à Cherbourg avec sa jeune épouse enceinte. Suivra Margaret Brown, une militante des droits de l'homme, jouée par l'actrice Kathy Bates dans le film de James Cameron. En fait, James Cameron, dans son film, a repris tous les vrais personnages de cette tragédie. On y retrouve Ismay, Thomas Andrew, le commandant Edward John Smith, le commandant en second Wilde, John Jacob Astor ainsi que sa femme Madeleine... Le film reproduit assez fidèlement ce qu'il s'est passé avant, pendant et après le naufrage à quelques détails près.

Alors que le Titanic a déjà parcouru 2 687 kilomètres, le Caronia, un paquebot naviguant devant le Titanic, signale, vers 9 h, des glaces sur la route du Titanic. En début d'après-midi, ce sont trois navires, le Baltic, l'America et le Noordam, qui signalent des icebergs au même endroit. En soirée, c'est au tour du Californian d'envoyer un message identique, mais le commandant n'en tient pas compte. En réalité, il veut ralentir la vitesse du Titanic et changer sa trajectoire, mais Ismay l'en dissuade. Pour Ismay, il est inconcevable d'arriver en retard à New York.

À 19 h 30, le paquebot reçoit trois nouveaux messages du Californian lui indiquant la présence de grands icebergs. Pour une raison mystérieuse, ces signalements ne sont pas remis aux veilleurs du nid-de-pie. En réalité, John George Phillips et Harold Sydney Bride, les deux opérateurs radio, sont occupés à envoyer des messages des passagers de première classe en échange d'argent. Cela leur permet d'arrondir les fins de mois comme on dit et ils ne tiennent pas compte des avertissements du Californian. Pire, ces avertissements retardent l'envoi des messages personnels et ils décident d'y mettre fin. À 21 h 40, ils reçoivent un message du Mesaba, mais trop occupés à s'enrichir, ils ne le remettent pas aux veilleurs du nid-de-pie.

À 22 h, Frederick Fleet et Reginald Lee remplacent les deux veilleurs du quart. Cette nuit du 14 avril 1912 est particulièrement froide. La température extérieure est nulle, ainsi que celle de l'eau une demi-heure plus tard. C'est aussi une nuit de lune noire, ce qui veut dire qu'on ne distingue rien devant soi. Et, pour une raison inconnue, les veilleurs du nid-de-pie ne disposent pas de jumelles. S'ils en avaient eu, ils auraient pu peut-être voir l'iceberg à temps et éviter la collision. Plus tard, on saura que la White Star Line avait donné des consignes de restrictions budgétaires, dont celle de ne pas remplacer les jumelles défectueuses. On avait tout simplement jugé que les jumelles n'étaient pas indispensables.

À 22 h 55, le Californian, alors pris dans la glace et se trouvant à environ 30 kilomètres du Titanic, envoie un message à tous les bateaux aux alentours pour les avertir du danger. John George Phillips, qui doit terminer l'émission des messages privés, intercepte l'appel radio. Il répond à l'opérateur du Californian : « Dégagez ! Taisez-vous ! Taisez-vous ! Je suis en communication avec Cap Race ! » Vexé, une demi-heure plus tard, l'opérateur radio du Californian éteint son poste. À partir de maintenant, le seul bateau capable d'arriver rapidement près du Titanic a sa radio coupée ! Coïncidence ? Je ne crois pas aux coïncidences. Je pense surtout qu'à cause de l'argent, John George Phillips a préféré ignorer les appels du Californian. Il pouvait encore sauver les passagers du Titanic ! N'y voyez-vous pas la main de Satan sur ce bateau ?

À 23 h 40, alors que le Titanic navigue à 22,5 nœuds, soit 41,7 km, Frederick Fleet, le veilleur du nid-de-pie, aperçoit un iceberg à 500 mètres devant. Notez que s'il avait eu des jumelles, il aurait vu l'iceberg bien avant et aurait pu éviter la collision. Notez que si John

George Phillips avait fait correctement son travail, il aurait reçu les messages d'alerte du Californian. Enfin, notez que si le bateau avait ralenti sa cadence, il aurait peut-être pu éviter la collision.

L'iceberg est immense. Il s'élève à environ 30 mètres au-dessus de l'océan, ce qui veut dire qu'il doit en faire le triple en dessous. Affolé, Frederick Fleet sonne la cloche trois fois et téléphone immédiatement à la passerelle. Le 6e officier James Paul Moody reçoit l'appel et transmet rapidement le message au 1er officier William Murdoch. Ce dernier donne l'ordre de faire machine arrière et de mettre la barre à droite. Il veut faire virer le navire afin d'éviter l'iceberg. Un débat existe concernant l'ordre donné par Murdoch. Certains affirment qu'il a ordonné l'arrêt des machines, d'autres disent que son ordre était de mettre les machines en arrière toute. Quoi qu'il en soit, quel que soit l'ordre donné, le navire va virer et va percuter l'iceberg sur son flanc droit. Là encore, on sait que si le Titanic avait percuté l'iceberg à l'avant, il n'aurait pas coulé. Donc, l'ordre donné par Murdoch a aussi fait sombrer le Titanic.

Chers lecteurs, je vous parlais d'un enchaînement d'évènements : un opérateur radio qui ne transmet pas les messages, un veilleur qui n'est pas équipé de jumelles et qui voit l'iceberg trop tard, une nuit sans lune, le 1er officier qui donne un ordre qu'il n'aurait jamais dû donner, une vitesse excessive. Tout cela a fait sombrer le Titanic ! Et si l'on y regarde de plus près, qui est responsable de cet accident ? Je dirai plusieurs choses : la vanité, l'argent, le pouvoir, donc le démon.

Trente secondes après l'ordre de Murdoch, le paquebot vire, mais heurte l'iceberg par tribord. Le choc fait sauter les rivets et ouvre ainsi une voie d'eau dans la coque sous la ligne de flottaison. Juste pour l'anecdote, des spécialistes ont démontré, notamment dans le documentaire de Senan Molony, que ces rivets n'auraient jamais dû sauter. En fait, il s'agissait de rivets de mauvaise qualité. Encore un évènement responsable du naufrage du Titanic, mais on en reparlera plus tard. Murdoch fait immédiatement fermer les portes étanches, mais l'eau commence à remplir les cinq premiers compartiments du bateau. Rappelez-vous, le luxueux paquebot peu rester à flot avec quatre compartiments noyés. Cinq compartiments c'est le naufrage. Ajoutons à cela que les cloisons ne couvrent pas toute la hauteur du navire. Ainsi, une fois les premiers compartiments pleins, l'eau se déverse dans les suivants et ainsi de suite. Le navire commence alors à s'enfoncer. À 23 h 50, le bâtiment a déjà coulé de quatre mètres à l'avant par rapport au niveau de la mer. Les cinq premiers compartiments étanches commencent à être inondés de même que la chaufferie n° 5.

Le commandant Smith, qui dort dans sa cabine, a perçu le choc avec l'iceberg. Il sort de sa cabine et se rend sur la passerelle où Murdoch l'informe de la situation. Il ordonne alors de stopper toutes les machines et envoie le 4e officier Joseph Boxhall de faire un état des lieux des dégâts. L'officier réalise une inspection rapide, ne remarque rien de dramatique et rassure le commandant. Smith, qui a comme un pressentiment, n'est pas rassuré. Il demande une inspection détaillée au charpentier. Ce dernier découvre une voie d'eau.

Smith appelle Thomas Andrews et ensemble, ils examinent le bateau. Ils découvrent que la salle de tri du courrier est inondée. Andrews comprend avec horreur que les eaux ont déjà envahi cinq compartiments. Il sait que le Titanic va couler, ce n'est à présent qu'une question de temps, une heure peut-être deux, mais pas plus. À 0 h 5, le court de squash, qui se situait à dix mètres au-dessus de la quille est sous l'eau. À 0 h 20, l'eau commence à envahir les quartiers de l'équipage à l'avant du pont E.

À 0 h 15, le premier appel de détresse est envoyé. Le Carpathia capte le signal et, sans plus attendre, se dirige vers le Titanic. Mais ce bateau est lent et la présence de glaces entrave sa progression. Sur le Californian, l'opérateur avait éteint la radio et était parti se coucher. C'est le navire le plus proche, celui qui aurait pu arriver avant que le Titanic ne sombre. D'autres navires reçoivent le signal de détresse. Parmi eux, il y a l'Olympic, le bateau jumeau du Titanic, qui se trouve à 926 kilomètres, il lui est donc impossible d'arriver à temps pour sauver les passagers du Titanic, le Mount Temple, qui se trouve à 90 kilomètres, le Frankfurt qui se trouve à 285 kilomètres, ainsi que le Birma à 112 kilomètres, le Baltic à 391 kilomètres, le Virginian à 273 kilomètres. Le Carpathia est le bâtiment le plus proche, et c'est lui qui tentera de porter secours au Titanic.

Des fusées de détresse sont envoyées à intervalles réguliers, et ceci jusqu'à 1 h 40. Le veilleur du Californian verra ces fusées, mais ne les prendra pas pour un signal de détresse puisqu'il n'y a pas de messages radio de détresse.

À 0 h 5, le commandant Smith fait rassembler l'équipage et leur expose la situation. Les stewards passent alors dans les cabines pour inviter les voyageurs à se couvrir de vêtements chauds, à se munir d'un gilet de sauvetage et à se rendre sur le pont des embarcations. L'équipage leur fait croire qu'il s'agit d'un exercice. Seuls quelques passagers se rendent sur le pont des embarcations et montent dans un canot. La majorité ne s'inquiète pas et reste un long moment à l'intérieur du navire. Je rappelle, pour la suite des évènements, qu'il n'y a pas assez de places dans les canots pour tout le monde.

Vue du pont A, depuis lequel certains passagers ont embarqué dans les canots.

Comment s'est passée l'évacuation des passagers ? William Murdoch était chargé des canots situés à tribord, le 2e officier, Charles Lightoller, des canots situés à bâbord. À 0 h 25, on commence à faire monter les femmes et les enfants à bord des canots. Au même moment, le commandant Smith demande à l'orchestre de jouer afin d'éviter tout début de panique. Ces derniers s'exécutent et se placent à l'avant du pont des embarcations. L'évacuation est très lente, les passagers refusent de monter à bord des canots, car ils ne croient pas à l'imminence du naufrage. Les 1res classes ont la priorité. Il faut dire qu'ils arrivent avant les autres puisque leurs cabines sont situées proches du pont des embarcations, puis les 2es classes et enfin les 3es classes dont les cabines sont les plus éloignées du pont de l'embarcation. Autant vous avouer que ces derniers n'auront pas beaucoup de chances de survivre.

À 0 h 40, le canot n° 7 est le premier à descendre, avec 28 passagers pour 65 places disponibles, puis le canot n° 5 est mis à la mer avec 35 passagers seulement ! Ne voyez-vous pas, chers lecteurs, encore une autre aberration ! On savait qu'il n'y avait pas assez de place pour tout le monde sur les canots, et pourtant on ne les remplit pas à leur maximum ! Ces deux canots transportent essentiellement des hommes ! Encore une autre aberration ! Ou peut-être, étant donné que les passagers de troisième classe n'étaient pas encore arrivés sur le pont des embarcations, a-t-on voulu laisser de l'espace aux passagers de première classe ! Après tout, la vie d'un immigré ne compte pas non ? La vie d'un pauvre est moindre comparée à celle d'un riche ! Avec ce qu'il s'est passé cette nuit à bord du Titanic, on peut penser que oui, la vie d'un pauvre a moins de valeur que celle d'un riche. N'était-ce pas une conviction proprement diabolique ? À 0 h 55, c'est au tour du canot n° 3 d'être mis à la mer avec 32 passagers, puis le canot n° 1 avec 12 passagers.

De l'autre côté, à bâbord, le processus d'évacuation est encore plus long. Ce n'est que vers 1 h que le premier canot, le n° 8 est enfin mis à l'eau avec 25 personnes à son bord, puis le n° 6 avec 24 personnes embarquées dont Arthur Peuchen, l'unique passager masculin du canot. Margareth Brown prendra place à bord du canot n° 3.

À 1 h 15, l'eau envahit la proue. Tous comprennent que le bateau va couler. L'évacuation s'accélère, la panique gagne les passagers. À cela s'ajoute le fait que les troisièmes classes commencent à arriver en masse sur le pont des embarcations. Entre 1 h 20 et 1 h 30, dans l'ordre, les canots 16, 14 et 12 sont affalés avec une quarantaine de personnes à leur bord. Dans le canot n° 14, le 5e officier Lowe tire trois coups de feu en l'air afin de dissuader les passagers de plus en plus paniqués de monter de force à bord du canot.

De l'autre côté, quatre canots sont mis rapidement à la mer, le n° 9 avec 40 personnes, le n° 11 avec 50 personnes et au même moment les n° 13 avec 55 personnes et n° 15 avec 70 personnes à son bord. Le canot 15 est le seul canot qui sera chargé à sa pleine capacité. Il est surtout rempli d'hommes. Le canot n° 13 touche les eaux et dérive en dessous du canot n° 15 qui est en train de descendre. Le canot 13 réussit à se dégager de justesse. James Cameron, dans son film, a repris fidèlement tous ces évènements. Il a fait un travail formidable en reproduisant le bateau et les étapes du naufrage au plus près possible de la réalité, mis à part l'histoire d'amour entre Jack et Rose qui est pure fiction. Et dans le film, on voit cette scène surréaliste où le canot 15 manque de percuter le 13.

Le canot 13 manquant de se faire percuter par le canot 15.

On continue donc à remplir les canaux avec peu de passagers, surtout des hommes de 1re et 2de classe. Madeleine Astor se trouve dans le canot n° 4, le canot qui avait commencé à être chargé au début de l'évacuation, mais qui était resté environ une heure stoppé au niveau du pont A faute de n'avoir pas pu ouvrir les fenêtres de ce pont. Son mari, le milliardaire John Jacob Astor est resté à bord du paquebot. Ce même canot se dirigera vers l'arrière du navire et sauvera six hommes d'équipage de l'eau.

Bruce Ismay, le président de la White Star Line monte à bord du canot pliable C, avec 39 autres passagers. Le canot pliable D sera le dernier à être mis à la mer avec 23 personnes au lieu des 47 possibles. Durant la descente du canot, deux hommes sautent dans l'embarcation depuis le pont A, puis un homme saute à l'eau et rejoint le canot à la nage, retrouvant ainsi sa femme qui avait pris place à bord.

Les derniers moments du Titanic sont terribles. Il fait nuit noire, l'air est glacial, l'océan gelé. Les gens crient, hurlent, c'est la panique. Il reste deux canots pliables à bord du paquebot. Tous deux sont situés sur le toit du quartier des officiers. Plusieurs officiers tentent de les faire glisser afin de les faire tomber sur le pont des embarcations. La manœuvre est réussie pour le canot pliable A qui est rapidement fixé aux bossoirs. Le canot B se renverse et heurte le pont des embarcations. Il est 2 h 15, l'eau a envahi l'avant du pont des embarcations ainsi que la passerelle de navigation. Le canot B part à la dérive et des matelots libèrent le canot A avant qu'il ne coule. Les deux canots s'éloignent vides du Titanic et des personnes ayant sauté dans l'eau les rejoignent. Trente personnes, en majorité des membres d'équipage, arrivent à se hisser sur la coque du canot B, parmi eux, le 2e officier Charles Lightoller et le colonel Archibald Gracie. Une vingtaine de personnes atteignent le canot A, mais meurent de froid durant la nuit. En effet, le canot est rempli d'eau glacée.

À 2 h 10, le commandant Smith relève les deux opérateurs, John Phillips et Harold Bride de leur fonction. À 2 h 17, Thomas Andrews est aperçu seul dans les fumoirs de 1re classe. Le commandant retourne à la passerelle, l'orchestre cesse de jouer, le paquebot commence à s'enfoncer. Une vague balaye le pont et emporte beaucoup de gens à la mer. La grosse cheminée avant cède et s'écrase faisant plusieurs victimes, puis la verrière du Grand Escalier explose par la pression de l'eau. L'eau s'engouffre, dans un débit infernal, dans toutes les pièces des ponts supérieurs ravageant tout sur son passage. À 2 h 18, les lumières du Titanic clignotent une dernière fois, puis le paquebot est plongé dans le noir. Le bateau s'élève de l'avant, atteignant une inclinaison de 10 à 20 ° avant de se briser en deux entre la deuxième et la troisième cheminée. La partie avant coule, alors que la partie arrière flotte pendant quelques minutes, se remplit d'eau et sombre lentement à son tour à 2 h 20, soit 40 minutes après la collision.

Les cris des centaines de naufragés qui se débattent dans l'eau sont audibles jusqu'aux canots situés aux alentours. Des débats éclatent à bord des canots afin de savoir s'il faut faire demi-tour pour repêcher ces pauvres malheureux. Le 5e officier Lowe réunit quatre canots dans lesquels il répartit les passagers de son canot pour le vider. Il ne garde que quelques hommes à bord. Puis, il fait demi-tour et arrive sur les lieux du naufrage à 3 h, soit 40 minutes après la fin du naufrage. Autour de lui, ce n'est qu'un champ de cadavres. Le canot restera une heure sur les lieux et sauvera quatre hommes, dont un qui décédera à bord du canot.

Le canot n° 2 est récupéré à bord du Carpathia

Le Carpathia arrive vers 3 h 30 et le premier canot, le n° 2, est récupéré 40 minutes plus tard. Pendant ce temps là, la situation des passagers des canots A et B est précaire. Ceux du canot B se tiennent debout sur la coque. Les canots n° 12 et n° 4, qui avaient également faits demi-tour, viennent les secourir. Le canot n° 14 vole au secours des passagers du canot A, celui de l'officier Lowe.

À 5 h 30, le Californian, qui avait rallumé sa radio et qui avait été prévenu par le Frankfurt du drame, arrive enfin. Trop tard. Le Titanic avait sombré entraînant dans son naufrage 1500 hommes, femmes et enfants.

Voilà en gros ce qu'il s'est passé cette nuit du 14 avril au 15 avril 1912. Je passe les débats qui ont suivi pour expliquer ce drame. Inutile d'y consacrer des pages et des pages lorsque rien n'est sûr sur la façon dont a coulé le bateau, s'il s'est disloqué en deux ou pas… Cela n'a pas beaucoup d'importance pour ce que je veux vous faire comprendre. Ce qui est essentiel à retenir, c'est que le Titanic a sombré à cause d'une association d'évènements dont je vous ai parlé plus haut (un opérateur radio occupé à transmettre des messages, un directeur à la recherche de gloire qui n'a pas voulu que le paquebot ralentisse, des veilleurs qui ne disposaient pas de jumelles, un ordre de virement du bateau qui lui a été fatal...). Retenez ces points afin de les confronter au chapitre qui va suivre qui est celui des prémonitions. Avant de passer à ce dernier chapitre, je voudrais vous parler d'une thèse émise par beaucoup de scientifiques concernant la raison du naufrage du Titanic, thèse de Senan Molony. Selon lui, l'iceberg n'est pas l'unique cause du naufrage du Titanic.

Senan Molony a découvert, dans un album photo inédit du Titanic, alors qu'il est à son départ de Southampton le 10 avril 1912, que la coque, sur sa partie droite, présentait des traces noires ainsi qu'une distorsion, justement à l'endroit où l'iceberg a perforé le bateau. En s'appuyant sur ces photos, Senan Molony a affirmé qu'un incendie avait fragilisé la coque du paquebot. Et cet incendie couvait depuis plusieurs semaines. On aurait dû le déclarer et le Titanic n'aurait jamais dû prendre la mer. Selon différents documents et témoignages recueillis par le journaliste, les pompiers n'auraient pas réussi à maîtriser ce feu et l'on aurait demandé au personnel du paquebot de cacher le problème aux passagers. Il appuie cette thèse en disant que le bateau a accosté par l'autre flan, justement pour dissimuler cette marque d'incendie sur sa coque. Pour Senan Molony, le feu aurait brûlé pendant plusieurs semaines et avait atteint une température d'au moins 1000 ° C., ce qui aurait affaibli l'acier et lui aurait fait perdre 75 % de sa résistance. Il ajoute que ce naufrage n'est pas qu'une simple histoire de collision entre un bateau et un iceberg, c'est l'addition de plusieurs facteurs extraordinaires, le feu, la glace et surtout la négligence, car si le Titanic a pris l'océan malgré l'incendie, en le sachant fragilisé, c'était simplement pour donner l'impression que la Grande-Bretagne était toujours la maîtresse de l'Atlantique et la White Star Line la championne de la traversée de l'océan Atlantique.

Le Titanic, un paquebot maudit

De nombreuses légendes se sont construites autour du naufrage du Titanic. Certaines ne relèvent que de l'imagination, mais d'autres faits avérés nous font poser la question si le Titanic n'était pas victime d'une malédiction. Et si derrière l'histoire de ce somptueux paquebot ne se cache pas un démon. Beaucoup trop d'évènements que certains attribuent au hasard, comme le fait qu'il n'y ait pas eu de jumelles à bord du Titanic, que la nuit du naufrage était une nuit de lune pleine, que l'opérateur radio n'a pas tenu compte des messages du Californian et du Carpathia indiquant qu'il y avait des icebergs sur la route du Titanic... trop de choses sont intrigantes. Cela ne peut être le fruit du hasard, mais plutôt d'une force démoniaque. Nous la voyons à l'œuvre avant même la construction du paquebot ! Il fallait construire toujours plus grand, plus luxueux, plus rapide ! Et surtout, il fallait détrôner les concurrents ! Cette course à la gloire a mené le Titanic à sa perte. Et je vais vous le démontrer à travers des témoignages, des prémonitions, des faits avérés.

Les causes du naufrage

Après le naufrage du Titanic, les autorités britanniques ont mis en place des commissions d'enquête publique. Ces commissions ont interrogé des témoins, des survivants du naufrage et ont conclu que plusieurs causes expliquaient le naufrage du Titanic. Plus tard, avec la découverte de l'épave, certaines de ces causes seront remises en question, et d'autres viendront s'y ajouter.

Nous savons, avec certitude, que lors de cette nuit du 14 avril 1912, les conditions climatiques étaient propices à une collision avec un iceberg. Il y avait très peu de vent, donc très peu de vagues. Or, la présence de vent et de vagues aurait formé une écume autour de l'iceberg, le rendant ainsi plus visible. De plus, c'était une nuit sans lune, donc très noire. On n'y voyait rien, c'était comme une purée de pois. Et malgré ces conditions climatiques, malgré les avertissements des autres navires, le commandant Smith n'a pas ralenti la vitesse du navire qui a continué à naviguer à 22,5 nœuds. Tout cela à cause de Bruce Ismay, qui veut montrer que le Titanic est non seulement le paquebot le plus grand, le plus moderne jamais construit, mais aussi le plus rapide. Tout est question d'orgueil. Nous savons qu'à cette vitesse et vue le poids du Titanic, jamais on n'aurait pu éviter la collision.

De plus, nous savons que le Titanic avait emprunté une route plus au sud, sur les recommandations de la White Star Line. Cette route était considérée comme plus sûre. Or, durant l'année 1912, l'hiver avait été très doux. Par conséquent, les icebergs sont descendus plus au sud que les autres années. En temps normal, le Titanic n'aurait jamais dû croiser d'icebergs sur sa route ! Plusieurs chercheurs américains de l'université du Texas en 2012, dont Donald Olson et Russel Doesher ont avancé cette théorie de la présence anormale d'icebergs sur la route du Titanic. Ces deux hommes ont démontré que cette nuit du naufrage, la distance entre la Lune et la Terre était très faible, que les deux astres n'ont jamais été aussi proches en 1400 ans ! Et la veille du naufrage, la Terre était à son point d'orbite de périphérie, c'est-à-dire qu'elle se trouvait à sa position la plus proche du Soleil de l'année. Et c'est cet alignement Terre, Soleil et Lune qui aurait créé un fort mouvement de marée et donc un mouvement d'icebergs. D'ailleurs, les sites météorologiques de navigation avaient dénombré la présence de 300 icebergs dans le nord de l'Atlantique. Un record jamais encore égalé !

Puis c'est au tour des Américains de mettre en place une commission d'enquête ayant pour but d'identifier les causes du naufrage ainsi que les responsables. Elle débutera le 19 avril 1912 et se terminera le 15 mai 1912. Cette commission s'intéressera plus particulièrement au fait que les veilleurs dans le nid-de-pie ne possèdent pas de jumelles. Je rappelle que l'iceberg a été aperçu à une distance de 500 mètres, trop courte pour l'éviter. Or, avec des jumelles, les veilleurs du nid-de-pie auraient pu voir l'iceberg avant. On estime que s'ils l'avaient détecté à 800 mètres, la collision aurait pu être évitée. On sait, aujourd'hui, que de nombreux officiers possédaient des jumelles, mais aucun d'entre eux n'en a prêté aux veilleurs.

Photographie parue dans un journal montrant Bruce Ismay interrogé par la Commission d'enquête.

Cette même commission avait appelé Bruce Ismay à témoigner sur le fait qu'il avait fait pression sur le commandant Smith afin qu'il accélère la vitesse du Titanic. Mais aucune preuve ne put être retenue à sa charge et il ne fut pas condamné.

Après cette commission américaine, les Britanniques décident d'ouvrir une commission similaire en Angleterre, la commission Mersey. Celle-ci se déroulera du 2 mai 1912 au 3 juillet 1912, lors de 36 séances publiques. À cette commission, 98 témoins seront interrogés. Cette commission retiendra trois causes principales : la vitesse du navire, la veille non correctement assurée et l'organisation désastreuse de l'évacuation des passagers. Et il faut bien dire que l'évacuation des passagers s'est faite en dépit du bon sens. On n'avait pas rempli les canots à leur capacité maximum, les passagers, qui ne croyaient pas en la réalité du naufrage, refusaient, dans un premier temps, de monter à bord des canots. Une évacuation lente qui s'est accélérée seulement au moment où le Titanic a commencé à sombrer par l'avant. Un bilan désastreux : 711 passagers rescapés sur 1178, donc 467 personnes qui ont perdu la vie ! Sans compter le personnel qui travaillait à bord du bateau !

D'autres causes sont apparues après ces commissions officielles, comme la manœuvre d'évitement. Rappelons-nous que lorsque Frederik Fleet, le veilleur du nid-de-pie, voit l'iceberg à 500 mètres droit devant le Titanic, il alerte le 1er officier William Murdoch.

William Murdoch

Ce dernier donne l'ordre de faire chavirer le navire à bâbord et de mettre les machines en arrière toute ou de faire stopper les machines. On n'a jamais eu la certitude sur cet ordre. Il apparaît aujourd'hui que l'officier n'a pas pris la bonne décision, car le fait de ralentir le navire l'a fait tourner moins vite. Avec des hélices fonctionnant en marche arrière ou stoppées, le gouvernail ne peut répondre efficacement. Le bateau a certes chaviré, mais pas assez vite. Donc, le Titanic aurait pu éviter l'iceberg si le navire avait conservé sa vitesse. On sait aussi que si le Titanic avait ralenti sa cadence, avait freiné le plus possible, sans virer, il aurait percuté l'iceberg, mais cela ne l'aurait pas coulé, car il n'y aurait eu qu'un seul compartiment étanche inondé. Le navire se serait alors maintenu à flot. Par conséquent, Murdoch a donné des ordres qui ont provoqué le naufrage du Titanic.

On sait aussi que le gouvernail du Titanic était trop court, d'une taille non réglementaire. En effet, la réglementation de l'époque voulait que le gouvernail soit situé entre 1,5 % et 5 % de la surface de la coque située sous le niveau de l'eau. Le gouvernail du Titanic était situé plus bas que cette tranche. Et un gouvernail situé dans cette tranche aurait pu faire virer le navire plus rapidement. Pourquoi avoir construit un gouvernail plus bas que les normes recommandées ? Encore un détail qui montre que le Titanic était défectueux avant sa mise en service, était défectueux sur plan.

Plus tard, on a recherché des indices sur l'épave du Titanic afin de les examiner et plusieurs plongées à l'aide de robots sous-marins ont pu être réalisées. James Cameron, lui-même, a effectué plusieurs plongées, deux pour être précise, à l'aide de ces robots. Des objets ont pu être remontés à la surface, des images ont pu être analysées et, naturellement, des spécialistes ont mis d'autres causes du naufrage en évidence.

L'épave du Titanic se trouve à 3 821 mètres au fond de l'océan Atlantique, à 650 kilomètres au sud-est de Terre-Neuve. Les images remontées par les robots montrent une épave coupée en deux, ce qui prouve que le navire s'est bien brisé en deux avant de couler au fond de l'eau. Avant cette découverte, on pensait que l'iceberg avait ouvert une balafre de 90 mètres le long de la coque du Titanic. L'examen de la coque par un sonar montre que les tôles sont déformées, disloquées et non fendues. Ce qui remet en cause la première théorie. Donc, l'iceberg n'a pas éventré la coque du bateau, mais le choc a fait sauter les rivets, ce qui a ouvert une voie d'eau. Comment ces rivets ont-ils pu sauter ?

La proue du Titanic, vue depuis le ROV Hercule en juin 2004.

Par une analyse approfondie, on s'est aperçu que ces rivets n'étaient pas de qualité première. Ils étaient trop fragiles. Ce qui montre qu'il y a eu un véritable défaut de conception du Titanic. A-t-on voulu réaliser des économies dans la fabrication du Titanic ? Tout porte à croire que oui. Une analyse plus récente sur les pièces extraites de l'épave se référant aux archives des chantiers Harland & Wolff montre que la qualité des rivets qui fixaient les plaques d'acier de la coque à l'avant du Titanic n'était pas bonne. Ces rivets sont en fer, et non en acier comme cela aurait dû être et comme cela était au niveau de la partie centrale du navire. Cela s'explique par le fait que les fournisseurs étaient en rupture de stock de rivets en acier, et comme l'on n'a pas voulu prendre du retard sur la construction du Titanic puisque sa sortie était déjà annoncée, on a préféré utiliser des rivets en fer, moins chers. Or les rivets en fer sont beaucoup moins solides que les rivets en acier, ils n'ont pas résisté à l'impact. Ils ont sauté, les tôles, qui n'étaient plus maintenues, se sont disjointes par la pression de l'eau et l'eau s'est engouffrée dans la coque. On suppose, sans pouvoir le vérifier, que des rivets en acier auraient peut-être sauvé le navire ou du moins ralenti son naufrage.

Parlons aussi du Californian, ce bateau qui se trouvait à 31 kilomètres du Titanic et qui aurait pu arriver très vite et sauver de nombreux passagers. Le Californian est parvenu sur les lieux du naufrage 6 h 40 après la collision. C'est énorme ! Deux choses expliquent ce fait. On sait que l'opérateur radio du Californian avait éteint sa radio après que l'opérateur radio du Titanic lui avait demandé d'arrêter d'envoyer des messages. L'opérateur du Californian s'était alors mis au lit. À noter qu'à bord de ce navire, il n'y avait qu'un seul opérateur radio et ce dernier ne pouvait rester éveillé 24 h/24. Bref, lorsqu'il a rallumé la radio, il a capté les messages de détresse du Titanic, mais trop tard.

On sait que des officiers ont tiré des fusées blanches depuis le Titanic. Les matelots du Californian ont bien vu ces fusées, mais les ont mal interprétées, pensant que les fusées de détresse étaient rouges et non blanches. Or, une boîte contenant des fusées a été retrouvée dans l'épave du Titanic, et cette boîte montre que les fusées étaient de couleurs différentes. Il n'y avait pas que des blanches, mais aussi des rouges et des bleues. De toute manière, même si le Californian avait capté les messages de détresse à temps, il n'aurait jamais pu arriver avant le naufrage pour la simple raison qu'il était entouré de glaces et qu'il lui aurait fallu un temps phénoménal pour se dégager. Chose qu'il a faite plus tard, d'où son arrivée très tardive.

Légendes et prémonitions

De nombreuses prémonitions parlaient du naufrage du Titanic. De plus, certaines coïncidences ont montré que ce naufrage était inévitable, déjà inscrit sur son livre de la destinée.

Ces prémonitions et légendes sont apparues avant le naufrage, pendant et après. Il vous appartient, chers lecteurs, de faire la part des choses et surtout de croire ou pas que le naufrage du Titanic est bien du domaine surnaturel.

William Thomas Stead (1849 – 1912), journaliste britannique engagé, écrivain et spiritualiste, avait prédit le naufrage du Titanic. Et il est d'ailleurs mort lors du naufrage du Titanic. Avait-il prédit sa mort ? En tout cas, ces textes sont très troublants.

Stead était une figure emblématique de ce début du XXe siècle, tant pour ses engagements politiques et sociaux que pour son influence, notamment de ses travaux dans le domaine de la spiritualité. Stead évoluait dans le milieu médiumnique et il n'est pas étonnant qu'il ait pressenti le drame. Avant le départ du Titanic, Stead avait publié deux textes prémonitoires, dont un le 22 mars 1886, dans la Pall Mall Gazette intitulé « Comment le paquebot postal sombra au milieu de l'Atlantique, par un survivant ». Dans ce texte, Stead raconte qu'un paquebot naviguant sur l'Atlantique et transportant 916 passagers n'a que 390 places dans ses canots de sauvetage. La cinquième nuit, ce navire heurte un iceberg et coule. Stead décrit avec beaucoup de réalisme les scènes d'hystérie, la lutte pour les canots, le fait qu'un officier du navire tire trois coups en l'air pour remettre le calme à bord. C'est exactement ce qu'il s'est passé à bord du Titanic ! Stead fait finir son narrateur à l'arrière du navire, puis dans l'eau glacée avant d'être sauvé par un des canots qui le prend à son bord. Le Titanic sombra lui aussi la cinquième nuit, et des canots ont aussi fait demi-tour pour tenter de sauver ceux qui s'étaient jetés dans l'eau glacée de l'Atlantique. Prémonitions ? Ce texte racontant une fiction décrit exactement ce qu'il s'est passé à bord du Titanic. Il y a un autre passage, très troublant, durant lequel le narrateur aide un officier, à l'aide d'une barre de fer, à défendre les canots pour y faire monter les femmes et les enfants en priorité. C'est aussi exactement ce qu'il s'est passé à bord du Titanic. Pour l'anecdote, le rédacteur en chef de la revue où fut publié cet article de fiction aurait ajouté une note à la fin de la narration : « C'est exactement ce qui peut se produire et se produira si les paquebots sont lancés avec trop peu de canots ».

Dans l'édition de Noël 1982, dans la revue W.T Stead, notre médium publia une longue nouvelle de fiction intitulée « De l'Ancien Monde au nouveau », dans laquelle il raconte un voyage imaginaire à bord du Majestic, un paquebot de la White Star Line commandé par Edward Smith. Le récit raconte l'histoire de deux médiums, Miss Irving et M. Compton, qui ne se connaissent pas, mais rêvent d'être appelés à l'aide par John Thomas, un ami de Compton qui se trouve en plein milieu de l'Atlantique après le naufrage du paquebot Ann and Jane après avoir heurté un iceberg. Le commandant du Majestic refuse de croire à ces rêves. Cependant, il accepte de se montrer prudent lorsque le Majestic se situera dans la zone des glaces. L'iceberg est aperçu et six survivants du Ann and Jane sont retrouvés, dont John Thomas.

Vingt ans plus tard, Stead embarquera à bord du Titanic commandé par le commandant Smith et y trouvera la mort. On ne peut nier le caractère prémonitoire qui se dégage des textes de Stead.

Voici un autre écrivain visionnaire en la personne de Morgan Robertson (1861 – 1915), auteur de nouvelles et ouvrages de récits maritimes. Morgan Robertson édita une nouvelle intitulée « Futility » qui raconte l'histoire d'un palace flottant, le Titan, quittant Southampton pour son voyage inaugural vers les États-Unis, en avril 1898. Le Titan était le plus gros et le plus rapide navire jamais construit. Luxueux à l'extrême, il était considéré comme insubmersible. Comme le Titanic, le Titan n'arrivera jamais à New York. Il heurtera un iceberg et coulera au fond de l'océan Atlantique entraînant avec lui d'innombrables victimes, surtout dû au manque de canots de sauvetage.

Pour mettre en évidence les ressemblances entre le récit de Morgan Robertson et le naufrage du Titanic, j'ai jugé plus utile de dessiner un tableau plutôt que de faire de grandes phrases, tableau emprunté au site du Titanic (http://titanic.pagesperso-orange.fr/)

CARACTÉRISTIQUES	TITAN	TITANIC
Pavillon	Britannique	Britannique
Traversée	Inaugurale	Inaugurale
Date du voyage	Avril 1898	Avril 1912
Heure de la collision	Vers minuit	23 h 40
Côté heurtant l'iceberg	Tribord	Tribord
Poids	75 000 tonnes	66 000 tonnes
Longueur	243 mètres	263 mètres
Hauteur du nid-de-pie au-dessus du pont	18 mètres	12 mètres
Nombre d'hélices	3	3
Vitesse maximale	24/25 nœuds	24/25 nœuds
Nombres de machines	3	2 + 1 turbine
Nombre de chaudières	80	159
Puissance	75 000 CV	51 000 CV
Nombre de comparti- ments étanches	19	16
Central téléphonique	Oui	Oui
Orchestres	2	1 divisé en deux groupes
Capacité	3000 personnes	3000 personnes
Nombre de passagers	2000	2230
Nombre de canots de sauvetage	24	20
Capacité des canots	500 personnes	1178 personnes
Destination du navire secourant les naufragés	Gibraltar et Méditerra- née	Gibraltar et Méditerra- née

Dans les deux histoires, les pertes humaines furent très lourdes, car on manquait de canots de sauvetage. Chose intéressante à noter : le Titan coula en avril 1898 et 14 ans plus tard, le même mois, le Titanic sombra au fond de l'océan Atlantique. Notez, aussi, sur le tableau, les autres similitudes entre le Titan et le Titanic. Il y a trop de coïncidences entre les deux histoires pour que l'on puisse dire que l'histoire du Titan n'était qu'une fiction inspirée des exploits de la White Star Line. Robertson croyait qu'une âme désincarnée s'emparait de son corps lorsqu'il écrivait, il prétendait qu'un compagnon astral l'aidait dans ses rédactions !

Encore un autre évènement troublant et prémonitoire avec l'histoire du docteur William Edward Minahan (1867 – 1912). Cinq ans avant le naufrage du Titanic, William Edward Minahan visite un camp de gitans avec plusieurs amis et se fait dire la bonne aventure. On lui présage la mort dans une catastrophe maritime. Minahan n'accorde aucun crédit à cette prédiction, il en rit. Au début de l'année 1912, Mihanan, sa deuxième femme Lillian Mae Thorpe, et sa sœur Daisy partent de New York à bord du Belin et se rendent en Irlande pour y passer des vacances. Ils restent en Irlande six mois, mais sont obligés de regagner New York à cause de Daisy qui souffre d'appendicite. Elle veut que ce soit un chirurgien américain qui l'opère. Minahan, sa femme et sa sœur sont les seuls passagers de première classe à embarquer à Queenstown. Ils occupent la cabine C78. La nuit du 14 avril 1972, ils passent la soirée dans le Café Parisien en compagnie du major Archibald Rutt, des Wideners, des Thavers et du Commandant Smith avant de regagner leur cabine vers 21 h 30. Au moment de la collision, ils sont au lit. Les sanglots d'une femme se trouvant dans l'escalier extérieur de leur cabine les réveillent. Ils s'habillent et rejoignent le pont des embarcations où le processus d'évacuation a commencé. Daisy et Lillian Mae montent à bord du canot 14. William, quant à lui, périra sur le bateau, comme l'avait prédit la diseuse de bonne aventure gitane.

La coque du Titanic possède un numéro, le 390904. L'apparition de ce chiffre crée un malaise au sein des ouvriers. Certains voient dans ces numéros le signe d'un présage néfaste. En effet, si l'on écrit rapidement ces chiffres sur une feuille de papier et qu'on les lit à travers un miroir, le mot « NO POPE » (pas de pape) apparaît. Et pour beaucoup d'employés catholiques qui travaillent sur le navire, ce mot signifie que le Diable se trouve à bord du Titanic et qu'il le fera périr.

3909 04
PO POPE

Le Titanic est inauguré à Belfast le 31 mai 1912, en présence d'une foule de 100 000 personnes. Mais la cérémonie du rituel au champagne ne se fait pas. Certains diront que c'est la cause du naufrage du Titanic. En réalité, la White Star Line n'avait baptisé aucun de ses navires, c'était une tradition. Ceci pour éviter le fait que si la bouteille de champagne ne se brise pas sur la coque, que cet incident soit perçu comme un signe de mauvais augure. Ce même jour, les traverses où glisse le Titanic pour être mis sur l'eau écrasent le charpentier James Dobbin. Il est la quatrième victime du Titanic. En effet, trois ouvriers ont trouvé la mort sur le chantier au moment de la construction.

L'épouse de Luigi Gatti, le gérant du restaurant à la carte du Titanic, ne veut pas que son mari embarque à bord du paquebot pour son voyage inaugural. Elle dit ressentir de mauvaises ondes, des choses néfastes émanant du paquebot. Luigi Gatti la rassure. Après tout, il se trouvait à bord de l'Olympic lors de l'accident avec le croiseur de la Royal Navy et s'en est sorti sans égratignures. Pour Luigi Gatti, ce sera sa dernière traversée en mer.

Jim Mullholand, le chauffeur engagé à Belfast par la White Star Line démissionne de son poste à Southampton. Son motif : Mullholand s'occupait d'une chatte prénommée Mouser. Cette chatte a mis bas à Southampton. Et il l'a vue sortir, un par un, les quatre chatons du bateau, comme si elle ne voulait pas y rester, préférant la vie d'errance au péril de la mer. Le chauffeur y vit le signe d'un danger imminent. Ne dit-on pas que les animaux ont un sixième sens, qu'ils ressentent les catastrophes naturelles, inondations, tsunamis, éruptions volcaniques... avant qu'elles ne se produisent ?

John Hume, un des violonistes de l'orchestre du Titanic, avait lui aussi ressenti une sorte de malaise en embarquant à bord du Titanic. Quelques mois auparavant, il travaillait aussi à bord de l'Olympic lorsque ce dernier heurta le croiseur de la Royal Navy. Lui aussi avait eu très peur de mourir noyé. Mais il s'en était sorti. Sa mère avait fait tout ce qui était en son pouvoir pour le dissuader de monter à bord du Titanic, pour refuser ce poste. Mais John Hume, malgré son pressentiment, ne l'avait pas écoutée. Et comme l'avait rêvé sa mère quelques jours avant le naufrage, il mourut sur le Titanic.

Le producteur de théâtre Henry Birkhardt Harris (1866 – 1912) embarque à bord du Titanic à Southampton avec sa femme Irene. Ils occupent la cabine C-832. Quelques jours avant, Harris avait télégraphié à son associé William Klein qu'il avait réservé deux billets sur le Titanic. Ce dernier est en proie à un grand malaise. Il ressent l'imminence d'une catastrophe. Il télégraphie à Harris le suppliant de reporter ce voyage. Harris lui répond qu'il est trop tard pour changer ses plans. Dans la journée du 14 avril 1972, Irene tombe dans le Grand Escalier et se brise le bras droit. Elle est soignée par le médecin de bord. Vers 23 h 40, les Harris jouent aux cartes dans leur cabine, lorsque tout à coup le bateau s'immobilise. Un steward prie le couple de se rendre sur le pont des embarcations. Irene prendra place sur le dernier canot de sauvetage à être mis à la mer, le canot D à 2 h 5. Henry Harris meurt lors du naufrage. La veuve Harris demandera la plus forte indemnisation.

Photographie prise à bord du Titanic montrant la collision évitée avec le City of New York.

Le 10 avril 1912, à 12 h 15, le Titanic appareille à Southampton en Angleterre au quai 44. Lors de son départ, il manque de heurter le City of New York amarré au quai 38. Les hélices du Titanic font rompre les amarres du City of New York, et ce dernier se rapproche dangereusement du Titanic. Edward Smith donne alors l'ordre de mettre les machines en arrière toute, ce qui a pour effet de repousser le City of New York. Cette collision manquée sera perçue par beaucoup de monde comme un avertissement du naufrage futur. Le Titanic quitte Southampton avec une heure de retard. À 18 h 55, il arrive à Cherbourg, en Normandie où il ne peut atteindre le quai, le fond n'est pas assez profond pour la taille du paquebot. Deux paquebots de la White Star Line se chargent alors de transporter les voyageurs à bord du Titanic, le Nomadic et le Traffic, ce qui met davantage le Titanic en retard.

Un petit homme à l'allure bizarre avait apostrophé Alice Elizabeth Fortune, une des rescapés de la catastrophe du Titanic, le 12 février 1912, alors qu'elle était assise sur la véranda de l'hôtel de Sheapheard à Cario. Ce dernier lui fit une prédiction qui allait se vérifier plus tard : « Vous êtes en danger chaque fois que vous voyagez sur la mer, car je vois à la dérive en bateau ouvert. Perdra tout sauf votre vie. » William Sloper (1883 – 1955), agent de change américain et survivant du naufrage du Titanic, écrira dans ses mémoires avoir entendu cet homme s'entretenir avec Alice Fortune et l'avoir vu disparaître dans la foule. Alice Fortune a embarqué sur le Titanic à Southampton en tant que passagère de première classe, en compagnie de ses deux sœurs, Ethel Flora et Mabel et de son frère Charles Alexander Fortune. Ils occupaient les cabines C23, C25 et C27. Elle sera sauvée, ses sœurs aussi, mais Charles Alexander Fortune aura moins de chance qu'elle.

La famille anglaise Sage perdra aussi la vie à bord du Titanic. John Sage et son épouse ont neuf enfants et exploitent une petite boulangerie à Peterborough en Angleterre. Pendant l'été 1911, John et son fils aîné George partent travailler au Canada pour la compagnie de chemin de fer de la Canadian Pacific Raiway. Au cours de leur voyage, ils découvrent la Floride et John tombe amoureux de cet État. De retour auprès de sa femme, il la persuade d'immigrer aux États-Unis afin d'acquérir une ferme en Floride, à Jacksonville. Annie est réticente au projet. Elle a peur de l'eau et ne veut pas traverser l'Atlantique, mais elle se laisse convaincre. John, heureux, achète neuf billets sur le Philadelphia, mais en raison d'une grève des mineurs, le navire est bloqué. Alors, il arrive à se faire rembourser les billets et en prend neuf autres, en troisième classe, à bord du Titanic. Avant de partir, Annie aurait confié un album de photos à un ami disant que là où elle va elle n'en a pas besoin et que ces photos si chères à son cœur ne doivent pas devenir de la nourriture pour poissons. Il n'y aura pas un seul rescapé de la famille Sage.

Stephen Curnow Jenkin (1879 - 1912) était un passager de seconde classe du Titanic et une victime. Jenkin devait quitter le domicile de ses parents de Cournailles, après une visite chez eux, et se rendre aux États-Unis. Sa place était réservée sur le Philadelphia, mais, toujours à cause de la grève, il avait modifié ses projets. C'est ainsi qu'il embarqua à bord du Titanic. Pris d'un doute, il laissa à ses parents, juste avant le départ, tous ses objets de valeur au cas où il mourait pendant la traversée. Il avait ce pressentiment qu'effectivement, il allait perdre la vie à bord du paquebot. Et c'est ce qu'il arriva. Il n'avait que 32 ans au moment de sa mort.

Après la catastrophe, la Society for Spychical Research a fait une recherche concernant les personnes qui avaient réservé un billet sur le Titanic, mais qui ont changé leurs projets à la dernière minute. Ils ont reçu des centaines de témoignages. Le plus troublant est certainement celui de J. Connon Middleton. Ce dernier devait se rendre à New York pour un voyage d'affaires. Il acheta un billet pour la traversée à bord du Titanic le 23 mars 1912. La nuit suivante, il fit un rêve dans lequel il vit le Titanic sombrer et des centaines de personnes se débattant dans l'eau. Il refit le même rêve la nuit d'après. Il ressentit un malaise. Il voulut changer ses billets, mais le rendez-vous d'affaires était important. Heureusement pour lui, il reçut un télégramme lui signifiant que ce rendez-vous était finalement reporté. De suite, il annula son billet et repoussa son voyage de quelques jours. J. Connon Middleton racontera ses rêves quelques jours après le naufrage, à des amis puis à sa femme qui les certifieront.

Des écrits du major Archibal Butt ont été trouvés prouvant que même cet homme pourtant rationnel avait eu la prémonition de la catastrophe du Titanic. Alors qu'il avait réservé sa place en première classe, il envoya, fin février, une lettre à sa belle-sœur lui rappelant que tous ses documents étaient rangés dans la remise et au cas où le bateau coulait, elle trouvera tout en ordre. Ses pressentiments s'intensifieront au fur et à mesure que le voyage approche. La veille du départ, il visite l'abbaye de Westminster, alors que cela n'était pas prévu dans son programme, et s'y recueille. Cela ne changera rien puisqu'il perdra la vie lors du naufrage du Titanic.

Le colonel John Weir, ingénieur de réputation mondiale, est en voyage d'affaires en Angleterre en janvier 1912 où il décide d'y rester jusqu'en avril 1912 lorsqu'il reçoit un télégramme de son ami, Morris Kirk, lui demandant de rentrer en Californie pour examiner des zones minières de la région de Feather River. Weir réserve sa place en première classe à bord du Philadelphia, mais en raison de la grève (on parle ici toujours de la même grève des mineurs en Angleterre durant l'année 1912), il est transféré à bord du Titanic. Le 10 avril, il monte à bord du navire à Southampton. Mais avant cela, il aurait voulu changer plusieurs fois son billet, ne pas partir à bord du Titanic, car il avait un mauvais pressentiment. Le matin du 10 avril, alors qu'il se réveille, dans sa chambre d'hôtel, il aurait découvert que le broc à eau se serait brisé pendant la nuit. Est-ce un signe? En tout cas, Weir montera à bord du Titanic et y trouvera la mort. Parfois, il faut écouter ses prémonitions et voir les signes que nous envoient les anges pour nous prévenir d'un danger.

Autre fait bizarre. Il était de coutume que les navires saluent le départ d'un autre bateau prenant la mer pour la première fois en actionnant les sirènes. Ce ne fut pas le cas pour le Titanic. Aucun navire n'a fait entendre ses sirènes lors du voyage inaugural du Titanic.

Tout au long de la traversée, des effets de panique seront notés, principalement dus aux rumeurs qui circulent au sujet du Titanic qui serait maudit. En effet, le Titanic a manqué d'entrer en collision avec le

New York lors de son départ de Southampton. Cet évènement est vu pour beaucoup comme le signe d'un mauvais présage. Ces rumeurs sont amplifiées pendant l'escale de Queenstown à la découverte d'un soutier couvert de suie en haut de la quatrième cheminée. Que faisait cet homme à cet endroit ? D'après les dires de l'époque, cet homme aurait voulu protester contre les conditions déplorables de travail. La protestation vira à la blague de mauvais goût.

D'autres légendes circulent à bord du navire, des légendes plus fantasques, comme celle qui affirme que John Jacob Astor IV aurait ramené une momie à bord du Titanic et aurait donc déclenché la colère des dieux. Aucune momie n'est notée sur le manifeste du navire.

Conclusion

Voilà, chers lecteurs, vous savez à peu près tout sur le naufrage du Titanic. Que peut-on en conclure ? Il est vrai que cette tragédie, outre le fait qu'elle relève d'erreurs humaines dues à la cupidité de l'homme et d'une météo peu favorable, est entourée d'un halo superstitieux, comme si le bateau était voué à la destruction bien avant sa construction.

Je pense que oui, ce bateau était maudit, car relevait d'un pacte démoniaque afin qu'il soit le plus somptueux, le plus grand et le plus rapide jamais construit. Certains, je pense notamment à Joseph Ismay, avaient donné leur âme au Diable pour s'enrichir, pour faire de leur entreprise la plus puissante au monde capable de détrôner les autres. Et dans cette course à la gloire, on finit toujours par se perdre. Dommage, que l'homme n'arrive toujours pas à analyser ses erreurs pour ne pas les répéter !

Le Club 27

Dans ce chapitre, j'aimerais évoquer une notion qui était présente dans les chapitres précédents et qui sera omniprésente de ce chapitre, je veux parler de la vaine gloire.

Qu'est-ce que la vaine gloire ? La vaine gloire est certainement le plus perfide, le plus vil des péchés capitaux. C'est le huitième péché capital, l'oublié, mais qui n'en reste pas moins le plus omniprésent et le plus destructeur des péchés capitaux. Concrètement, la vaine gloire est le désir obsessionnel d'obtenir la gloire, la reconnaissance et la considération. Elle est souvent confondue avec l'orgueil. Évagre le Pontique, un moine du IVe siècle, a théorisé les huit péchés capitaux : l'envie, l'orgueil, la luxure, la paresse, la gourmandise, la colère, l'avarice et la vaine gloire. Je mets en scène ces huit péchés capitaux dans le recueil de nouvelles « les 7 + 1 péchés infernaux ».

Ce nombre de huit péchés capitaux sera ramené à sept sous le règne du Pape Grégoire 1er dit le Grand (né vers 540, mort en 604), faisant tomber la vaine gloire aux oubliettes. Et pourtant, ce huitième péché capital oublié est le plus répandu de nos jours. Les fausses gloires médiatisées, les réseaux sociaux où chacun espère briller, la course aux prix, aux promotions… encouragent ce huitième péché capital. La vaine gloire est une passion démoniaque dangereuse, car omniprésente en chacun de nous. Et rien que le fait de dire que l'on condamne et l'on méprise la vaine gloire, c'est faire son jeu, car c'est bien souvent pour se glorifier et en tirer de la vanité que l'on se dit ne pas être intéressé par la gloire. Tout le monde a été tenté un jour par la vaine gloire. Prenons par exemple les réseaux sociaux. Beaucoup de personnes, en mal de reconnaissance, postent des statuts pour obtenir l'attention des autres et surveillent les mentions « j'aime » ou les retwitte… C'est une manière d'atteindre la gloire, virtuelle bien sûr, mais les réseaux sociaux alimentent la vaine gloire.

La vaine gloire a touché toutes les civilisations et a parfois permis leur perte. Aujourd'hui, elle se généralise et l'on ne s'en rend plus compte. Rusée, la vaine gloire s'insinue partout et l'on ne sait plus la reconnaître. Les autres péchés capitaux se différencient aisément et de ce fait, sont plus faciles à combattre. Ce qui n'est pas le cas de la vaine gloire qui utilise de nombreuses manières pour nous tromper. Et lorsque l'on croit s'en être débarrassé, ce péché revient sous une autre forme. La vaine sait varier les tentations pour nous conduire à l'hypocrisie et à la fausse modestie. La vaine gloire flatte l'ego et nous aveugle.

Chacun des sept péchés capitaux possède son démon attitré. Par exemple, pour l'orgueil, c'est Satan, pour la colère c'est Bélial… La vaine gloire n'a pas de démon attitré, de sorte que tous les démons travaillent pour nous tenter dans ce péché. Tous les démons se servent de la vaine gloire pour hameçonner et noircir des millions et des millions d'âmes partout dans le monde. Il est très difficile de résister à la vaine gloire, car ce péché touche tout le monde. Que l'on soit riche ou pauvre, homme ou femme, vieillard ou enfant, ouvrier ou cadre, tout le monde éprouve ou éprouvera la vaine gloire. Ce huitième péché capital touche celui qui cherche à être le mieux habillé que les autres, à la pointe de la mode, celle qui veut avoir la plus belle poitrine, celui qui veut s'afficher au bras de la plus belle femme, celle qui veut plaire à tout le monde, celle qui veut être la plus belle des femmes ou la meilleure des mères, celui qui veut être le premier de sa classe ou le caïd, l'internaute qui veut poster la meilleure vidéo virale de l'année… Ou, et c'est ce qu'on va voir dans ce chapitre, celui qui veut devenir le meilleur musicien du monde et attirer le plus de foules lors de ses concerts. La vaine gloire aveugle tous ces musiciens et c'est ce qui les mènera à la catastrophe. S'ils obtiennent la gloire, elle sera éphémère ce qui créera une violente frustration, de l'envie, de la jalousie, de l'orgueil… Celui qui recherche la vaine gloire ne sera jamais heureux, il se perdra, il y perdra tout ce qui lui est cher, il perdra la vie.

La vaine gloire est donc la course au prix, à la reconnaissance, au succès, aux promotions. Nous l'avons vue à l'œuvre dans l'histoire du Titanic. Dans un récent discours, le pape François nous a mis en garde contre le péché de vaine gloire en dénonçant quelques cardinaux touchés par ce péché. Les artistes que nous allons évoquer dans ce chapitre n'ont pas pu entendre ce discours. Ceux qui font partie de ce Club 27 ont perdu la vie à force de chercher la gloire. Certains ont même passé un pacte avec le diable pour l'obtenir. Tous ont sombré dans l'alcool, la drogue, dans la folie. Tous ont sombré dans la désolation et c'est ce que je vais vous raconter maintenant.

Une malédiction

Le Club des 27, aussi appelé Forever 27 Club ou Club 27 est un regroupement macabre d'artistes de rock et blues tous morts à l'âge de 27 (aujourd'hui, ce club compte aussi stars du cinéma et des musiciens de tout horizon). Parmi ses membres on citera Jim Morrison, Janis Jonis, Jimi Hendrix, Amy Winehouse, Kurt Cobain... et la liste est longue de musiciens, à l'apogée de leur carrière, morts brutalement, par suicide, par overdose, par accident, dans des circonstances troubles, à l'âge de 27 ans. Oui, tous à 27 ans. Coïncidences ? Je ne le pense pas. Je pencherai plutôt pour la thèse de la malédiction, du pacte signé avec le Diable afin d'obtenir le succès et donc à la vaine gloire. Et c'est cette course à la gloire qui aurait mené tous ces artistes à la damnation éternelle.

Avant d'entrer plus en détail dans la vie de certains de ces membres du Club des 27, commençons par dresser une liste de ceux qui ont trouvé la mort brutalement à l'âge de 27 ans. Cette liste n'est pas exhaustive.

- Le 17 janvier 1892, Alexandre Levy, compositeur, pianiste et chef d'orchestre, décède d'une mort inconnue.

- Le 26 mars 1908, Louis Chauvin, musicien ragtime, décède de neurosyphilis.

- Le 16 août 1938, le bluesman américain Robert-Johnson-Gibson décède brutalement. Aucune cause n'a été trouvée pour expliquer sa disparition subite.

- Le 5 août 1945, Nat Jaffe, pianiste de swing anglais, décède d'une hypertension.

- Le 6 février 1960, Jesse Belvin, chanteur, pianiste et compositeur de Rythme and Blues, trouve la mort dans un accident de voiture.

- Le 20 mai 1964, Rudy Lewis, chanteur anglais de Rythme and Blues, décède d'une overdose de drogue.

- Le 26 mars 1969, Dickie Pride, Guitariste et leader du groupe Spanky and Our, décède d'une overdose de drogue.

- Le 3 juillet 1969, Brian Jones, fondateur des Rolling Stones, guitariste, se noie dans sa piscine.

- Le 2 mars 1970, Ria Bartók, chanteuse yé-yé, décède dans l'incendie qui ravagea sa maison.

- Le 3 septembre 1970, Alan Wilson, guitariste et chanteur du groupe Canned Heat décède d'une surdose de drogue.

- Le 18 septembre 1970, Jimi Hendrix, guitariste, auteur, compositeur, interprète américaine, meurt asphyxié à la suite d'une surdose de médicament.

- Le 4 octobre 1970, Janis Joplin, chanteuse américaine, fait une surdose d'héroïne.

- Le 3 juillet 1971, Jim Morrison, chanteur américain et cofondateur des Doors, décède d'une crise cardiaque.

- Le 3 mai 1972, Les Harvey, guitariste du groupe anglais Stone the Crows, est électrocuté sur la scène d'un concert.

- Le 8 mars 1973, Ron «Pigpen» McKernan, cofondateur du groupe américain Grateful Dead et chanteur, fait une hémorragie intestinale liée à l'alcool.

- Le 10 février 1975, Dave Alexander, bassiste du groupe américain The Stooges, décède d'une pneumonie et de malnutrition.

- Le 24 avril 1975, Pete Ham, chanteur, guitariste et claviériste du groupe Badfinger, se suicide par pendaison.
- Le 8 décembre 1975, Gary Thain, bassiste du groupe Uriah Heep, succombe à une surdose d'héroïne.
- Le 2 août 1976, Evangelina Sobredo Galanes, chanteuse espagnole, fait un accident de voiture qui lui sera fatal.
- Le 23 janvier 1978, André Paiement, auteur-compositeur franco-ontarien, chanteur et guitariste du groupe Cano, se suicide.
- Le 27 décembre 1978, Chris Bell, guitariste du groupe américain Big Star, décède dans un accident de voiture.
- Le 23 mars 1980, Jacob Miller, chanteur du groupe Inner Circle, décède dans un accident de voiture.
- Le 22 décembre 1985, D. Boon, chanteur, guitariste et fondateur des Minutemen, décède dans un accident de voiture.
- Le 14 juin 1989, Pete de Freitas, batteur du groupe Echo and the Bunnymen, a un accident de moto qui lui sera fatal.
- Le 7 juillet 1993, Mia Zapata, chanteuse du groupe grunge The Gits, est violée, frappée et étranglée en sortant de chez une amie.
- Le 5 avril 1994, Kurt Cobain, chanteur, auteur-compositeur, guitariste, cofondateur du groupe Nirvana, se suicide avec une arme à feu.
- Le 16 juin 1994, Kristen Pfaff, bassiste du groupe Hole, fait une overdose d'opiacés.
- Le 30 mai 2010, Denis Wielemans, batteur du groupe Girls in Hawaï, trouve la mort dans un accident de voiture.
- Le 23 juillet 2011, Amy Winehouse, chanteuse britannique, auteure-compositrice et interprète, décède des suites d'un abus d'alcool.
- Le 6 janvier 2012, Nicole Bogner, chanteuse de Visions of Atlantis, décède d'une maladie inconnue.
- Le 10 décembre 2014, Slada Guduras, chanteuse pop et actrice, trouve la mort dans un accident de voiture.

Tous ces artistes de cette liste, non exhaustive je le rappelle, sont décédés d'une mort violente à l'âge de 27 ans. Comment expliquer ce fait ? Serait-ce une malédiction ?

Dans le milieu artistique, personne ne veut appartenir à ce club maudit. Comment est-on arrivé à parler d'un tel club ?

Entre juillet 1969 et juillet 1971, le rock est omniprésent sur les ondes. C'est la musique tendance, adorée par les jeunes. Beaucoup d'entre eux rêvent de fonder un groupe, de faire hurler leur guitare électrique, de s'égosiller devant un micro, de rassembler des foules en transe scandant leur nom... Bref, de ressembler à ces nombreux artistes qui remplissent les stades, qui provoquent des émeutes à chacun de leur déplacement, à l'image des Queen, des Beatles, des Doors, des Rolling Stones... L'ère du rock endiablée est née et avec elle le Club des 27 après une vague d'évènements tragiques.

On a commencé à parler du Club des 27 après la mort de Brian Jones, le fondateur des Rolling Stones à l'âge de 27 ans, dans des circonstances troubles. Ce drame pour des milliers de fans de par le monde a fait ressurgir de vieux fantômes, ceux d'autres artistes ayant trouvé la mort aussi à 27 ans. On a alors commencé à fouiller dans le passé de ces artistes et notamment dans celui de Brian Jones et certains ont émis l'hypothèse qu'il aurait pactisé avec le Diable pour obtenir la gloire. Pour comprendre comment on est arrivé à cette idée de pacte, il faut se plonger dans le passé de ces artistes morts trop tôt, au sommet de leur gloire. Je ne parlerai pas de tous les membres de ce club maudit, mais seulement de quelques-uns, des plus connus, afin de montrer que ces artistes flirtaient avec la mort, avec le Diable.

Brian Jones

C'est à la mort de Brian Jones que se situe la naissance du Club des 27, club qui comptabilise déjà quelques membres.

De son vrai nom Lewis Brian Hopkins, Brian Jones est né le 28 février 1942 et mort le 3 juillet 1969 à Hartfield, dans sa résidence. Musicien britannique, il est le cofondateur du groupe mythique des Rolling Stones, groupe dans lequel il a joué de 1962 à 1969. Brian Jones était un génie qui savait jouer de plusieurs instruments de musique, comme le sitar, le marimba...

La musique a bercé Brian Jones dès son enfance. En effet, sa mère, Louisa, était professeure de piano et son père Lewis jouait de l'orgue pour la chorale de l'église de Cheltenham. Enfant, il s'intéresse beaucoup à la musique des grands bluesmen noirs américains. Il apprend à jouer du saxophone puis de la guitare à l'âge de 17 ans. Au-delà de la musique, le jeune Brian Jones est un élève très doué, mais ne supporte pas l'autorité. Il est renvoyé de deux écoles et en 1959, lorsqu'il met une étudiante de 14 ans enceinte, il est renvoyé de son école privée créant le scandale dans toute la ville. Même les journaux locaux parlent de l'incident ! Ses parents l'envoient en Allemagne le temps que les choses se calment.

Brian ne veut pas de l'enfant, mais son amie décide de le garder. À sa naissance, le nourrisson sera confié à l'assistance publique pour son adoption. À son retour d'Allemagne, Brian est rejeté de tous. Voyez dans cet évènement, chers lecteurs, le début d'un malaise profond qui ne quittera jamais Brian Jones et qui va le précipiter dans l'abîme de la folie.

En effet, Brian Jones ne rêve que de gloire. Le fait qu'on le traite en paria lui fait énormément de mal. Il s'isole à la maison où il passe ses journées dans sa chambre à s'imaginer devenir musicien professionnel. Brian Jones quitte le foyer familial en juin 1959 pour la Scandinavie sans que ses parents le retiennent, bien trop heureux de se débarrasser de leur fils. Pour cela, il traverse l'Europe en gagnant quelques sous en jouant de la guitare dans la rue. De retour à Cheltenham en novembre, il joue du saxophone dans un groupe, The Ramrods. En août 1960, lors d'une coucherie, il met enceinte une jeune mariée, mais ne le saura pas. En tout, Brian Jones aura six enfants de mères différentes, dont trois avant même la création des Rolling Stones !

En octobre 1961, après la naissance de son troisième enfant, il décide de s'installer avec la mère de cet enfant et de se poser. Il loue un appartement à Londres et se rapproche des grandes figures de la scène rythm'and'blues de la capitale britannique, notamment Alexis Korner,

Jack Bruce, Manfred Mann ou Paul Jones. Ainsi, il intègre le groupe d'Alexis Korner, le Blues Incorporated dans lequel il joue de la guitare slide sous le pseudonyme d'Elmo Lewis. En avril 1962, Mick Jagger, Keith Richards et Dick Taylor voient Brian Jones donner une représentation à l'Ealing Jazz Club. Ils sont subjugués par son jeu. Les trois compères, qui avaient monté leur groupe, Little Blue Boy and the Blue Boys se greffent au groupe Blues Incorporated. C'est le début d'une grande amitié entre les quatre musiciens.

L'idée de former son propre groupe obnubile Brian Jones. Fin 1961, il avait passé une annonce dans le Jazz News et Ian Steward avait répondu à cette annonce. La première version des Rolling Stones se forme avec Brian Jones, Geoff Bradford aux guitares, Ian Stewart au piano et Paul Pond au chant. Plusieurs batteurs se succéderont, dont Charlie Watts et Mick Ayory. Lorsque Paul Pond quitte le groupe, Alexis Korner suggère, comme remplaçant, le chanteur Mick Jagger, qui a prouvé ce dont il était capable au sein du Blues Incorporated. Mick Jagger accepte la proposition, mais émet une condition, celle de prendre dans le groupe ses amis Keith Richards et Dick Taylor.

Après le départ de Geoff Bradford, l'ossature de Rolling Stones est constituée par Brian Jones, Ian Steward, Mick Jagger, Keith Richards et Dick Taylor. Plus tard, durant l'année 1963, Bill Wyman remplacera Dick Taylor à la basse et Charlie Watts prendra le poste de batteur. Cette formation des Rolling Stones sera stable jusqu'en 1969. Le groupe va très vite connaître un succès fulgurant et cela grâce au talent de Brian Jones qui va donner un son particulier à sa musique, notamment par ses parties de guitare slide. On dira que lorsqu'il joue, le Diable l'investit, que sa musique est un don du Diable. Partout où le groupe se présente, des milliers de fans surexcités scandent le nom de Brian Jones et il adore ça !

En 1963, le groupe se dote d'un nouveau manager, Andrew Loog Oldham, qui va travailler à faire diminuer l'influence de Brian Jones dans le groupe. Il pousse Mick Jagger et Keith Richards à composer leurs propres titres et à s'imposer comme leaders. Et c'est ce qui adviendra en 1965, lorsque ces derniers atteindront les premières places des charts : ils relèguent Brian Jones à la seconde place et Mick Jagger devient le leader du groupe. Brian Jones n'accepte pas qu'on le mette de côté. Surtout lorsque l'on sait que Brian Jones se comportait en leader tyrannique du groupe, se tenant à l'écart des autres membres du groupe, ne voyageant pas avec eux lors des tournées, ne dormant pas dans les mêmes chambres et exigeant une plus grosse part sur les bénéfices que les autres, selon les dires du manager. Mais là, on ne sait pas si cela est la vérité ou une manigance de la part d'Oldham pour écarter Brian Jones.

Les Rolling Sones en 1965

Brian Jones est donc tenu à l'écart du groupe, il n'arrive plus à imposer ses idées, ce qui va le faire sombrer dans une dépression profonde. Il prendra de plus en plus de drogues et d'alcool, augmentera les doses au point d'être hospitalisé à plusieurs reprises. Contre toute attente, il demande à être interné en hôpital psychiatrique disant être atteint d'un énorme trouble. Ses rapports avec ses proches se dégradent, un coup amical, un coup colérique, ils diront de lui qu'il a une double personnalité, une noire et une qui tente de survivre malgré tout. En 1967, Brian Jones est arrêté chez lui en possession de cocaïne, de marijuana et de méthamphétamine. Il évite la prison de justesse, mais sera à nouveau arrêté en mai 1968 en possession de cannabis. Et bien sûr, ses démêlés avec la justice n'arrangent en rien son état. Et pour couronner le tout, son amie, Anita Pallenberd, le trompe, en 1967, avec Keith Richards.

Brian Jones sombre dans une désolation profonde et prend part épisodiquement à l'élaboration des nouveaux albums. Et ses idées ne sont quasi jamais retenues. Le show, The rock'n'roll Circus, organisé par les Stones en décembre 1968, avec la participation des Who, de

John Lennon, d'Éric Clapton... sera la dernière prestation de Brian Jones.

Le 9 juin 1969, Brian Jones annonce son départ des Rolling Stones pour divergences musicales, et cela sous la pression des autres membres du groupe qui souhaitaient ce départ.

Moins d'un mois plus tard, dans la nuit du 2 au 3 juillet 1969, Brian Jones est retrouvé inconscient au fond de sa piscine privée, dans sa résidence du Sussex. C'est Janet Lawson, une amie, qui découvrira le corps sans vie du musicien. La version officielle donnée par les enquêteurs sera qu'avant de se mettre au lit, Brian Jones aurait pris un somnifère, mais qu'il se serait relevé pour aller demander à son entrepreneur Franck Thorogood, qui habitait un des appartements de Cotchford Farm, de mettre à la porte son infirmière, Anna Wholin, qui était aussi sa petite amie. Ce dernier a refusé et il s'en est suivi une discussion autour de plusieurs verres. Les enquêteurs ont alors supposé qu'avec le train de vie de Jones, le somnifère, l'alcool, la chaleur autour de la piscine (qui était maintenue constamment à une température de 30 °C), Jones se serait endormi dans sa piscine et se serait noyé. Lawson, qui a découvert le corps, prévient Anna Wohlin qui tente de le réanimer en vain.

L'autopsie révélera que Brian Jones avait pris un cocktail d'amphétamines et d'alcool, mais aussi que son foie et son cœur étaient hypertrophiés en raison d'abus d'alcool et de drogues. Le rapport conclura à une mort par accident. Beaucoup ne croient pas à la thèse de l'accident, et de nombreuses rumeurs commencent à circuler autour des circonstances de la mort de Brian Jones. L'une serait le meurtre. Le tueur présumé le plus cité est Frank Thorogood, l'entrepreneur chargé de la rénovation de la maison. Ce dernier aurait avoué, mais les sources ne sont pas sûres, sur son lit de mort, en 1994, avoir tué Jones. Janet Lawson, celle qui a découvert le corps, déclarera plus tard avoir vu Thorogood sauter dans la piscine et essayer de noyer Jones pendant qu'elle cherchait un inhalateur. Dans son livre, « The Murder of Brian Jones », Anna Wohlin soutient que c'est Frank Thorogood le meurtrier de son petit-ami.

Plus de quarante ans après le décès de Brian Jones, le doute subsiste encore quant aux circonstances de cette mort. Brian Jones était le premier et pour certains, l'unique ange damné des Rolling Stones. Il était le fondateur du plus grand groupe de rock de tous les temps, si on laisse la pop aux Beatles ! Brian Jones symbolisait, pour beaucoup, l'archange maudit dévasté par la drogue du rock, comme bien d'autres avant et après lui. Talentueux, Brian Jones, au moment de sa mort, n'était plus qu'un spectateur, un observateur relégué au second plan de son groupe, du monstre musical qu'il avait créé. Supplanté par le tandem Mike Jagger et Keith Richards, ses frasques et ses amours remplissaient les pages des journaux people. Exclu des Rolling Stones, Brian Jones se noie dans sa piscine. C'est la thèse officielle, celle de l'accident domestique. Mais si l'on y regarde de plus près, cela n'est pas aussi simple.

Brian Jones est entré sans le vouloir dans le Club des 27. Aurait-il fait un pacte avec le Diable pour obtenir le succès ? Est-ce la course à la gloire qui l'a tuée ? On ne le saura jamais, mais avouez que tout cela est étrange. Brian Jones était talentueux, il avait réussi à fonder un groupe et au sommet de la gloire, il se fait supplanter par deux hommes qu'il avait lui-même recrutés. Il y a de quoi devenir fou ! Comment peut-on plonger aussi loin dans l'abîme infernal et surtout aussi vite ?

Jimi Hendrix

Après Brian Jones suivront le 2 mars 1970 Ria Bartók qui décède à l'âge de 27 ans dans l'incendie de sa maison, le 3 septembre 1970, Alan Wilson qui décède à l'âge de 27 ans d'une overdose de drogue et Jimi Hendrix qui trouvera la mort le 18 septembre 1970 dans un hôtel à Londres. Intéressons-nous à Jimi Hendrix. La cause officielle de sa mort est overdose de barbituriques et d'alcool qui entraîna l'asphyxie. En d'autres termes, Jimi Hendrix se serait noyé dans sa vomissure. Lui aussi avait 27 ans au moment de sa mort.

Jimi Hendrix en 1967.

De son vrai nom James Marshall Hendrix, Jimi Hendrix est né le 27 novembre 1942 à Seattle et mort le 18 septembre 1970 à Londres. Jimi Hendrix est considéré comme l'un des plus grands joueurs de guitare électrique du XXe siècle. Son influence dépasse le cadre de la musique rock. Son décès survenant après celui de Brian Jones et précédant ceux de Janis Joplin et Jim Morrison participe à la mise en place du mythe du Club des 27.

James Hendrix est le fils de Lucille et d'Al Hendrix. Lucille est une adolescente de 16 ans lorsqu'elle met au monde Jimi. Al est militaire et ne connaîtra son fils que trois ans après sa naissance. Lucille est incapable d'assumer l'éducation de son fils à cause de son problème d'alcoolisme. C'est Al qui récupère son fils et propose à Lucille de s'installer ensemble. Le couple aura un autre enfant, en 1948, Leon Marshall, mais divorcera en 1951. L'enfance de James Hendrix est malheureuse. Il vit dans une grande précarité et ses parents le négligent. Ces derniers passent leur temps à se disputer ou à se soûler. Jimi n'a que neuf ans lorsque ses parents divorcent. Cela l'affectera et la mort de sa mère alcoolique, en février 1958, le traumatisera. Tout au long de son enfance, son père le battra lors de crises névrotiques dues à l'alcool.

Jimi découvre la musique à l'âge de 4 ans grâce à un harmonica offert par son père. Mais, il s'en lassera vite. À 15 ans, il arrive à se procurer une guitare acoustique achetée pour 5 dollars. Dès lors, il apprend seul à jouer de cet instrument et y consacre tout son temps libre, délaissant même l'école. Mais Jimi n'a qu'une idée en tête, celle de devenir musicien et de percer dans ce domaine. Par la suite, il rejoindra le groupe The Velvetone, avec sa première guitare électrique, une Supro Ozark 1560S. En 1961, alors mêlé à une histoire de voiture volée, Jimi Hendrix s'enrôle dans l'armée américaine pour fuir la prison. Il y rencontre le bassiste Billy Cox et formera, avec ce dernier, le groupe The King Casuals. À la suite d'une blessure à la cheville, l'armée l'aurait réformé. Il existe une controverse sur ce point, mais cela n'est pas le propos de ce livre.

Puis, Jimi Hendrix rejoint le Chitlin'Circuit où il joue dans des groupes afro-américains. Fin 1965, il joue pour de grands groupes, des musiciens de renom, dont Little Richard. Mais ce dernier se passera de ses services estimant qu'il se met trop en avant. Le 15 octobre 1965, Jimi Hendrix signe un contrat qui aura des conséquences désastreuses dans le futur, un contrat d'enregistrement d'une durée de 3 ans avec le producteur Ed Chalpin pour seulement 1 dollar et 1 % des royalties des ventes. Plus tard, Chas Chandler le repère et lui propose d'enregistrer un single au Royaume-Uni, alors en pleine effervescence musicale avec des groupes comme les Beatles et les Rolling Stones. Jimi Hendrix accepte la proposition à condition de rencontrer Éric Clapton, la référence britannique de l'époque en matière de guitare. Il fera effectivement sa connaissance lors d'un concert de Cream le 1er octobre 1966 au Central London Polytechnic. Éric Clapton, considéré comme le meilleur guitariste de l'Angleterre, accepte que Jimi Hendrix le rejoigne sur scène. Jimi Hendrix interprète alors le tube Killing Floor de Howlin'Wofl et réalise une des meilleures prestations de sa carrière, notamment en jouant avec les dents, derrière la tête, en faisant le grand écart et bien d'autres figures. Le public est subjugué par son jeu.

Nous passerons, chers lecteurs, rapidement la carrière de Jimi Hendrix pour ne mentionner que les moments les plus importants, les plus marquants de sa vie jusqu'à sa déchéance. Nous savons qu'après cette représentation, le public et les médias ont considéré Jimi Hendrix comme un génie de la guitare. Il rejoindra par la suite plusieurs groupes mythiques et chanteurs, notamment Johnny Hallyday qui lui propose de faire sa première partie lors de concerts en 1966.

Le morceau « Hey Joe », en décembre 1966, marquera les débuts discographiques de Jimi Hendrix qui est au sommet de sa gloire. Le single se placera dans les charts anglais à la sixième place, puis viendra « Purple Haze » qui sera aussi un tube qui culminera à la troisième place des charts anglais. Cela lui vaudra le titre du meilleur guitariste de son époque ainsi que le titre du compositeur original aux compositions révolutionnaires. Pourtant, Hendrix n'a pas l'inventivité mélodique des Beatles, ni la maîtrise harmonique de John Coltrane, mais les fans le réclament, les gens l'admirent et son influence deviendra grande. Jimi Hendrix arrive à hypnotiser son public lorsqu'il est sur scène, ses prestations sont fantastiques, presque irréelles, du moins surhumaines. Le premier album du groupe Are You Experienced, sorti le 12 mai 1967 révolutionne le rock de l'époque. La critique de l'époque considère le trio Hendrix/Redding/Mitchell comme l'un des meilleurs groupes de rock.

Le 18 juin 1967, le trio devient culte dans les cercles rock des États-Unis. Hendrix est un véritable showman infatigable, au point d'être pris pour un frimeur par les autres musiciens, mais aussi du public qui attend de lui davantage un show qu'une performance musicale. On retiendra un moment culte de sa carrière, celui où lors d'un concert le 31 mars 1967, sur la scène du London Astoria, sur le titre Fire, Jimi Hendrix sacrifie sa Stratocaster en l'immolant par le feu avant de la fracasser sur le sol. D'ailleurs, il aura les deux mains légèrement brûlées. Il réitérera l'exploit lors du festival de Monterey.

Après une série de concerts, le trio enregistre à Londres un deuxième album, Bold as Love, en décembre 1967, un album très différent du premier dans lequel Hendrix veut qu'on le remarque pour ses talents de guitaristes et d'auteur-compositeur et non de showman, puis il enregistrera seul un album comportant 16 morceaux. Mais Hendrix a une manière tellement peu conventionnelle de travailler, qu'il fait fuir son entourage. Son producteur le quittera et ses relations avec Noel Redding, son bassiste, se détériorent. En effet, Hendrix réclame sans cesse d'être mis en vedette et a tendance à écraser les autres. En même temps, il n'est jamais content des enregistrements, il cherche la perfection, mais ne la trouve pas.

Le 7 mars 1968, le groupe se produit au Steve Paul's Scene où il n'exécute que des reprises et se voit contraint de jouer avec un Jim Morrison ivre qui monte sur scène. Après une tournée américaine au printemps 1969, le groupe se sépare. En juillet 1969, Jimi Hendrix est invité à deux émissions importantes : le Dick Cavett Show et le Tonight Show où il est accompagné de Billy Cox. Au même moment, il enregistre un nouvel album en s'entourant de Billy Cox, mais aussi d'autres artistes, comme Juma Sultan, Jerry Velez ou encore les percussionnistes de Santana. Au mois d'août 1969, Hendrix est l'une des têtes d'affiche du Festival de Woodstock et il se produira le dernier jour devant un public clairsemé et la prestation est médiocre. Hendrix, épuisé, interprète l'hymne américain. Ce moment deviendra le plus grand moment d'improvisation de la musique rock.

Jimi Hendrix à Woodstock

Le 31 décembre 1969, Jimi Hendrix se produira sur la scène du Filmore East de New York avec une nouvelle formation, le Band of Gypsys composé de Billy Cox et de Buddy Miles. Hendrix dévoile un jeu plus funky. Le groupe donnera quatre concerts et un album sera tiré de ces prestations. Ce sera le dernier album publié du vivant de Jimi Hendrix. La presse rock ne fera pas d'éloges à cet album qu'elle trouve moins créatif que les précédents. Cette critique le marquera profondément. Ce sera certainement le plus gros fiasco de la carrière de Hendrix.

Hendrix connaîtra des mois de chaos personnel et de doutes artistiques, mais il reviendra sur le devant de la scène, notamment lors du concert donné le 25 avril 1970 au L.A Forum, avec Billy Cox à la basse et Mitch Mitchell à la batterie. Cette tournée marque la reprise en main de sa carrière. La semaine, Hendrix enregistre son nouvel album en studio et le week-end, il monte sur scène afin de financer son propre studio. Hendrix retrouve son inspiration, même si parfois il lui arrive encore d'avoir des sautes d'humeur. Sa musique est nettement plus rythmique, plus composée. Mais, l'artiste n'aura pas le temps de terminer son quatrième album. À contrecœur, pour payer son studio inauguré il y a peu, Hendrix se lance dans une ultime tournée européenne. Le trio se produit le 30 août 1970 au festival de l'île de Wight, mais ce sera une mauvaise prestation. Le concert du 2 septembre 1970 à Aarhus est pire encore. Hendrix quitte la scène après seulement quelques titres joués. Il est très déprimé et consomme beaucoup de drogues. Dans une interview donnée après ce concert, il dira : « Je ne suis pas sûr que j'atteindrais vingt-huit ans. Je veux dire qu'au moment où musicalement, je sentirai que je n'ai plus rien à donner, je ne serai plus de ce monde. » Savait-il qu'il allait mourir ?

Le 16 septembre 1970, Hendrix rejoint le groupe War et joue deux titres. Ce sont les ultimes enregistrements amateurs du guitariste. Le 17 septembre 1970, la veille de sa mort, Hendrix pose pour des photos pour le recto de son prochain album « First Rays of the New Rising Sun. » En définitive, les chansons de cet album seront publiées en 1971, dans un album posthume « The Cry of Love ».

Le vendredi 18 septembre 1970, Hendrix est retrouvé mort au Samarkand Hôtel à Londres. Les circonstances de la mort exactes du talentueux guitariste demeurent aujourd'hui incertaines. On pense que les causes de la mort sont dues à une asphyxie par sa vomissure due à un abus de barbituriques et à l'alcool. Certains pensent que c'est son manager, Michael Jeffery qui lui aurait fait ingurgiter de force les médicaments et l'alcool. Jimi Hendrix est entré, malgré lui, dans le Club des 27, car il avait 27 ans au moment de sa mort.

Jim Morrison

Trois jours après l'enterrement de Jimi Hendrix, le 4 octobre 1970, la chanteuse américaine du groupe d'acide rock psychédélique Big Brother and the Holding Compagny, Janis Joplin, décède d'une overdose d'héroïne à l'âge, aussi, de 27 ans et vient rejoindre le Club des 27.

Le 3 juillet 1971, Jim Morrison, le fondateur du groupe mythique des Doors est retrouvé mort dans son bain. Cet évènement va relancer la théorie du Club des 27. Intéressons-nous à Jim Morrison.

Jim Morrison en juin 1969

James Douglas Morrison, connu sous le nom de Jim Morrison, est né le 8 décembre 1943 à Melbourne en Floride. Ce sex-symbol provocateur au comportement excessif, idole du rock, attiré par le chamanisme est devenu un « poète maudit ».

Jim Morrison est l'aîné d'une famille de trois enfants. Son père, George Stephen Morrison est officier de l'US Navy et enfant, Jim vit entre les déménagements liés aux changements d'affectation de son père. Très tôt, Jim Morrison se montre instable, indiscipliné, mûr pour son âge. Les jeux étranges, morbides, violents l'attirent. À l'âge de 5 ans, lors d'un trajet en voiture de Santa Fe à Albuquerque, Jim Morrison est témoin d'un grave accident. Il en sera marqué à vie et écrira plus tard le morceau Peace Frog dans lequel il décrira sa peur d'avoir vu autant de cadavres éparpillés sur la route et son incapacité à aider ces pauvres gens agonisants. C'est cet évènement qui va le conduire à penser au transfert d'âme et à s'intéresser au mysticisme amérindien et au chamanisme. Pour rappel, cette pratique est centrée sur la méditation et la communication entre les êtres humains, les esprits de la nature, les morts, les âmes des enfants à venir, les divinités ancestrales. C'est une pratique très dangereuse.

Adolescent, Jim Morrison se montre caractériel. Les déménagements constants l'empêchent de se lier avec ses camarades de classe. Jim ne se sent nulle part chez lui, ce qui va le rendre asocial, instable, turbulent. Jim Morrison préfère s'isoler dans la lecture. Il dévore des romans et se désintéresse de la vie familiale. Son plaisir ultime consiste à martyriser son petit frère en lui jetant des pierres, en le réveillant en pleine nuit, en l'entraînant dans des jeux dangereux. Jim se montre de plus en plus menteur et découvre qu'il adore raconter des histoires. Il aime aussi agir de manière totalement inattendue, hors des codes sociaux afin de déstabiliser son entourage. À l'école, c'est un élève brillant qui excelle dans toutes les matières.

En école secondaire, Jim Morrison obtient d'excellents résultats. On lui fait passer un test de QI et il obtient la note de 149. Jim continue à dévorer des livres, il aime autant la littérature que la poésie, mais aussi l'histoire antique. Il se passionne pour les « Vies parallèles » de Plutarque. Sans oublier la philosophie, car les écrits de Nietzsche marqueront sa vie. Jim reste cependant distant dans tous les rapports sociaux, il ne participe à aucune fête, n'appartient à aucun club et pourtant il est populaire. Il est plutôt beau garçon et surtout, il sait parler, il sait tenir un public en haleine lorsqu'il raconte des histoires invraisemblables. Un jour, il jette son journal dans lequel il prenait des notes de lecture, réalisait des croquis, copiait des citations, écrivait des vers. Il s'en débarrasse, car il veut tourner la page de son passé et élaborer un style plus personnel, plus obscur.

Après l'école secondaire, Jim Morrison s'inscrit au Saint Petersburg Junior College où il suit deux cursus : la philosophie de la contestation et la psychologie des foules. Jim se montre un étudiant particulièrement brillant. Durant l'été 1963, il s'inscrit à un cours d'histoire médiévale européenne, mais son rêve est d'intégrer l'Université de Californie à Los Angeles, la première faculté du cinéma. Ses parents s'opposent à ce projet. Mais Jim n'écoute pas ses parents et s'inscrit à la faculté en janvier 1964. Et dès le début de l'année, il se montre insupportable avec ses colocataires, se dispute souvent et surtout, s'enivre de plus en plus. Il se met à fréquenter les mauvais quartiers de Los Angeles et commence à toucher à la drogue, en particulier au LSD. Précisons qu'à cette époque, en 1964, il est très facile pour un étudiant de se procurer du LSD. En effet, l'étude des propriétés des drogues faisait partie des programmes de recherche universitaire et il suffisait de s'inscrire en tant que volontaires pour obtenir des doses quotidiennes et gratuites. Jim pensait que ces drogues le rapprochaient de ses poètes préférés (Edgar Poe, Aldous Huxley...), mais aussi du chamanisme où les hallucinogènes provoquent souvent la transe.

Le premier semestre 1965, Jim Morrison s'occupe à tourner et à monter le film qu'il lui faut réaliser pour obtenir son diplôme. Son travail lui vaudra un médiocre D, suffisant pour décrocher le diplôme. C'est cet évènement qui le fera réfléchir sur son avenir. Depuis longtemps, il cogitait à un moyen de toucher un public entier. Si ce n'est pas à travers le cinéma, Jim pense que cela se fera à travers la musique et pense à fonder un groupe de rock. S'appuyant sur sa réflexion sur la psychologie des foules, il a en tête d'organiser de gigantesques séances de thérapie collective.

Au cours du mois de juillet 1965, Jim Morrison vit sur le toit d'un entrepôt près de Venice Beach. Il est sans emploi. Durant cette période, il écrira un poème dans lequel il parle de l'esprit de la musique venu le rencontrer pour lui dire qu'il connaîtra le succès. Morrison est alors convaincu qu'il deviendra célèbre et se met à écrire des chansons. Plusieurs de ces morceaux sont sur les trois premiers albums des Doors. Un jour, sur la plage de Venice Beach, il croise Ray Manzarek, lui aussi diplômé de cinéma. Ray Manzarek joue de l'orgue dans un groupe de rock et demande à Morrison de lui chanter une de ses compositions. Aussitôt séduit par l'intensité lyrique des paroles, Ray Manzarek propose de monter un groupe de rock. Jim propose le nom de The Doors.

Manzarek fréquente le groupe de méditation transcendantale fondé par Maharishi Mahesh Yogi (1917 – 2008, maître spirituel indien, principalement connu du grand public pour son lien avec les Beatles, considéré comme « le gourou des Beatles »). C'est dans son groupe qu'il rencontre le batteur John Densmore qui quitte les Psychedelic Rangers pour rejoindre les Doors. Viendra ensuite le guitariste Robbie Krieger. Le groupe The Doors est désormais au complet et enregistre sa première démo.

La même année, à la fin de l'été, Jim Morrison rencontre Pamela Courson (1946-1974). Une idylle naît entre eux. Pamela Courson est une étudiante en art et fille de militaire tout comme lui. Le couple s'installe ensemble. Leur vie à deux sera une succession de querelles tumultueuses et de réconciliations passionnées. Tous deux vont expérimenter toutes sortes de drogues, comme le LSD, les amphétamines, la mescaline. Pamela se pique à l'héroïne, Jim n'aime pas les piqûres et n'y touchera pas. Pamela le trompera avec son dealer Jean de Breteuil.

Les parents de Jim Morrison voient d'un très mauvais œil que leur fils est en couple avec une droguée. Après un repas familial, la tension monte entre eux et Jim. Ce dernier quittera la table familiale et coupera les ponts avec ses parents.

Au début de l'année 1966, les membres des Doors se représentent dans un bar de Los Angeles, The London Fog. Ils gagnent une misère, mais cela leur permet d'acquérir une certaine expérience. Le groupe apprend en effet à jouer devant des spectateurs réticents et parfois difficiles. Jim Morrison, très timide au début, chante en tournant le dos à la salle et quasiment à voix basse. Mais petit à petit, il gagne en assurance et commence à se déhancher de manière suggestive, apprend à jouer avec le public puis se met à oser des cris, des sauts, des chutes... rappelant les danses amérindiennes ou la transe chamanique qu'il affectionne tant. Et le public en redemande !

Les morceaux du groupe mêlent des influences diverses, comme du jazz, de la musique classique, du flamenco, des danses indiennes, ce qui va beaucoup servir leurs prestations scéniques et donner cette atmosphère tribale et religieuse lors des concerts. La même année, le groupe est repéré par Jac Holzman, producteur de la maison de disques Elektra et signe en juin 1966 un accord de production pour six albums. Le mois suivant, le groupe se fait virer du bar. En effet, Jim Morrison improvise l'histoire d'un assassin qui veut tuer son père et baiser sa mère. Cette chanson apparaîtra sur le premier disque intitulé The Doors et gardera le texte audacieux. Ce morceau deviendra même culte dans l'histoire du rock.

À l'automne 1966, les Doors sortent leur premier album qui connaîtra un succès quasi immédiat. Dans la notice biographique, les fans apprennent que Jim Morrison est un orphelin, ce qui est complètement faux et ce qui démontre combien Jim aimait mentir, raconter des histoires. Le single Light My Fire (Allume mon Feu) devient rapidement un tube planétaire et fait immédiatement décoller les ventes de l'album. C'est une chanson assez étrange aux paroles bizarres écrites par Jim Morrison et inspirées de sa relation avec Pamela Courson. Dans ce morceau, Jim demande à sa compagne d'en finir avec les hésitations, d'arrêter de se vautrer dans la boue, mais d'allumer un bûcher funéraire et de mettre la nuit en feu.

Si l'on écoute la musique des Doors, on est plongé dans un univers psychédélique, un univers étrange, proche de celui du chamanisme. On est comme transporté dans un monde dans lequel on alterne entre une conscience endormie et un rêve éveillé. On est plongé dans le monde des drogués. Jim Morrison, par son physique d'éphèbe, par son sourire ravageur, par son allure de sex-symbol, (le public l'adule autant que James Dean ou Marilyn Monroe !) arrive à transformer les consciences de ceux qui viennent le voir en concert. Lors des représentations, les fans ont face à eux un homme qui n'est jamais totalement réveillé et en même temps pas réellement endormi. Et cet état se reflète dans sa musique. Ceux qui l'écoutent sont à leur tour plongés dans ce même univers, transportés par le rythme, le beat de cette musique venue tout droit de l'enfer.

Je passerai les différentes étapes du succès connues par les Doors. Sachez, chers lecteurs, simplement que ce succès fulgurant, cette notoriété soudaine va profondément déstabiliser Jim Morrison qui va écrire des chansons prônant l'amour libre, la consommation de la drogue, le rejet de la morale puritaine, la révolte contre l'humanité, le militantisme contre la guerre. Les autorités surveilleront de près toutes les apparitions en public de Jim Morrison, d'autant qu'il déplace les foules et répand ses idées à des millions de jeunes qui boivent ses paroles comme du petit lait. Jim supporte très mal l'intrusion de la police lors de ses concerts. Il en profite pour improviser sur scènes des railleries contre l'autorité et provoque la foule à se rebeller.

Ce comportement antisocial devient fortement agressif au cours de l'hiver 1967. Jim Morrison, après une interpellation musclée sur scène comprend que pour garder sa notoriété il devra se montrer encore plus provocant. Et surtout, il a constaté que lors de cette interpellation, qui s'est déroulée sur scène, devant des milliers de gens, personne ne s'est opposé aux policiers venus l'arrêter, pas un fan, personne. Cet immobilisme du public a profondément déçu notre chanteur révolutionnaire qui se réfugie dans l'alcool au point d'obliger les autres membres du groupe d'engager un chaperon pour le surveiller. Ce sera Bobby Neuwirth qui se chargera de ce travail.

Jim Morrison est complètement démotivé et commence à se désintéresser du monde du rock. Il ne finira pas le troisième album, laissant à Robby Krieger le soin de composer les chansons restantes de l'album. En mai 1968, il rencontre Michael McClure, poète, essayiste et dramaturge américain. Jim a lu toutes les œuvres du poète de la beat generation. Il admire l'homme depuis ses années lycée. C'est cette rencontre qui va l'amener à prendre ses distances avec le monde du rock. D'ailleurs, à la sortie du troisième album, Jim exprime aux autres membres du groupe son intention d'interrompre sa carrière. Ray Manzarek parvient à le convaincre de continuer pendant six mois.

Au cours de cette période de transition, lors du concert donné à Chicago le 10 mai 1968, Jim transforme la représentation en émeute. Et il recommencera plusieurs fois l'exploit au cours de l'année 1968. Les opposants de la guerre du Viêt Nam prennent pour slogan le dernier vers de la chanson « Unknown Soldier ». Sur scène, cette chanson est d'autant plus violente que le groupe met en place une mise en scène élaborée dans laquelle Jim Morrison fait mine d'être fusillé par les autres membres du groupe, le tout sous un jeu de lumière parfaitement orchestré pour donner à la scène un sentiment d'horreur spectaculaire.

Après une tournée en Europe au cours du mois de septembre 1968, Jim Morrison prend quelques jours de repos à Londres en compagnie de Pamela Courson. Michael McClure rejoint le couple. Après avoir lu les poèmes de Morrison, il incite le chanteur à les publier. Flatté, Jim se décide à envoyer à un éditeur, fin octobre, ses notes sur le cinéma rédigées en 1964 et réunies sous le titre The Lords. Toujours en octobre 1968, Jim Morrison visionne les ébauches du film d'un concert donné quelques mois plus tôt et va s'apercevoir qu'en fait il ne contrôle rien. Il dira plus tard : « voir une série d'évènements que je croyais contrôler... Je me suis d'un seul coup rendu compte (...) que j'étais le jouet de nombreuses forces dont je n'avais qu'une vague notion. » De quelles forces parlait-il ? Forcément de forces obscures qui le manipulaient afin de véhiculer leur message de destruction.

Après s'être rendu compte de cette manipulation, Jim se montrera plus prudent avec le public. Le 13 décembre 1968, lors d'un concert à Los Angeles, il parvient même à calmer une foule houleuse.

Deux évènements marqueront le début de l'année 1969 : le délai de six mois arraché par Ray Manzarek touche à sa fin et la rencontre de Jim Morrison avec la journaliste Patricia Kennealy. Jim Morrison a le coup de foudre pour la jeune femme et ira même jusqu'à l'épouser en 1970 lors d'une cérémonie wicca sans pour autant quitter Pamela Courson. La relation amoureuse sera très intense. Dans le même temps, Jim veut s'éloigner du star-system, comme s'il pressent que le système va le tuer et veut se rapprocher du cinéma et produire des films.

L'enregistrement d'un quatrième album, The Soft Parade, retarde le départ de Morrison qui se désintéresse de plus en plus des Doors. Il n'écrit que quatre titres sur les neuf que contient l'album, il passe le minimum de temps au studio. Et Jim entre dans une colère noire lorsqu'il apprend que les autres membres du groupe ont vendu la mélodie de Light My Fire, le premier disque d'or du groupe, au constructeur automobile Buick. Il vit cet évènement comme une trahison. Lui qui avait toujours voulu modifier les valeurs américaines par le rock comprend que ses proches se sont laissés entraîner par le système en cédant aux puissances de l'argent. Jim Morrison a combattu activement par ses chansons certaines grandes causes, notamment la libération sexuelle et contre la guerre du Viêt Nam. Mais, il a toujours pris en dérision la pensée et l'idéologie du mouvement hippie qui commençait à émerger dans les années 60. Morrison est quelqu'un de pessimiste, avec un goût prononcé pour le cynisme, une fascination morbide pour la criminalité et le chaos. On voit bien que ces pensées ne peuvent se conjuguer avec celles de l'hédonisme naïf des hippies.

Le 1er mars 1969, les Doors donnent un concert à Miami. C'est le début d'une longue tournée, avec 19 dates arrêtées. Et le premier concert vira à la catastrophe. Déjà, les organisateurs avaient vendu plus de billets que de places. La salle était bondée de monde, surchauffée. Il y régnait une tension atroce, palpable, accrue par le retard de Morrison qui apparut sur scène ivre mort. Incapable de chanter, Morrison interrompt le concert et s'en prend à la foule en l'insultant. Et plus il injurie son public, plus ce dernier applaudit et en redemande. Alors, Morrison monte d'un degré au-dessus et pousse jusqu'à l'outrage en annonçant qu'il va se déshabiller. L'a-t-il fait ? On ne le sait pas. En revanche, ce que l'on sait, c'est que le concert a fini dans un désordre incontrôlable. Le 5 mars 1969, un mandat d'arrêt contre Jim Morrison est délivré sous quatre chefs d'accusation : comportement indécent, exhibition indécente, outrage aux bonnes mœurs et ivresse publique. Aussitôt, tous les concerts de la tournée sont annulés.

On peut se poser la question de savoir si Jim n'a pas dérapé justement parce qu'il voulait quitter le groupe. Son désir était de faire exploser le groupe, s'en débarrasser. Mais, il a échoué, car le fiasco de Miami et l'arrestation de Jim font réagir les fans qui s'insurgent contre ce procès et parlent d'une persécution. Trois mois plus tard, on permet au groupe de se produire sur scène et l'album Soft Parade devient disque d'or.

Jim Morrison est tiraillé entre plusieurs projets ce qui le stresse beaucoup. D'une part, il poursuit la tournée avec les Doors, d'autre part, il continue sa carrière de poète tout en pratiquant une activité de réalisateur. Il sépare toutes ces activités, mais il est rapidement perdu et n'arrive plus à les différencier. Dans une interview, il dira être un menteur, un trompeur, un calculateur, un manipulateur. Mais, au cours de l'année 1969, cette stratégie de séparation entre ses activités et donc entre la séparation de différents groupes d'amis à qui il doit toujours se montrer différent les uns des autres (il montre une facette de sa personnalité à son groupe d'amis de la poésie, une autre à son groupe d'amis du cinéma et ainsi de suite, de sorte qu'il n'est jamais lui-même), commence à montrer ses limites. Jim se retrouve tiraillé entre plusieurs impératifs, d'où un stress professionnel intense aggravé par la peur d'un procès et l'éventualité d'une incarcération. Ajoutons à cela qu'il mène une double vie. Il est toujours en couple avec Pamela Courson, mais entretient une relation avec Patricia Kennealy. Cette dernière est une fervente militante féministe pratiquant la sorcellerie wicca.

Pour évacuer cette tension nerveuse, Jim Morrison boit de plus en plus au point de ne presque jamais désenivrer. Pamela Courton lui conseille d'aller voir un psychiatre. Il l'écoute, prend un rendez-vous, mais n'assistera qu'à une seule séance. Durant cette époque, il ressent de forts sentiments d'autodestruction, se sent abandonné, incompris.

Durant l'année 1970, Jim Morrison connaît une période plutôt faste, avec une série de concerts réussis à New York, la sortie du cinquième album, la signature d'un contrat pour l'adaptation cinématographique du roman de Michael McClure, The Adept, et surtout, le succès remporté par la publication de son recueil de poésie. C'est d'ailleurs cet évènement qui le touchera le plus.

Le 10 août 1970 s'ouvre le procès du concert de Miami. Morrison plaide non coupable. Le 14 août, Patricia Kennealy lui annonce qu'elle attend un enfant. Jim la persuade de renoncer à ce bébé. Il n'en veut pas. Il lui promet de l'accompagner pour l'opération. Promesse qu'il ne pourra tenir. En novembre, Patricia Kennealy avortera seule.

Le 19 septembre 1970, Jim Morrison est reconnu non coupable pour les chefs d'accusations « comportement indécent » et « ivresse publique », mais coupable pour les chefs d'accusations « outrage aux bonnes mœurs » et « exhibition indécente ». Il écope alors d'une peine de huit mois de prison et de 500 dollars d'amende. Max Fink, l'avocat de Jim Morrison, engage aussitôt une procédure d'appel et obtient la libération de son client moyennant une caution de 50 000 dollars.

Cette décision du jury touche le monde du rock de plein fouet d'autant plus qu'il n'est pas encore remis de la mort de Brian Jones, de celle de Jimi Hendrix et de celle de Janis Joplin, tous morts durant l'année 1970. Jim Morrison en plaisante en disant à ses compagnons de beuverie qu'ils sont en train de trinquer avec le numéro 4.

Le 8 décembre 1970, le jour de son 27e anniversaire, Jim Morrison se rend seul au studio. Il y passe la journée à enregistrer une lecture de ses poèmes. Les 11 et 12 décembre, les Doors donnent des concerts à Dallas et à La Nouvelle-Orléans.

Au printemps 1971, après avoir fini l'enregistrement du sixième album, Jim Morrison quitte Los Angeles pour se rendre à Paris où il rejoint Pamela Courson. Épuisé, il souhaite faire un break et prendre ses distances avec le monde du rock afin de se consacrer à la poésie. Durant ces vacances, le couple visite la France, l'Espagne, le Maroc et la Corse. Pendant ce temps, le sixième album « LA Women » est perçu comme le meilleur album du groupe.

Dans la nuit du 2 au 3 juillet 1970, Jim Morrison décède dans sa baignoire dans des circonstances troubles. Le manager des Doors, Bill Siddons, se rendra à Paris le 6 juillet et ne pourra que constater la mort de la star. Ce dernier, à son arrivée à la capitale française, n'a pas vu le corps de Jim Morrison, mais le cercueil. Aucune autopsie, aucun examen n'a été réalisé sur le cadavre. La cause officielle du décès serait une crise cardiaque accréditée par la vie d'excès menée par Morrison entre ses abus d'alcool, de drogues et ses participations à des orgies. Un ami du chanteur, Alan Ronay, a affirmé que Jim Morrison voyait un cardiologue, car il souffrait d'une insuffisance cardiaque et d'un œdème pulmonaire.

Cependant, des témoins disent avoir vu le chanteur, le même soir, dans un bar parisien branché, le Rock'n'Roll Circus, parfaitement en forme, venir chercher de l'héroïne pour sa compagne et qu'il en aurait pris deux doses dans les toilettes du bar et serait donc mort d'une overdose. Par crainte du scandale, le dealer aurait ramené Jim agonisant ou déjà mort à son appartement de la rue Beautreillis qu'il partageait avec Pamela et l'aurait plongé dans son bain. D'après le gérant du bar, les dealers qui avaient vendu l'héroïne l'auraient emmené à son appartement parisien et auraient fait venir un médecin qui, pour le réanimer, l'aurait plongé dans un bain froid. Ces deux versions tendent vers la thèse du suicide prémédité par overdose.

Une troisième version, développée dans la biographie de Stephen Davis, explique que Jim Morrison a bu toute la journée du 2 juillet en compagnie d'Alain Ronay qui réalise une interview du chanteur. En fin d'après-midi, le journaliste le quitte, prend le métro pour son rendre à un dîner avec Marianne Faithfull. Jim aurait alors emmené Pamela au restaurant puis au cinéma voir le film « La Vallée de la peur ». De retour à leur appartement de la rue Beautreillis, tard dans la nuit, le couple danse sur des morceaux des Doors, se pique à l'héroïne (alors qu'il déteste les piqûres!) et s'endort vers 3 heures du matin. Deux heures après, Jim se réveille. Il ne se sent pas bien. Il décide de prendre un bain et, dans son bain, vomit des restants d'alcool et de repas ingérés la veille. Pamela Courson l'entend vaguement régurgiter, mais se rendort. Vers 6 heures, Jim, à l'agonie, appelle Pamela qui dort toujours, puis meurt dans sa baignoire. Deux heures plus tard, Pamela se réveille, constate que Jim n'est plus dans le lit et se rue vers la salle de bains. Mais elle ne peut ouvrir la porte qui est fermée à clé de l'intérieur. Elle contacte alors, son ami, amant et dealer Jean de Breteuil, pour lui demander de l'aider à appeler la police, car elle ne parle pas un mot de français. Jean débarque une demi-heure plus tard, compose le numéro des pompiers, puis repart rapidement, se rend à l'aéroport et quitte la France. Les pompiers arrivent vite sur les lieux, défoncent la porte de la salle de bain. Mais, Jim Morrison est déjà mort. Son corps est couvert d'hématomes. Pensant qu'ils souffrent d'une hémorragie interne, le médecin-urgentiste essaie de le réanimer. En vain. Le décès est constaté 45 minutes plus tard par le docteur Max Vassille, qui conclut, en accord avec les services de police, à une mort naturelle par crise cardiaque. Aucune autopsie ne sera ordonnée. Pourquoi? Pourquoi le corps de Jim Morrison présentait-il des traces de coups? Pourquoi n'avoir pas voulu ouvrir une enquête? On peut s'étonner du caractère très sommaire de l'enquête. Et pourquoi Jean de Breteuil, le dealer, a-t-il quitté la France? Juste pour l'information et peut-être un début de réponse à ce mystère, Jean de Breteuil est le fils de Charles de Breteuil, homme de presse français qui bénéficie d'avantages diplomatiques. La mort de Jim Morrison aurait été étouffée sur ordre du ministre de l'Intérieur, Raymond Marcellin, afin de ne pas créer de scandale médiatique et de ne pas susciter de désordres comparables à ceux arrivés lors de la mort de Brian Jones ou de Jimi Hendrix. Et pour ne pas compromettre la famille de Breteuil et pour ne pas envenimer les relations entre les États-Unis et la France. Rien de surnaturel donc, mais la question reste toujours posée : qu'est-ce qui est arrivé à Jim Morrison ?

De nombreux fans pensent que Jim Morrison aurait planifié son départ depuis plusieurs mois et qu'il l'aurait lui-même orchestré comme un accident destiné à couvrir sa fuite. Thèse un peu biscornue, il faut bien l'avouer.

Quoi qu'il en soit, Jim Morrison est mort à l'âge de 27 ans, dans des circonstances troubles, en France, et est entré dans le Club des 27. Comme les autres membres de ce club maudit, Jim Morrison avait eu une enfance malheureuse, était un rebelle, aimait la provocation, prenait de la drogue, buvait à outrance, rêvait de gloire, a obtenu le succès de manière fulgurante, côtoyait des personnes néfastes, peut-être des satanistes (on peut le supposer puisque sa maîtresse était une wicca), était tombé dans une profonde dépression, a eu des déboires avec la justice, avait des relations amoureuses houleuses... Bref, avait fini par se détester et par ne plus pouvoir supporter la vie... Coïncidences ?

La mort de Jim Morrison alimente le débat sur le mythe du Club des 27 qui commence à faire parler de lui. On commence à émettre l'idée que ces artistes, ces stars du rock, à force de rechercher la gloire, l'ont obtenue en signant un pacte avec le Diable et ont trouvé la mort. Les propos tenus par Jim Morrison, ses poèmes, tendent vers cette hypothèse. Ses écrits, incompréhensibles, sont truffés de références à la magie, au chamanisme, à la mort. Lui-même adepte du chamanisme, il fréquentait une wicca et l'on sait que les wicca appartiennent au monde des satanistes.

Kurt Cobain

Voici un autre personnage qui viendra rejoindre le Club des 27, un personnage singulier au destin tragique, un homme tourmenté qui connaîtra une gloire fulgurante et sombrera dans une profonde dépression.

Le 8 avril 1994, le corps de Kurt Cobain, chanteur emblématique du groupe Nirvana, est découvert. À ses côtés, une lettre d'adieu et un fusil. La version officielle parle de suicide. Kurt Cobain avait également 27 ans au moment où il avait décidé de mettre un terme à sa vie.

Attardons-nous un peu sur le passé de Kurt Cobain. On sait qu'il souffre très tôt d'hyperactivité et qu'une fois adulte, il adopte un comportement et une personnalité que l'on trouve fréquemment chez les personnes atteintes de TDAH, à savoir échec scolaire, esprit artistique, créativité, hypersensibilité, intelligence, asociabilité, addiction aux drogues, manque d'estime de soi... Bref, Kurt Cobain était un écorché vif qui recherchait à tout prix la notoriété. Kurt a une adolescence difficile marquée par le divorce de ses parents et un rejet de la société.

Il fonde le groupe Nirvana, ce qui n'a pas été une mince affaire. Le succès fut long à venir, mais fulgurant, car lorsqu'il arrive, Kurt Cobain est envahi par lui et ne sait pas comment le gérer. Ses fans l'adulent, l'idolâtrent et Kurt Cobain a du mal à faire face à cette notoriété qui commence à lui peser.

Pendant la majeure partie de sa vie, Kurt Cobain a souffert de dépression, de bronchite chronique et de douleurs à l'estomac. Ces maux abdominaux l'ont particulièrement affecté et tous les médecins qu'il a vus à l'époque n'ont pu le soigner. Peut-être que le problème n'était pas physique, mais ailleurs... En effet, de nombreux possédés souffrent de douleurs chroniques à l'estomac couplées à de la dépression ou des troubles psychiatriques que les médecins n'arrivent pas à guérir ni même à soulager. Ce qui me fait penser que Kurt était peut-être possédé, et que le démon lui a donné la notoriété, le succès, mais l'a forcé à se suicider.

La seule chose qui soulageait ses maux d'estomac était l'héroïne. Et c'est comme cela que le leader du groupe Nirvana sombre dans la drogue. En août 1986, il en consomme occasionnellement, pour soulager les crises. En 1991, il ne peut plus s'en passer. Il tente de se désintoxiquer lorsqu'il apprend que sa compagne, Courtney Love attend un enfant, mais cela lui est très difficile.

Il souffre du manque et ses douleurs à l'estomac le rendent très faible. Alors que les médecins ne trouvent pas de traitement pour le soulager, il reprend de l'héroïne. Peu avant un concert au New Music Seminar de New York, Kurt est en état d'overdose. Plutôt que d'appeler une ambulance, Courtney Love lui injecte de la naloxone, substance réputée efficace dans cette situation. Remis sur pied, il assure le concert sans rien laisser transparaître de l'incident.

Après un concert au Terminal Eins de Munich, le 1er mars 1994, Kurt Cobain souffre d'une bronchite et d'une sévère laryngite. Le lendemain, il s'envole pour Rome afin de se faire soigner. Sa femme, Courtney Love, le rejoint. Le 4 mars, il fait une overdose d'héroïne, d'opiacés de substitution, de champagne et de Rohypnol. Il est rapidement conduit à l'hôpital. Cinq jours plus tard, il quitte l'établissement, regagne Seattle. Courtney Love affirmera que cet incident était sa première tentative de suicide.

Le 18 mars 1994, elle appelle la police pour leur signaler que son mari est suicidaire et qu'il s'est enfermé dans une pièce avec une arme à feu. Lorsque la police se rend sur place, Kurt Cobain est découvert cantonné dans la salle de bains, avec un fusil et des pilules. Il dira qu'il voulait se cacher de sa femme.

Le 30 mars 1994, Kurt Cobain entre à l'Exode Recovery Center de Los Angeles pour une cure de désintoxication à la demande de sa femme, de sa famille et d'amis.

La nuit suivante, il escalade un mur pour s'échapper de l'établissement, grimpe dans un taxi, se rend à l'aéroport, prend l'avion pour Seattle et disparaît dans la nature. Le 3 avril, Courtney engage Tom Grant, un détective, pour le retrouver.

Domicile de Kurt Cobain à Seattle, où il mourut le 5 avril 1994.

Le 8 avril 1994, un électricien, Gary Smith, découvre le corps sans vie de Kurt Cobain dans une pièce située au-dessus du garage de la maison du couple Kurt/Courtney à Seattle. Près du cadavre, un fusil et une lettre d'adieu. Kurt se serait suicidé en se tirant une balle dans la tête le 5 avril 1994.

La lettre est adressée à Boddah, l'ami imaginaire d'enfance de Kurt Cobain dans laquelle il écrit qu'il vaut mieux brûler franchement que s'éteindre à petit feu.

Ami imaginaire, maux de ventre que la médecine n'arrive pas à soulager, addiction à la drogue… tout cela est bien étrange. D'autant plus, que Kurt Cobain avait 27 ans au moment de sa mort.

Je sais, chers lecteurs, je suis passée très rapidement sur la vie de Kurt Cobain, car le plus important, est de comprendre que comme tous les autres membres du Club des 27, il était dépressif, souffrait de maux divers, était accroc aux drogues, rejetait la société… Le Diable avait posé une main sur lui, puis les deux…

Amy Winehouse

C'est le 13 juillet 2011 que la chanteuse rejoint le maudit Club des 27.

Elle aussi était accroc à l'alcool et aux drogues. Elle aussi est morte des suites d'abus d'alcool et de substances illicites. Et le pire, c'est qu'elle devait avoir 28 ans le 14 septembre. Mais la mort l'a rattrapée avant.

Ici encore, nous avons affaire à une histoire de succès fulgurant. En effet, en 2003, Amy Winehouse publie son premier album « Frank » qui rencontre le succès commercial et un bon accueil critique de la part des Britanniques. En 2006, son second album « Back to Black » se classe n° 1 des ventes dans plusieurs pays et la propulse au rang de star planétaire. En 2007, elle remporte 4 Grammy Awards : Meilleure nouvelle artiste, Album de l'année, Chanson de l'année pour Rehab. La même année, elle remporte le Brit Award dans la catégorie Meilleure artiste féminine.

Back to Black est la meilleure vente d'albums dans le monde au cours du premier semestre 2008, à 3,67 millions d'exemplaires pour un total des ventes de près de 11 millions (comprenant le téléchargement).

Elle a aussi reçu, à trois reprises, le prix Ivor Novello, en 2004, en 2007 et en 2008.

Comme quoi tout est allé très vite pour la chanteuse. Un premier album c'est la gloire, un deuxième, c'est l'extase, la consécration... Tout est allé beaucoup trop vite.

Amy Winehouse, après son succès, connaît des problèmes de dépression, de toxicomanie, d'alcoolisme, de boulimie et tout cela fait la une des journaux à partir de 2007. N'aurait-elle pas supporté le succès ?

La chanteuse avait une santé fragile, elle a souvent été hospitalisée et fait des cures de désintoxication, sans résultats. Le 24 juin 2008, les médecins découvrent les premiers signes de ce qui pourrait être un emphysème pulmonaire, emphysème qui serait dû au tabac et à la cocaïne. Mitch Winehouse, le père d'Amy, qui avait emménagé dans la demeure de sa fille pour l'aider et la surveiller, déclare que si Amy continue à consommer du crack, ses poumons sont perdus et cela lui sera fatal.

Tous les proches d'Amy ont essayé de la sauver, de la sortir de ses addictions et de sa boulimie. Mais, les médias publiaient trop de photos de la chanteuse la montrant inhalant du crack ou prenant une barre de coke, ce qui n'a pas arrangé l'affaire.

Le 23 juillet 2011, Amy Winehouse est retrouvée morte dans son appartement dans le quartier Camden Town à Londres. L'autopsie révèle un taux d'alcoolémie de 4,16 g/l de sang, ce qui est énorme. De plus, elle venait juste de sortir d'une cure de désintoxication, et la reprise d'une consommation aussi importante lui a été fatale.

Une mort tragique qui survient, comme tous les autres membres du Club 27, à l'apothéose de sa carrière.

Conclusion

Le Club des 27 compte d'autres membres, tous des artistes morts tragiquement, dans des circonstances floues, par overdose, par suicide, par accident, et tous à l'âge de 27 ans.

À y regarder de plus près, c'est vrai que toutes ces morts étranges et surtout à 27 ans, cela nous fait poser des questions. La plupart des membres du Club 27 ont eu une enfance tragique, une carrière formidable marquée par la drogue et l'alcool, une vie sentimentale désastreuse. Malgré leur succès, tous souffraient de solitude, de dépression, de maladies diverses... Tous souffraient de ne pas être reconnus, de ne pas être compris !

Le débat concernant le Club des 27 est ressurgi avec le décès récent, à l'âge de 27 ans, de l'acteur à succès Anton Yelchin, le 19 juin 2016. En effet, l'acteur trouve la mort dans des circonstances floues, écrasé par sa propre voiture dans une allée en pente. Il se trouvait derrière sa voiture lorsque celle-ci a commencé à descendre. On a retrouvé son corps un peu plus bas, coincé entre la voiture et le pilier d'une boîte aux lettres.

C'est surprenant n'est-ce pas ? Un accident plutôt bizarre. D'autant plus, qu'au moment de sa mort, Anton Yelchin était à l'apogée de sa carrière, avait tourné dans de nombreux films à succès, était en bonne santé et surtout, il avait 27 ans lorsque la mort vint le prendre.

Lui aussi a connu un succès fulgurant qui s'est mis en route dès la projection du film indépendant « A Time for Dancing » en 2000. Avant cela, il faisait partie d'un groupe punk. En 2001, il obtient le premier rôle de Delivering Milo de Nick Castle. À côté de cela, on peut le voir aussi dans des séries américaines, comme Esprits criminels, New York, section criminelle, The Practice...

Et là, les théories sur le Club des 27 se mettent à fuser. Certaines parlent d'âge « maudit », d'autres de conjonctures lunaires, d'autres encore d'astrologie...

Après la mort tragique d'Amy Winehouse, une équipe de statisticiens des universités de Freiburg en Allemagne et du Queensland en Australie, s'est penchée sur cette affaire. Les statisticiens ont analysé 1 046 musiciens classés à la première place du hit-parade britannique entre 1959 et 2007. Et ils ont conclu, je cite : « Notre analyse ne montre pas de pic de risque de décès à 27 ans chez les musiciens, malgré le fait que l'on ait utilisé un modèle de courbe flexible qui aurait permis de montrer le moindre risque. L'étude indique que le club des 27 a été créé par une combinaison de chance et de tri sélectifs ».

Tri sélectif, chance, voilà ce qui ressort de cette étude. Chance ou malchance ? Car là c'est différent...

D'autres études dirigées dans le même sens ont été réalisées, dont celle de Diana Theadora Kenny qui publia ses résultats : l'étude de 11 000 artistes décédés entre les années 1950 et 2010 montre que les artistes morts à l'âge de 27 ans ne représentent que 1,3 % de la population étudiée. Diana Theadora ajoute que les tranches 28 ans et 56 ans affichent une plus haute proportion que celle des 27 ans.

Au début de l'année 2016, les médias se sont mis à parler d'un Club des 69 ans en évoquant les décès de l'acteur Alan Rickman, Michel Delpech, David Bowie... À chacun son club donc.

Si vous voulez mon avis, chers lecteurs, le Club des 27 existe et est bien composé d'artistes qui, à un moment de leur vie, ont demandé de l'aide au démon pour connaître la gloire. Comment ? Certainement par des prières, des supplications, des pactes et sans le savoir, pour la plupart, ils sont devenus esclaves d'une gloire qui les a tués. En tout cas, tous étaient malheureux, accrocs à l'alcool ou à la drogue, dépressifs ou souffraient d'une quelconque maladie physique ou mentale. N'était-ce pas là l'œuvre du démon ? N'ont-ils pas été victimes du péché de vaine gloire ? Sont-ils tous devenus des damnés comme Hitler ou Néron ? Je pense que oui, ils sont à la merci du démon qui les contrôle encore après leur mort.

Beaucoup de nos stars de la chanson, du cinéma ou de la télévision sont hantées par la vaine gloire. Prenons les chanteurs par exemple. Certains se pervertissent rien que pour vendre leurs disques. Je pense notamment à Miley Cirrus, pour ne citer qu'elle, qui n'hésite pas à s'afficher dans des clips ultras provocants ou à venir sur scène quasiment nue pour vendre des albums. Souhaitons-lui de ne pas rejoindre le Club des 27 ! Car elle aussi, elle mène une vie décousue faite de provocations et de scandales.

Dans le domaine de la téléréalité, prenons l'exemple des Anges de la Téléréalité ou les Ânes de la Téléréalité comme je les appelle, qui n'hésitent pas à se dévêtir, à passer pour des imbéciles, à provoquer, à se faire insulter… pour se faire voir dans une émission de télévision et espérer faire le buzz.

Au cinéma, nous avons aussi de nombreux acteurs en mal de reconnaissance qui n'hésitent pas à provoquer un esclandre juste pour que l'on parle d'eux.

Les médias alimentent tout cela et maintiennent les jeunes dans cet état. À croire que les médias travaillent pour le Diable ! La vaine gloire est omniprésente et sournoise. On ne la sent pas venir et lorsqu'elle s'installe, elle peut conduire à la folie. Les médias poussent à la vaine gloire. Chacun, dans son domaine, est porté par la vaine gloire. C'est dur, très dur, de ne pas être tenté par cette passion dévastatrice.

Dans notre vie de tous les jours, nous sommes constamment harcelés par la vaine gloire. Nous voulons cette promotion à tout prix, être le meilleur parent, être le meilleur frère, la meilleure sœur, le meilleur ami, le meilleur voisin… juste pour qu'on nous le dise et qu'on nous félicite. Vous comprenez pourquoi la vaine gloire est insidieuse et dangereuse ? Plus d'un s'y sont brûlés les ailes.

Amis des réseaux sociaux, Facebookiens, Twitteriens, Tumblriens et autres, qui d'entre vous n'a jamais cherché à recevoir le plus de notifications, de j'aime, de favoris, de cœur et j'en passe ? Qui n'a jamais posté un statut ou une vidéo pour obtenir le plus de vue possible ? Les réseaux sociaux alimentent la vaine gloire. Ils nous poussent à une fausse gloire pour faire le buzz et flatter l'ego. Ce qui peut se révéler très dangereux. Être populaire sur les réseaux sociaux est devenu une obsession pour certains en mal de reconnaissance et lorsque la popularité baisse, le moral aussi. Ce qui peut engendrer une dépression, voire de la colère, de l'envie et pire encore de la folie. Alors attention !

Et nos stars du Club des 27 ont succombé à la vaine gloire, ce qui les a conduites à devenir des marionnettes du démon !

Le satanisme dans la musique

Restons dans le domaine de la musique, et dans la continuité de l'article concernant le Club des 27. Mais avant d'entrer dans le vif du sujet, j'aimerais définir le satanisme.

Le satanisme

À l'abri des regards, dans une pièce sombre transformée en église satanique, au moment où vous lisez ces lignes, des personnes sont réunies et vouent un culte à Satan. Leurs activités occultes sont nombreuses, mais la pire reste le meurtre au nom de Satan. Les sectes sataniques se développent dans le monde entier. Elles prennent différents noms pour mieux nous perdre. Les sectes sataniques sont une réalité, une réalité dangereuse. Et bien sûr, certains morceaux prônent les sectes sataniques ou nous poussent vers ces sectes sataniques.

Ici, vous entendrez parler de sociétés secrètes, comme la franc-maçonnerie, la Rose-Croix, les Illuminati, la Société du Thullé... Nous ne connaissons pas grand-chose sur ces sociétés et il est difficile de démêler la vérité du faux. Ce que nous savons, c'est que ces sociétés sataniques prônent l'inhumanité, le pouvoir et la richesse. Ce sont des sujets sensibles.

Notre monde actuel, dirigé par ces sociétés secrètes, encourage l'athéisme en masse, la pratique de l'ésotérisme, de l'occultisme et du spiritisme. Ces pratiques ont la côte et beaucoup de jeunes s'y adonnent sans connaître les dangers encourus. Les médias, en minimisant les dangers, les encouragent. Ces pratiques représentent un excellent moyen de recrutement pour les satanistes. Bien sûr, dans ces domaines, il existe de nombreux charlatans, mais même charlatans, en pratiquant de la magie, en cherchant à s'enrichir sur le dos de ceux qui souffrent, ils deviennent des disciples de Satan.

Les sociétés sataniques existent et leur but consiste à aveugler l'humanité sur la présence de Dieu. Les membres de ces sociétés secrètes sont des hommes, des femmes en apparence bien sous tout rapport, venant de milieux socioculturels et professionnels diversifiés. Ces hommes et ces femmes vouent un culte à Satan, participent ou organisent des rituels sataniques, se livrent à des orgies, composent et dansent sur de la musique satanique, font des sacrifices, parfois humains...

Ces personnes entraînent d'autres personnes, surtout les adolescents, à s'adonner à la magie, à l'occultisme. Les jeunes prennent cela pour un jeu. Or, la magie n'est pas un jeu ! Et ceux qui s'y frottent sont souvent tourmentés par différents troubles, comme la dépression, la paranoïa, des maux physiques que la médecine n'arrive pas à diagnostiquer, à soulager ni même à guérir. Certains aussi sombrent dans la schizophrénie. Cela ne vous rappelle pas certains membres du Club des 27 ?

Les sectes sataniques sont en plein essor. On n'en parle pas, cela reste secret, et pourtant des millions de personnes, dans le monde entier, se réunissent dans des endroits glauques et lugubres, devant un autel où trône une statue de Satan ou d'une autre divinité, un pentacle, une croix inversée. Il existe même des discothèques pour satanistes, dans lesquelles on passe de la musique satanique et où l'on pratique des orgies. Les clubs fétichistes, les clubs échangistes sont aussi liés aux sectes sataniques.

Rituel satanique avec sacrifice d'un enfant.

Il existe différentes formes de sectes sataniques, dont le satanisme de LaVey, le luciférisme, le satanisme théiste... Il y en a pour tous les goûts ! Ces sectes prônent la liberté, le refus de la société, la débauche... et le meurtre !

Secte satanique avec sacrifice d'une jeune femme.

Le satanisme est un phénomène que l'on ne peut nier. Tous les jours, dans les journaux, nous lisons des faits divers effrayants. Mais l'on ne nous dit jamais clairement qu'il s'agit de meurtres perpétrés dans le cas d'un sacrifice satanique. On laisse le lecteur dans le doute, comme si les médias sont aussi complices des sectes sataniques, de la franc-maçonnerie, des illuminati... Et franchement, je pense de plus en plus qu'ils le sont.

Voici quelques exemples d'articles dans les journaux concernant le satanisme :

L'ouverture d'un procès pour meurtres d'enfants dans des rituels sataniques, Rio de Janeiro, 28 août 2003 (AFP) :

« Le procès de cinq personnes accusées d'avoir torturé, castré et assassiné cinq enfants de 8 à 13 ans dans des rituels de magie noire à Altamira, une ville d'Amazonie, vient de s'ouvrir avec treize ans de retard. Le secrétaire spécial pour les droits de l'Homme, Nilmario Miranda, a déploré jeudi que la justice ne soit que "partielle" puisqu'une seule des sept enquêtes ouvertes sur les crimes commis entre 1989 et 1993 sur 19 enfants avait donné des résultats et permis de traduire les présumés coupables en justice. Les cinq accusés dont la dirigeante d'une secte, Valentina de Andrade, 75 ans, ont réussi pendant toutes ces années à entraver les enquêtes par un trafic d'influence, en faisant disparaître des preuves et en intimidant les victimes. La dirigeante de la secte et deux médecins ayant pratiqué les émasculations seront jugés à partir de mardi prochain »

Article paru dans le journal « Le Matin » le 25 juillet 2001 : « Après le saccage d'un cimetière à Lucerne, la police a arrêté 6 personnes. Ces déprédations de plus de 90 tombes ne sont pas des actes isolés. Il s'agirait plutôt d'une descente aux enfers. En effet, ces actes font suite à une série de neuf profanations satanistes depuis 1997 en Suisse. »

Article paru dans le journal « Le Courrier » du 18 mai 2001 : « L'assassin du curé de Kingersheim (Alsace) a été condamné à 20 ans de réclusion criminelle. Il invoquait une "pulsion satanique". L'expert chargé d'étudier son cas a estimé que ses fréquentations avaient pu susciter une "émulation préjudiciable"... Il s'est par ailleurs inquiété de la banalisation de la mort que véhiculaient certains médias et certains groupes de musique "black metal". »

Des enfants de l'école de musique Artissimo vont se produire sur scène aux côtés du « pape » sataniste du groupe Ghost, article paru le 13 juin 2016.

Voici des exemples parmi un nombre qui ne cesse de croître de « faits divers » qui se produisent au milieu des membres des groupes satanistes ; aujourd'hui, ils sont portés à la connaissance du grand public qui continue à nier le phénomène. Dans notre monde cartésien, l'on ne croit plus à l'existence du Diable ; on minimise les faits ; on préfère parler de déséquilibrés mentaux. Or, le satanisme est réel, le démon est une réalité, et le satanisme tue.

Le « père du Satanisme moderne » est l'anglais Brite Aleister Crowley (1875 - 1947). Enfant déjà, il se comportait d'une manière antichrétienne. Très vite, il se joignit à un groupe occulte et se fit appeler frère Perdurabo. Le changement de nom est une pratique courante chez les satanistes, ce qui permet de brouiller les pistes et de rendre les recherches plus difficiles.

Crowley prône le refus radical du christianisme, la priorité absolue au moi et l'usage de la magie pour sa propre satisfaction, y compris sexuelle. C'est le satanisme moderne. Crowley se considérait comme l'incarnation de Satan et se faisait surnommer « La grande Bête ».

On doit la première formation d'un mouvement concret, l'Église de Satan, à Anton LaVey. C'est lui qui a fondé le satanisme LaVeyen. Il bâtit donc la première Église de Satan et écrivit la Bible Satanique ainsi que différents ouvrages comme la « Déclaration de Foi du Satanisme » pour les adeptes qui voulaient être initiés.

Anton LaVey et Marilin Manson

On comprend que le satanisme prône la liberté. Or dans le satanisme, il y a des règles à respecter. Le sataniste n'est pas libre, il croit être libre, mais il doit respecter une certaine hiérarchie, se plier à des rites et surtout, on lui interdit de quitter la secte.

Il existe beaucoup de groupes différents de satanisme. Pour faire court, je vais vous en présenter deux.

- Le Neo-Satanisme occulte

Ici sont regroupées toutes les églises de Satan qui s'organisent autour des adorateurs du Diable et qui se sont développées à partir du satanisme LaVeyen et de la doctrine de Crowley. Les membres de ces groupes vouent un culte à Satan et pratiquent des rituels sataniques. Ces séances sont tenues secrètes et les satanistes ne sont pas identifiables dans leur vie privée. Ils n'affichent pas de signes distinctifs, ils travaillent, se rendent au marché ou dans les grandes surfaces, mènent une existence normale aux yeux des autres, de la famille, des voisins, des amis. Ces groupes se sont surtout développés aux États-Unis, en Afrique du Sud et maintenant en Europe où ils gagnent du terrain.

- Le satanisme syncrétique des jeunes

Le mot syncrétisme signifie une combinaison de doctrines et de religions non cohérentes entre elles.

Le satanisme syncrétique est surtout un satanisme « fait maison » comportant un mélange de pratiques magiques et occultes des plus variées. Les jeunes sont très friands de satanisme syncrétique.

Il existe des cercles fermés s'adonnant à ce genre de satanisme où l'entrée se fait grâce à la réussite d'épreuves, des tests qui consistent en l'évocation des esprits par le spiritisme, le pendule... ou par un mouvement de protestation contre la société ou encore en écoutant certains types musiques.

Les moyens de recrutement sont nombreux et variés. Au début, les satanistes vont montrer aux jeunes qu'ils bénéficient d'une liberté absolue, qu'ils peuvent se révolter contre la société, qu'ils appartiennent à un groupe soudé... Mais tout n'est qu'illusion !

Un adolescent mal dans sa peau, incompris, ne trouvant aucun réconfort auprès de sa famille, peut facilement tomber dans les pièges tendus par les satanistes qui attirent ce jeune en lui promettant de vivre selon ses propres désirs, surtout sexuels. La curiosité, la recherche d'une sécurité, l'appartenance à un groupe qui nous ressemble, l'impression de ne plus être seul, la recherche d'une identité, le goût de l'aventure et le goût de réaliser de nouvelles expériences attirent aussi le jeune vers le satanisme.

Le recrutement peut aussi s'opérer au moyen de la musique. C'est ce que nous verrons plus tard.

Les vrais responsables de la diffusion rapide de l'idéologie satanique ne se trouvent pas seulement au sein des groupes sataniques, mais aussi au sein d'hommes et de femmes qui propagent cette idéologie en se servant des médias, de la télévision, du cinéma, des publicités... Ces hommes et ces femmes, qui sont aussi des satanistes, appartiennent aux sociétés secrètes dont je vous ai parlé plus haut. Ils dirigent le cinéma, les médias, les publicités, la culture, la musique... Ils nous mettent en tête des idées fausses propagées par matraquage médiatique, publicitaire... Ils nous mettent en tête des idées sataniques...

On trouve toujours plus de films à caractère occulte. Même dans les dessins animés destinés aux enfants, on montre à nos petites têtes blondes comme c'est génial et amusant de pratiquer de la magie ! Des magazines pour adolescents, comme Bravo ou Bravo Girl… jouent aussi un rôle dans la diffusion des idées sataniques.

Dans le magazine Bravo on trouve des articles aux noms révélateurs : « Comment recevoir votre message de l'Au-delà », « Le pendule dit la vérité » ou encore « Cours accéléré pour apprendre la signification des cartes ».

Depuis les années 60, la culture occulte et satanique fait partie intégrante de la musique connue de certains tubes écoutés en boucle à la radio.

Mais parmi les méthodes de séduction les plus efficaces chez les jeunes, on trouve les fameux jeux de rôle où l'adolescent se met dans la peau d'un personnage qui possède des pouvoirs magiques. Je pense notamment au jeu « Fantasy ». Il en existe bien d'autres ! Et l'on présente ces jeux comme une occupation innocente, ce qui est encore plus dangereux. D'ailleurs, dans le jeu de rôles Fantasy, Gary Gygax, l'un des pères des jeux de rôles, recommande que toutes les formules de magie et sortilèges se trouvant dans le jeu doivent être prononcées à haute voix. Ainsi, les puissances sataniques sont présentes et peuvent attaquer !

Les conséquences d'être en contact avec une secte satanique ou des satanistes ou d'adhérer à certaines idées sataniques, de pratiquer des rituels, de la magie, peuvent être terribles et destructrices. Ces conséquences dépendent de l'intensité des liens avec le domaine occulte. Ces liens peuvent entraîner différents maux comme :

- L'isolement social

Qui part à la recherche de cette pseudo-liberté qu'offre le satanisme tombe obligatoirement dans les griffes de Satan et s'isole des autres, de ses parents, de sa famille, de ses amis… Dans le satanisme, la communion n'existe pas. C'est le chacun pour soi. L'amour, l'amitié, la faiblesse ne sont pas autorisés. Du coup, le sataniste se cloître et n'arrive plus à communiquer avec les autres.

- Les perturbations psychiques et corporelles

Toutes les victimes de Satan parlent de sentiments de peur, de cauchemars, de visions effrayantes… Sans parler de ceux qui ont subi des abus sexuels lors de rituels et qui gardent des séquelles psychologiques indélébiles ainsi que de graves séquelles physiques. Car, on ne peut le nier, dans les rites sataniques, il y a des abus psychiques, physiques, sexuels.

- Liaisons occultes et possession

C'est le dernier stade. Ici, le sataniste se retrouve incapable de se libérer des forces occultes qui le contrôlent. Il lui est alors impossible d'aimer, de construire un foyer, de ressentir du plaisir. Il est en proie à de douloureux maux, à des visions effrayantes, ressent le besoin de se faire mal et de faire mal aux autres. C'est la possession démoniaque. À ce stade, il lui est impossible de quitter le milieu satanique et de se libérer de Satan sans aide. On assiste alors à des suicides.

Peu de personnes réussissent à quitter une secte satanique. Cela demande un effort considérable. En plus, les membres jouent sur l'intimidation et n'hésitent pas à proférer des menaces de mort. Mais pour celui qui y parvient, il doit se convertir, revenir à Jésus-Christ, brûler tous les objets en rapport avec le satanisme. On conseille vivement un changement de cadre de vie afin de mettre le plus de distance possible avec les autres satanistes.

Le satanisme est une réalité, je ne cesserai jamais de le répéter. Le satanisme est dangereux, car il entraîne vers la désolation, la dépravation. Parfois, des enfants sont sacrifiés sur l'autel de Satan. Tout cela existe, l'on connaît les risques, mais tout le monde ferme les yeux sur cette réalité. Je vous demande, chers lecteurs, de rester vigilant, ne vous faites pas abuser par de belles paroles. Fuyez Satan, fuyez ses adeptes ! Et surtout, fuyez sa musique ! Vous vous demandez peut-être pourquoi un tel chapitre sur la musique satanique a sa place dans ce livre. En fait, parce que la musique satanique représente un excellent moyen pour Satan d'influencer l'histoire de l'humanité en faisant changer l'histoire de ceux qui écoutent cette musique.

La musique satanique

On connaît tous l'adage « La musique adoucit les mœurs ». C'est vrai que certaines mélodies apaisent, détendent, d'autres font remonter des souvenirs, d'autres encore nous mettent en joie et nous donnent la pêche. Mais, il existe une forme de musique qui peut avoir des conséquences néfastes, qui peut nous mener à la désolation, au satanisme. Et qui peut même conduire au péché de masse ou à des catastrophes de masses. Ces musiques sont souvent chantées et jouées par des stars internationales qui prônent, sans que l'on s'en rende compte, le culte à Satan. Certaines de ces stars appartiennent au Club des 27.

Garry Allen nous disait à propos de la musique satanique : « Parmi beaucoup de jeunes, la musique prend le pas sur les croyances religieuses traditionnelles comme source de leurs convictions les plus absolues ; ils peuvent citer des textes et l'origine des chansons comme auparavant les personnes citaient la Bible ».

Voici un extrait d'un article paru dans la revue canadienne « Lumière et Paix » de mai juin 1982. Bien que cet article ne soit pas récent, il est encore d'actualité aujourd'hui.

« Il existe aux États-Unis (elle s'est étendue à l'échelle internationale) une association qui a pour nom WICCA (Association des sorciers conspirateurs). Les composantes de cette association sont très nombreuses. Elle possède trois compagnies de disques et chacun de leurs disques a pour but de contribuer à la démoralisation et à la désorganisation interne de la psychologie des jeunes. Il s'y pratique le satanisme et les membres se consacrent à la personne de Satan.

Chacun des disques décrit exactement les états d'âme qui conviennent aux disciples de Satan et invite les gens à le glorifier, l'honorer et le louer...

... On connaît aussi très bien une autre organisation, celle de Garry Funkell, qui produit le même type de musique. Ces groupes ont surtout pour but de diffuser les disques destinés à amener les jeunes au satanisme, c'est-à-dire au culte de Satan. »

D'après cet extrait, on comprend que l'on parle du Rock satanique. On sait que la WICCA possède trois groupes de maisons de disques. Chaque disque qui sort de ces maisons a pour mission de contribuer à la destruction morale et à la confusion des jeunes d'aujourd'hui, car le phénomène ne touche plus que le rock, mais aussi le rap, le funk, la soul, l'électro...

Le groupe sataniste Iron Maiden en concert.

La WICCA a rendu populaires et a mené au sommet de la gloire beaucoup d'artistes. Par exemple, les Rolling Stones, dont les disques répandent des principes qui sont propres à ceux qui se sont consacrés au diable, certes pas dans tous les titres, mais dans plusieurs de leurs enregistrements. Et là, on fait automatiquement le lien avec Brian Jones. Tout s'explique !

Voici un autre groupe de rock américain sorti tout droit des productions WICCA : Led Zeppelin. En 1982, un tribunal californien condamne les membres du groupe pour tentative d'influence par le biais de messages sataniques subliminaux sur le disque « Stairway to Heaven » dont voici un extrait traduit en français :

« C'est un sentiment qui me prend quand je regarde vers l'ouest, et mon esprit crie son envie de partir ».

A priori, rien de diabolique, sauf que si l'on écoute cette phrase en anglais et à l'envers, on entend autre chose que je traduis ici en français : « Je dois vivre pour Satan, oui au diable, n'aie pas peur du diable ». Et là bien sûr, ça devient problématique.

Bob Larson, évangéliste américain de radio et de télévision et pasteur de l'Église de la liberté spirituelle à Phoenix, en Arizona, a écrit plusieurs ouvrages sur la musique satanique. Cet homme a été baigné dans le domaine musical très tôt. À l'âge de 15 ans, il était déjà disc jockey et dirigeait son propre groupe de rock, mais s'est ensuite converti au christianisme. Dans son livre « Rock & Church » (« Le Rock et l'Église »), il démontre l'incompatibilité du rock et du gospel, avec et dans l'église, par le récit de longues expériences. Ceux qui sont sortis des chaînes de la musique rock doivent, selon lui, détruire tous les disques et toutes les cassettes se trouvant en leur possession.

La scène du groupe King Diamond à Montréal.

Aujourd'hui, il existe encore des groupes de rocks sataniques qui font l'apologie de Satan. Ces personnes sont souvent grimées d'une manière horrible, vocifèrent des paroles incompréhensibles, le tout sur un rythme effréné. En les regardant, on peut se dire qu'ils sont ridicules accoutrés de la sorte et surtout qu'ils paraissent inoffensifs. Ils sont certes ridicules, mais pas inoffensifs. Ils arrivent à réunir des adeptes autour d'eux, des jeunes qui les écoutent, qui les louent et qui s'habillent comme les membres de leur groupe favori, c'est-à-dire comme des satanistes. Mais souvent, on a affaire à des chanteurs qui ne sont pas grimés, qui adoptent des comportements normaux pour mieux passer à la télévision, à la radio. Le Diable sait se montrer subtil et surtout, sait se cacher. Ce sont ces personnes qui passent inaperçues les plus dangereuses.

Les groupes de rock sataniques ont connu un énorme succès durant les années 60 à 80. Aujourd'hui, pour attirer plus de jeunes, les musiques sataniques se sont diversifiées pour suivre la mode. Maintenant, on trouve aussi du RAP, de la Soul et même de la variété ! Attention toutefois, tous les morceaux rock ou de rap ne sont pas sataniques. Et heureusement d'ailleurs !

Quelques artistes chez qui l'on a pu découvrir des références à Satan lors des concerts ou des clips

J'aimerais revenir sur la notion de WICCA. Sur internet, je vois beaucoup de femmes se prétendant être des sorcières WICCA et je sais que certaines liront cet article et crieront au scandale. Voilà ce qu'un wiccan dira de son art : la WICCA est une foi, une spiritualité qui s'intéresse à la Nature. Le Divin est cette Nature divisée en deux concepts : le Dieu et la Déesse. Le wiccan peut pratiquer ou non la magie. Le WICCA est donc une philosophie, un art de vivre fondé sur la dualité du divin entre un dieu et une déesse. Et ce dieu et cette déesse sont complémentaires, ils sont le bien et le mal à la fois, ils ne s'opposent pas. Donc, pour faire clair, le wiccan cherche un équilibre entre le dieu et la déesse pour vivre en harmonie avec lui-même et la nature. C'est la définition de la WICCA. Sauf que la WICCA utilise la magie et donc les wiccans sont des adeptes de Satan même sans le savoir pour certains. La WICCA est un mouvement religieux incluant des éléments de croyances telles que le chamanisme (on pense à Jim Morrison), le druidisme et les mythologies grecques, celtes, slaves... Ses adeptes s'adonnent à la magie et vouent un culte à des dieux, comme, par exemple, la sorcière Hecate qui représente la déesse de la Lune. Donc, les wiccans vouent des cultes à des démons et à des démones et pratiquent la magie. Donc, ce sont des esclaves de Satan. Le credo du wiccan est « fais ce qu'il te plaît tant que cela ne nuit à personne ». On trouve le même credo dans le satanisme de LaVey.

Dans l'article cité au-dessus, on parle de la WICCA comme d'une organisation qui posséderait des compagnies de disque. Je n'ai pas pu vérifier cette information, mais elle me semble plausible, car la WICCA a vu le jour dans les années 50 et les premiers morceaux de rock satanique apparaissent quelques années plus tard, dans les années 60 avec les Beatles, un groupe hautement satanique. À partir de ce moment, les musiques sataniques envahiront les radios, les chanteurs sataniques déplaceront les foules lors de concerts gigantesques. La machine est lancée et rien ne semble l'arrêter. Ces morceaux diffusés en boucle cachaient souvent des messages subliminaux que l'on a mis au grand jour.

Reconnaître une musique satanique

On reconnaît les musiques consacrées à Satan sur la base de quatre principes :

- Le rythme

Que l'on appelle aussi le beat ou le tempo. Ce rythme est caractéristique, car il se développe suivant les mouvements de la relation sexuelle. Tout à coup, les auditeurs se sentent pris dans une sorte de frénésie incontrôlable. Et c'est pourquoi l'on a enregistré de nombreux cas d'hystérie après une écoute prolongée et continuelle de ces musiques. En fait, le beat exaspère l'instinct sexuel de celui qui l'écoute créant un excès de rage.

- L'intensité du son

L'intensité du son est délibérément de 7 décibels au-dessus de la tolérance du système nerveux. Ce qui veut dire que l'intensité du son épuise le cerveau. Si l'on est exposé à cette musique trop longtemps, il en résulte automatiquement une forme de dépression, de morosité, de révolte et d'agressivité. Comme si le monde qui nous entoure est rendu encore plus noir, que tout est sombre et que ceux qui sont près de nous nous veulent du mal. Lors des concerts, le son est poussé à fond volontairement afin d'induire chez le public une impression de fatigue nerveuse, de révolte...

Cette intensité est étudiée, prévue pour exaspérer le système nerveux, afin de plonger les auditeurs dans un état de désarroi qui les pousse à rechercher comment actualiser le beat, c'est-à-dire à rechercher du plaisir dans la violence et la sexualité bestiale. Aujourd'hui, il n'y a pas que certaines musiques rock qui utilisent cette intensité de son, mais aussi des musiciens de Rap, de Funky... Alors, l'adolescent qui entend ce genre de musique entre en révolte contre la société entière. Et c'est ainsi que l'on recrute de nouveaux adeptes du culte de Satan.

- Transmettre un signal subliminal

Ici, il s'agit de transmettre un signal d'une fréquence supérieure afin que l'ouïe puisse enregistrer cette modulation ultrasonique qui va agir directement sur l'inconscient. C'est un son qui désoriente, situé à environ 3 000 vibrations à la seconde. Ce sont des signaux très aigus, au-dessus du seuil auditif et déclenchant dans le cerveau une substance dont l'effet est similaire à celui d'une drogue. Ces vibrations agissent sur l'endorphine, la molécule du bien-être, une drogue naturelle, produite par le cerveau. Et c'est pourquoi, en écoutant cette musique, à un certain moment, on se sent bizarre et l'on va chercher sans cesse à retrouver cette sensation, soit en prenant de la drogue, en s'enivrant ou en prenant des drogues plus importantes si l'on est déjà toxicodépendants. Cela explique aussi pourquoi beaucoup de stars de musique satanique se droguent ou s'enivrent.

- La consécration rituelle

Avant leur mise sur le marché, chaque disque, chaque titre est consacré au cours d'une messe noire à Satan par un rituel particulier.

Si l'on se donne la peine d'écouter attentivement les paroles de ces chansons (paroles qui sont souvent cachées, difficilement perceptibles ou perceptibles si l'on écoute le morceau à l'envers), on s'aperçoit que les thèmes généraux sont toujours les mêmes : rébellion contre les parents, contre la société, contre tout ce qui existe, libération des instincts sexuels, appel à l'anarchie pour faire triompher le règne universel de Satan. On peut aussi y trouver des hymnes à la gloire de Satan.

Maintenant que vous avez compris ce qu'est une musique à connotation satanique, il est temps de passer aux exemples. Et là, je vois déjà certains d'entre vous crier au scandale. Et pourtant, si l'on y regarde de plus près, vous constaterez que tout cela est réel. Et pour ceux qui seraient tentés de minimiser les dangers de ces musiques, j'ai envie de leur dire qu'ils sont peut-être tombés dans les griffes de Satan. On ne peut minimiser les dangers de telles musiques, c'est la perdition pour nos adolescents.

AC/DC : avec des titres tels que « Hell or High Water » ou « Hell Ain't a Bad Place to Be » (l'enfer n'est pas un mauvais endroit), et particulièrement l'emblématique « Highway to Hell » (Autoroute pour l'enfer), le groupe de hard rock AC/DC semble éprouver une véritable fascination pour l'enfer et le Diable. Certains disent même que le nom du groupe lui-même aurait une connotation satanique. En effet, AC/DC voudrait dire « After Christ Devil Comes » (après le Christ vient le démon) ou « Anti Christ Devil's Child » (Les enfants de l'Antichrist). On peut se dire que tout cela est de la provocation. J'ai envie de vous dire que c'est justement ce qu'ils veulent que vous pensiez ! Ne pas y croire facilite la diffusion de ces musiques sur les ondes radiophoniques !

La pochette du disque parle d'elle-même !

Juste une petite anecdote concernant le morceau « Hell's Bell » (la cloche de l'enfer). On ne peut pas se montrer plus équivoque en affichant un nom comme celui-ci ! Le chanteur dit dans sa chanson que si vous entendez la cloche, il est déjà trop tard et Satan se tient prêt à vous accueillir. Lors des concerts, il y avait sur scène une cloche pesant une tonne. En 1980, pendant une représentation à Francfort, la chaîne qui maintenait la grosse cloche se rompit et manqua d'écraser le guitariste Angus Young. Après cet incident, la cloche maléfique fut rangée au placard.

Pochette du troisième album d'Iron Maiden

Iron Maiden : sorti en mars 1982, le troisième album du groupe de heavy métal Iron Maiden « The Number of the Beast » (le numéro de la bête) a créé la polémique parmi les fondamentalistes religieux qui virent dans les textes des propos sataniques. Cela n'a pas empêché cet album de se hisser en tête des ventes.

J'ai regardé un de leur clip sur YouTube ces derniers temps. Et dès les premières images, on ne peut plus avoir des doutes : les références à Satan, à son culte, sont légion.

James Brown : on change de registre pour de la soul musik. Le tube « Hell » (nom évocateur !) du parrain de la Soul James Brown nous dit bien que l'enfer sur terre c'est pour tout le monde, sans distinction. Que tout le monde doit appartenir à Satan.

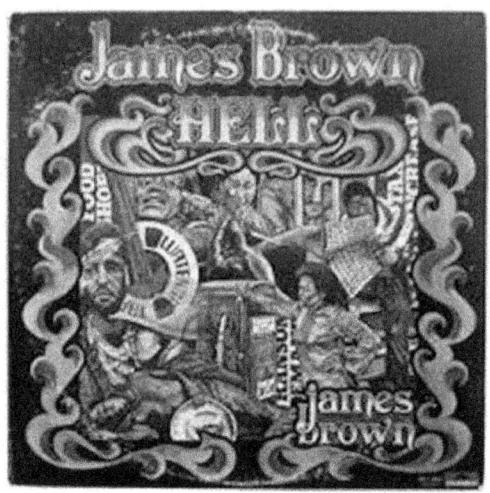

Pochette du single « Hell » de James Brown

Rolling Stones : le fameux groupe au groove hypnotique, avec en prime la voix envoûtante de Mick Jagger. Et si l'on penche sur le titre « Sympathy for the Devil » (sympathie pour le Diable), on y trouve tous les ingrédients d'un tube maléfique, avec des allusions à la Bible, au Diable, au Christ, à Ponce Pilate… Traduisez les paroles, vous serez surpris.

D'ailleurs, le fondateur des Rolling Stones disparaît à l'âge de 27 ans dans des circonstances troubles entrant ainsi dans le Club maudit des 27 et devenant un damné pour l'éternité. Brian Jones avait connu un succès fulgurant, mais avait très vite sombré dans la drogue. Déjà à l'époque, on murmurait qu'il avait pactisé avec le diable afin d'obtenir le succès. Keith Richards, un autre membre du groupe, avait prédit sa mort. Ce dernier se noiera aussi dans la drogue et connaîtra moult déboires, comme la perte de son fils, des incarcérations, des disputes avec le leader du groupe Mick Jagger… C'est un peu comme si le groupe était maudit.

Snoop Doggy Dogg : ce chanteur de rap a joué dans un court-métrage intitulé « Murder Was The Case » réalisé par Dr Dre. C'est d'ailleurs Snoop Doggy Dogg qui a écrit le script. L'histoire de ce court-métrage relate la mort fictive du rappeur et sa résurrection après un pacte avec le diable. Plus explicite que cela, on ne peut pas faire ! Je vous invite à regarder ce court-métrage pour en être convaincu. Vous y trouverez de nombreuses références au satanisme.

Il existe encore beaucoup d'autres chanteurs américains, comme Beyoncé, Katy Perry... qui font l'apologie du satanisme dans leurs chansons. Dernièrement, j'ai visionné une vidéo de Katy Perry sur scène possédée par le démon. Je ne peux dire s'il s'agit d'une véritable possession démoniaque, mais les images choquent. J'ai aussi regardé une interview de Britney Spears dans laquelle la star confesse avoir été possédée, avoir vécu des périodes sombres et ne pas savoir ce qu'il fallait faire pour s'en sortir. Elle ajoute qu'elle est retenue dans le milieu satanique par des personnes puissantes.

On trouve aussi des connotations sataniques dans certaines musiques françaises. Eh oui ! le Mal se niche partout. Il déploie ses légions démoniaques en tout lieu. Je ne vais pas en parler de peur d'avoir sur le dos un procès pour diffamation, d'autant plus que ces gens n'aiment pas être démasqués. Soyez vigilants !

Je citerai seulement Mylène Farmer. Dans sa chanson « On est tous des imbéciles », on a l'impression qu'elle parle au nom de tous les artistes sataniques et qu'elle regrette d'avoir elle-même prôné le satanisme, mais que c'est trop tard.

Méditez les paroles de cette chanson :

« On a dû s'gourer de planète.

T'sais j'sais même plus où qu'on est.

Les producteurs trouvent cela bien.

Toi et moi on l'sait quand même.

On n'est pas loin d'l'enfer. »

Et si vous ne me croyez toujours pas, lisez bien ces paroles de John Lennon dites lors d'interview.

« Je sais que les Beatles connaîtront le succès comme aucun groupe ne l'a encore connu.

Je le sais très bien, car pour ce succès, j'ai vendu mon âme au diable. »

John Lennon à R. Coleman (en 1962)

« Le christianisme est appelé à disparaître, il va diminuer jusqu'à s'évanouir.

Je ne tiens pas à en discuter. J'ai raison et l'avenir le prouvera.

Nous sommes plus populaires que Jésus-Christ à présent.

J'ignore qui des deux disparaîtra le premier,

le Rock'N'Roll ou le Christianisme ».

John Lennon (San Francisco Chronicle, 13 avril 1966, p.26)

« Ils sont complètement antichrists.

Je veux dire que moi aussi je suis antichrist,

mais eux le sont tellement qu'ils me choquent »

Derek Tylor (agent de presse des Beatles)

(Saturday Evening Post, 08/08/1964)

Le processus est lancé depuis plusieurs années. Tel un tsunami, rien ne pourra l'arrêter. Sauf si l'on y prend conscience et que l'on cesse d'aduler tous ces antichrists au profit de vrais artistes, de chanteurs qui ont du cœur, de musiques qui prônent la paix, l'humilité, l'entraide et le retour à la spiritualité pour combattre Satan. Il faut que l'on ouvre les yeux, que l'on recouvre la foi et que l'on réclame la protection de Jésus-Christ.

Une enquête a révélé que le rock'n'roll a été responsable de 18 % des suicides de jeunes durant les années 60 à 80 et de nombreux actes de violence. On ne peut nier le lien entre le rock et la drogue ou l'alcool, comme de nos jours, on ne peut réfuter ce lien entre certains morceaux rap, pop... avec la drogue, mais aussi avec la vulgarisation du sexe. Le démon a su s'adapter aux tendances, il évolue pour s'accommoder aux pensées de notre époque. La musique rock est aujourd'hui dépassée, démodée. Mais le démon ne se laisse pas dépasser par la mode, il la suit, il évolue et il continue son œuvre en s'immisçant dans les musiques actuelles.

C'est sur l'album des Beatles « The Devil's White Album » (traduisez par l'Album Blanc du Diable, on ne peut se montrer plus explicite !) que pour la première fois des messages subliminaux sont utilisés pour annoncer « l'évangile de Satan ». Puis, naîtra des groupes qui répandront le satanisme dans le monde entier, comme les Rolling

Stones, The Who, Black Sabbath, Led Zeppelin, Kiss (abréviation de Knights in Satan's Service, traduisez pas les serviteurs de Satan !) et bien d'autres groupes, musiciens, chanteurs et aujourd'hui, on élargit le champ en y incluant des stars de l'audiovisuel et du cinéma.

Ces messages subliminaux diffusent toujours les mêmes idées : perversion sexuelle, révolte contre l'ordre établi, suggestion de suicide, impulsions de violence et de meurtre et enfin, consécration au diable. Parfois, le message se transmet par un procédé de reversmasking, c'est-à-dire à l'envers et donc immédiatement audible lorsque l'on écoute le disque à l'envers.

Un peu d'histoire

Avant d'entamer ce paragraphe, je voudrais souligner que je n'essaie pas de mettre en place une théorie du complot. Je cherche simplement à démêler le vrai du faux. Dernièrement, j'ai visionné plusieurs vidéos qui montrent des stars du showbiz possédées par une entité démoniaque. Je les ai étudiées, scrutées, car il ne faut pas croire tout ce que l'on nous montre sur internet. Et, pour mon plus grand désespoir, j'aurais préféré me tromper, certaines de ces stars sont vraiment tourmentées par les démons et diffusent des messages sataniques à nos jeunes.

Ceci étant dit, parlons un peu de l'histoire du satanisme dans la musique.

Depuis la création du rock, on a considéré cette musique comme corruptrice et satanique. Or, toutes les musiques rock ne véhiculaient pas de messages sataniques, mais une grande majorité, il faut bien l'avouer. Certains groupes affichaient d'emblée leur appartenance avec un nom très évocateur. D'autres se montraient plus discrets, car se destinaient à un plus large public.

Assez rapidement, on peut dire dès les années 60, certains ont considéré le rock comme une musique inspirée par le Diable, notamment des catholiques conservateurs qui voyaient d'un mauvais œil cette musique. En cela, elle rejoignait son ancêtre le Blues, qui depuis la légende selon laquelle Robert Johnson aurait scellé un pacte avec le diable, avait acquis la réputation d'être une musique diabolique. Or, comme je le répète souvent, il faut rester prudent. Toutes les musiques Blues, comme toutes les musiques rock ne sont pas démoniaques. Certains voient le démon partout. Je suis de ceux qui avant de crier au démon prennent le temps de réfléchir et d'analyser. Certes, la plus grande force du démon est de faire croire qu'il n'existe pas, mais ce n'est pas une raison pour hurler au loup pour un oui ou pour un non.

L'ampleur médiatique prise par le rock entraîna un engouement tel des fans, que certains groupes déplaçaient des foules entières lors des concerts. Les gens se sont mis à idolâtrer certaines stars comme des divinités. Et les idoles du rock aimaient provoquer. Ce qui a inévitablement attiré les foudres des censeurs qui voyaient d'un mauvais œil cet engouement trop rapide et massif de la jeunesse pour cette musique nouvelle. Cela ne pouvait que paraître suspect. Cette ferveur a aussi déclenché une incompréhension de la part de la société, une incompréhension qui s'est transformée en peur. Et là où il y a la peur, il y a forcément une tendance à la diabolisation. En même temps, prenons les choses avec du recul. Avez-vous déjà vu Jim Morrison, par exemple, sur scène ? Dernièrement, j'ai regardé quelques vidéos des Doors. Et n'en déplaise à certains, je n'ai pas compris pourquoi le groupe attirait tant les foules ! Je trouve que Jim Morrison n'avait aucun style sur scène, sauf celui de la provocation et je n'ai jamais adhéré aux chansons. Sur scène, Morrison avait l'air d'un drogué, et il l'était, qui n'avait aucune considération pour son public. Pourquoi adorer un tel personnage ? Pourquoi tout ce battage médiatique autour du groupe ?

La génération des fans de rock des années 60 sera à l'initiative de la contre-culture, contre la société. Elle s'est revendiquée comme telle, elle était bien disposée à faire voler en éclat toutes les règles de la société occidentale.

Les Beatles ont marqué un tournant historique du rock. Ce groupe déplaçait des foules d'hystériques entières, provoquait des émeutes à chacune de leurs sorties. C'était vraiment quelque chose qui ne s'était encore jamais vu. Les Beatles prônaient la liberté, la contre-culture, le rejet de la société. Lorsqu'en 1966 Lennon affirma que les Beatles étaient plus populaires que le Christ, il n'avait pas tort et surtout, il savait jouer avec la provocation. Car en disant cela, il a réussi son pari de semer le trouble et le désordre dans la communauté chrétienne, notamment américaine, au point de recevoir des menaces de mort de la part du Ku Klux Klan. Les Beatles ont clairement affiché leur état d'antichrist, d'antireligieux catholique. Et certains de leurs morceaux revendiquent tout aussi clairement cette position. J'ajoute que certaines de leurs paroles, écoutées à l'envers, font peur. On y entend des louanges à Satan.

Dès le milieu des années 60 ans, certains ont commencé à chercher des messages subliminaux, d'abord dans les disques des Beatles, puis la technique s'est élargie à d'autres groupes. Et ce qu'ils ont découvert a provoqué de vives inquiétudes dans le monde chrétien, notamment chez les fondamentalistes protestants américains qui se mirent à scruter chaque enregistrement, chaque pochette de disque à la recherche d'un signe du Malin. Et ils en trouvèrent. Par exemple, sur le titre « Strawberry fields for ever » des Beatles, passé à l'envers, ils entendirent la phrase « I worship Satan », qui se traduit par « Je vénère Satan ». Et il n'en fallut pas moins pour déclencher une véritable vague de peur auprès des chrétiens qui continuèrent à chercher, par cette méthode d'écoute à l'envers, d'autres preuves.

En 1967, les Rolling Stones publient leur huitième album aux États-Unis avec le titre évocateur de « Their satanic majesties request » (Leurs Majestés sataniques demandent). Il n'en fallait pas plus pour relancer le débat et surtout pour crier au Diable au moindre doute. Et à force de chercher, à force de torturer les enregistrements, on trouva beaucoup de coïncidences sonores. Par exemple, sur le titre des Doors « Break on through » paru en 1967, certains entendirent, en passant la bande à l'envers « I'm Satan. » Et si l'on écoute attentivement la bande-son, il n'y a rien de probant, mais ces allégations suffirent à jeter le discrédit sur ces nouvelles musiques et surtout à faire peur aux parents inquiets pour leurs chérubins qui vouaient une véritable adoration pour ces nouveaux groupes. Et puis, c'est aller trop loin, comme avec le double album que l'on a surnommé « L'Album Blanc » des Beatles ou à force de passer les bandes-son à l'envers, certains ont cru entendre Lennon dire « Paul is a dead, miss him, miss him, miss him » (Paul est mort, il me manque, il me manque…). Tout de suite, des théories aussi abracadabrantes les unes que les autres ont circulé à propos de la mort de Paul McCartney qui serait mort et que les membres restants du groupe auraient remplacé par un sosie ! On voit bien que parfois, les choses peuvent aller très loin ! En effet, Paul McCartney, au moment de la sortie de l'album, était en pleine forme et bien vivant. Mais certaines personnes ont continué à croire qu'il était mort depuis 1966. Et ont trouvé d'autres preuves de ce qu'ils avançaient, comme sur le titre « Strawberry fiels » où certains ont entendu John Lennon dire « I burried Paul » (j'ai enterré Paul). Bref, on voit bien que parfois, ces théories peuvent aller trop loin et qu'il faut vraiment faire attention de ne pas tomber dans le piège du complot. En même temps, si l'on regarde les preuves avancées par certains fans des Beatles, on peut rester dubitatif. En effet, ils ont accumulé de nombreux signes concernant le décès de McCartney et son remplacement par un sosie. Est-il réellement mort ? Un sosie a-t-il pris sa place ? Il faudrait réaliser une vraie enquête. Mais nous ne sommes pas ici pour parler de cela et pour savoir si Paul McCartney a rejoint le royaume des morts en 1966. Si c'est effectivement le cas, son jumeau usurpateur serait le dernier survivant des Beatles ! Ne serait-ce pas là le comble de l'ironie ?

La théorie de la musique satanique renforcée par celle de Paul McCartney remplacé par un sosie est allée très loin, avançant même le fait que Charles Manson, un tueur en série américain, avait prétendu avoir puisé son inspiration du massacre de Sharon Tate et de ses amis dans l'écoute dudit Album Blanc des Beatles. Ainsi, le psychopathe avait apporté, sans le savoir et certainement sans le vouloir, de l'eau au moulin des anti-rocks de cette époque hippie qui déclarèrent que cette musique était satanique et qu'elle avait pour but de faire passer un message satanique auprès de la jeunesse afin de la corrompre. En un sens, ils n'avaient pas tort, car oui, la musique satanique consiste bien à véhiculer un discours corrupteur d'âmes. Et avec l'affaire de Charles Manson, il n'y avait plus de doute possible, les Beatles étaient des satanistes, de même que les Rolling Stones et les Doors. Et la sortie du titre « Sympathy for the devil » des Rolling Stones sorti en 1968 renforça encore plus cette idée de musique satanique. À présent, il ne pouvait plus y avoir de doute possible !

En 1968, avec le mouvement de la libéralisation des mœurs, les signes religieux furent tous mis au placard ou blasphémés. Ainsi, en 1971, le groupe Aphrodite'child, issu pourtant de la très orthodoxe Grèce, orna leur pochette du chiffre du malin, le chiffre 666 et un groupe de hard rock choisit délibérément son nom en faisant référence aux messes noires, je veux parler, bien entendu, de Black sabbath. On peut appeler cela de la provocation, et c'est certainement cela. Mais ces groupes sont dangereux puisqu'ils prônent le rejet de l'Église, le rejet de Jésus-Christ et les idées sataniques, comme le soi d'abord, les sacrifices, les orgies...

Et l'on franchit un nouveau cap dans cette décadence que personne ne pouvait arrêter avec le groupe Led Zeppelin, un groupe à la réputation sulfureuse, dont Jimmy Page, leader et fondateur du groupe, n'hésite pas à s'afficher comme étant un adepte de magie blanche et d'ésotérisme. Juste une petite chose : il n'existe pas de magie blanche, noire, verte ou rose. Il n'y a que la magie, c'est tout. Du moment que l'on pratique de la magie, on sert Satan. D'ailleurs, la WICCA se dit aussi pratiquer de la magie blanche censée faire le bien. C'est ce que les adeptes de la WICCA veulent nous faire croire ! Ils pratiquent la magie, point, et en pratiquant la magie, ils s'adonnent au démon. Ils font semblant de vouloir faire le bien et savent bien que c'est le contraire !

Revenons à Jimmy Page. Ce dernier habitait dans le manoir d'un ancien grand occultisme britannique, Aleister Crowley, vous savez le père du satanisme moderne. Juste pour l'information, on peut voir la photographie de Crowley sur la pochette de l'album « Sergent Pepper's lonely hearts club band » des Beatles. Crowley a aussi exercé une influence significative sur les œuvres de David Bowie, Genesis, Ozzy Osbourne (qui lui dédiera même un morceau), Iron Maiden, Red Hot Chili Peppers, Behemoth et bien d'autres encore. Je rappelle que Crowley a fondé une voie ésotérique basée sur une magie sexuelle, une sorte de sexe sans tabous fait pendant des rituels magiques. Il était aussi membre de plusieurs organisations occultes, comme l'Astrum Argentum et l'Ordo Templi Orientis. C'était donc un sataniste !

Les symboles que l'on peut voir sur la pochette de l'album Led Zeppelin IV. Chaque membre du groupe a choisi un symbole personnel pour la pochette de l'album. Celui de Jimmy Page est le Zoso : le « S » central serait le S de Satan, et les deux « O » liés par un trait représenteraient « les hommes en captivité sous Satan ».

Jimmy Page lui vouait une grande admiration au point d'acheter son manoir. Le scandale éclate lors de la sortie de l'album Led Zeppelin IV en 1971 et sa pochette sans nom floquée de nombreux signes cabalistiques. Les intégristes examinèrent cette pochette avec beaucoup d'attention et découvrirent ce qu'ils souhaitaient trouver : des signes sataniques. Ils ont écouté les morceaux de l'album, à l'endroit puis à l'envers et ils repérèrent des phrases à consonance satanique dans le titre « Stairway to heaven » comme « Here's to my sweet Satan. The one whose little path would make me sad whose power is Satan. He'll give you 666, there was a little toolshed where he made us suffer, sas Satan. » (Voici à mon doux Satan. Celui dont le petit chemin me rendrait triste dont la puissance est Satan. Il vous donnera 666, il y avait un petit hangar où il nous a fait souffrir, comme Satan.) ou encore « Glory glory to my sweet satan, there was a little child born, it makes me sad, whose power is satan. » (Glorieuse gloire à mon doux Satan, il y avait un petit enfant né, il me rend triste, le pouvoir est Satan). Deux références sataniques dans un même titre, cela faisait beaucoup ! Et les références allaient se multiplier au fur et à mesure de l'écoute de l'album créant l'horreur chez les intégristes. Ainsi, dans la chanson « Black dog » on peut attendre à l'envers « Oh Satan, won't you tear flesh in my song » (Oh Satan, ne vous déchirez pas la chair dans ma chanson).

L'arrivée de groupes de Hard rock, Heavy metal, Death metal... marqua les années 70. ce qui donna un sérieux coup d'accélérateur à l'usage de la symbolique satanique. À présent, les groupes affichaient clairement leur appartenance au satanisme. Était-ce de la provocation ? En tout cas, provocation ou pas, cela a été catastrophique. Des millions de jeunes se sont mis à adorer Satan, à porter des croix inversées, à montrer le chiffre 666 sur leurs vêtements, à s'habiller avec toute la panoplie du sataniste. Ils ne l'étaient certainement pas, du moins pas des vrais au sens exact du terme, mais ils ont été entraînés dans ce tourbillon infernal. Le mouvement de corruption de la jeunesse entamé dès les années 60 était à présent irréversible. Le satanisme était devenu une mode. Beaucoup de fans de ses groupes ont alors connu des troubles démoniaques. Il devenait évident pour tout le monde que cette musique entraînait ses adeptes à la révolte de la société, mais aussi à la dépression voire au suicide. C'est ainsi que les membres groupe de black metal Judas priest furent traduits en justice après le suicide de deux adolescents. On démontra que les morceaux de ce groupe diffusaient des messages subliminaux lors d'une écoute à l'envers de leur disque. Malgré cela, la justice les relaxa faute de preuves.

Ce fut le début des morts brutales parmi les fans de musiques sataniques. Et cela se propageait rapidement. Beaucoup de jeunes se suicidèrent. Dans l'ouvrage de Fabien Hein « Do it youself ! Autodétermination et culture pop » paru en 2003, l'auteur s'interroge sur les suicides liés au metal et évoque les affaires judiciaires du groupe Judas Priest et d'Ozzy Osbourne. Ses conclusions ressemblent à celles de Massimo Introvigno, sociologue italien. Les deux hommes s'accordent sur le fait que les amateurs de metal sont plus enclins à sombrer dans la drogue ou l'alcool que ceux qui écoutent un autre genre musical et surtout, qu'ils sont plus instables et pathogènes. Or, on sait aujourd'hui que les jeunes qui écoutent du rap ont des comportements plus pathogènes que les jeunes qui écoutent un autre style musical.

Néanmoins, il faut rester prudent. Certes, de nos jours, beaucoup d'artistes ne se cachent plus pour montrer leur appartenance au satanisme. Les références sont nombreuses dans leurs clips vidéo. Je pense notamment à Lady Gaga, à Madonna, à Katy Perry et j'en passe. Mais, on ne peut affirmer que ces musiques provoquent le suicide ou l'idée du suicide sur ceux qui les écoutent. Le processus amenant au suicide est complexe et plusieurs facteurs doivent être analysés afin de comprendre l'acte. Le démon aime à pousser ses victimes au suicide et il faut déterminer s'il n'est pas la cause du suicide. Pour ces artistes, peut-être est-ce de la provocation, une façon de faire parler d'eux. Et certainement d'ailleurs. Mais cela reste un jeu dangereux, pour eux et pour leurs fans. En effet, chanter toute la journée des louanges à Satan ne peut apporter que le malheur, nous plonger dans le satanisme ou pire, dans la possession démoniaque. Ce sont des cas extrêmes, mais qui appellent à la plus grande vigilance. Satan utilise la musique pour recruter des adeptes. Le phénomène prend de plus en plus d'ampleur, sans que personne le dénonce, car nous avons peur de nous faire traiter d'intégriste, de fou. Or, il faut le dire, cela existe, cela a toujours existé et cela continuera d'exister si nous ne l'arrêtons pas, si nous ne nous tournons pas vers la spiritualité.

Je pense sincèrement que tous ces artistes qui font l'apologie de Satan afin de vendre des albums ne sont pas heureux. Ils sont surtout perturbés, manipulés et persécutés par le démon. D'où la consommation de drogues ou d'alcool. Et à force de provocations, ils perdront leurs âmes et deviendront des damnés comme tous ceux qui travaillent pour Satan, qui le louent, qui l'invoquent, qui pratiquent la magie, l'ésotérisme... Comme Néron, Hitler, Judas Iscariote et bien d'autres encore...

Remerciements

Je tiens à remercier ma famille pour son soutien, Marina, ma fille et Kevin pour la réalisation de la couverture, ainsi que mes lecteurs bêta, Gaëlle, Alyssa et Raphaël.

Je remercie tous ceux qui m'ont accordé du temps afin de m'aider à mieux comprendre l'histoire.

Je remercie ma tante Lucie, qui me soutient, qui a confiance en moi et qui me pousse à aller de l'avant. La même chose pour mon mari, qui m'a toujours poussé à continuer d'écrire.

Je remercie Marina et Kevin pour la réalisation des pochettes des livres.

Et je vous remercie vous, chers lecteurs, qui me lisez, ainsi que tous ceux qui suivent le blogue, qui postent des commentaires, qui me suivent sur les réseaux sociaux.

Bibliographie et sources

Bibliographie

Pierre Grimal, L'empire romain, Éditions de Fallois, 1993.

Ramsay Mac Mullen, Le Paganisme dans l'Empire romain, Seuil, 1986.

Paul Petit, Histoire générale de l'Empire romain, Seuil, 1978

Roger Rémondonon, La Crise de l'Empire romain : de Marc-Aurèle à Anastase, Paris, Presses universitaires de France, 1980.

Philippe Richardot, La fin de l'armée romaine 284-476, Paris, Économica, 2005, 3e édition.

Michel De Jaeghere, La Fin de l'Empire romain d'Occident, Les Belles Lettres, 2015.

Régis Martin, Les Douze Césars, Les Belles Lettres, 1991.

Paul Petit et Yann LeBohec, L'Antiquité tardive, Encyclopaedia Universalis.

Bryan Ward Pekins, La Chute de Rome et la fin de la civilisation, Alma, 2005.

Jean Prier, Hitler médium de Satan, Fernand Lanore/Sorlot, 2002.

John Cornwell, Les Savants d'Hitler, Albin Michel, 2008.

Abbé A. Fatacioli, Le Jour De La Colère, ou La Main de Dieu sur un Empire : Visions prophétiques d'un voyant de Juda, édition de 1856.

Karl Brugger, Ma Chronique d'Akakor. Mythe et Légende d'un peuple antique d'Amazonie.

Nicholas Goodrick-Clarke, les racines occultes du nazisme, Camion noir, 2010.

Bernard Lugan, Rwanda : le génocide, l'Église et la démocratie, Éditions du Rocher, 2004.

Colette Braeckam, Rwanda, histoire d'un génocide, Fayard, 1994.

André Guichaoura, Les Politiques du génocide à Butare, L'Harmattan, 2005.

Kevin Gnanduillet, La complicité de la France dans le génocide des Tutsi au Rwanda, L'harmattan, 2009.

Jacques Morel, La France au cœur du génocide des Tutsi, L'Esprit Frappeur, 2010.

Roméo Dallaire, J'ai serré la main du diable, Libre Expression, 2003.

Dominique Franche, Rwanda. Généalogie d'un génocide, Tribord, 2004.

Jean-Pierre Chrétien, Hutu et Tutsi au Rwanda et au Burundi, La Découverte, 1985.

René Gigard, Le Bouc émissaire, Grasset, 1968.

Robert Mandrou, Magistrats et sorciers en France au XVIIe siècle, Plan, 1968.

Colette Arnoud, Histoire de la sorcellerie, Tallandier, 2009.

Didier le Fur, L'inquisition en France, Enquête historique, France, XII XVes siècles, Tallandier, 2012.

Édouard Brasey, Sorcières et démons, Pygmalion, 2000.

Sarane Alexandrian, Histoire de la philosophie occulte, Seghers, 1983.

Walter Scott, Histoire de la démonologie et de la sorcellerie, Slatkine, 1980.

Heinrich Kramer et Jacques Sprenger, Marteau des sorcières, 1486.

Gérard Piouffre, Le Titanic ne répond plus, Larousse, 2009.

Hugh Brewster et Laurie Coulter, Tout ce que vous avez toujours voulu savoir sur le Titanic, Glénat, 1999.

Corrado Ferruli, Titanic, Hachette collections, 2003.

Archibald Gracie, Rescapé du Titanic, Ramsay, 1998.

Guy Debord, La société du spectacle, Buchet/Chatel, 1967.

Caroline Pastorellin, Destins tragiques du rock : la malédiction du Club des 27, Grimal, 2012.

Jean Mareska, Dead rock stars : morts violentes du rock'n'roll, Camion blanc, 2016.

Bob Larson, Rock and Church, Maison de la Création, 1971.

Rock & Roll, La dérivation du diable, Maison de la création, 1967.

Henry Chartier, La musique du Diable, le rock et ses succès damnés, Camion noir, 2010.

Fabien Hein, Do it yourself, Autodétermination et culture pop, Le passager clandestin, 2012.

Dom Gabriele Amorth, Un exorciste raconte, éditions du Rocher, 2010.

Sources

http://www.histoire-pour-tous.fr/films-series/41-films/244-la-chute-de-lempire-romain-le-film.html

http://voyagesenduo.com/italie/rome_antique_fin_empire.html

http://www.lefigaro.fr/vox/histoire/2014/10/17/31005-20141017ARTFIG00353-ce-que-nous-enseigne-la-chute-de-l-empire-romain.php

http://www.linternaute.com/histoire/magazine/dossier/06/chute-empire-romain/invasions-barbares.shtml

http://voyagesenduo.com/italie/rome_antique_fin_empire.html

http://www.ephphata.net/livres-promotion/hilter-medium-satan/hitler-jean-prieur-intro.html

http://www.mystere-tv.com/hitler-un-pacte-diabolique-v2147.html

http://salon-litteraire.linternaute.com/fr/histoire/review/1797325-les-savants-de-hitler-histoire-d-un-pacte-avec-me-diable

http://www.enseigner-histoire-shoah.org/outils-et-ressources/fiches-thematiques/la-montee-du-nazisme-et-les-persecutions-antisemites-en-allemagne-1933-1939/lallemagne-nazie-de-la-prise-de-pouvoir-a-la-dictature.html

http://www.larousse.fr/encyclopedie/personnage/Adolf_Hitler/124024

https://www.jw.org/fr/publications/revues/g201405/chasse-aux-sorcieres-en-europe/

http://www.linternaute.com/dictionnaire/fr/definition/chasse-aux-sorcieres/

https://fr.wikibooks.org/wiki/La_Grande_Chasse_aux_sorci%C3%A8res,_du_Moyen_%C3%82ge_aux_Temps_modernes

http://www.matierevolution.org/spip.php?article3281

http://titanic.pagesperso-orange.fr/

https://fr.sputniknews.com/societe/201701041029457775-naufrage-Titanic-cause-incendie/

http://www.futura-sciences.com/planete/actualites/oceanographie-titanic-iceberg-ne-serait-pas-seule-cause-naufrage-37319/

http://www.dark-stories.com/premonition_titanic.htm

http://kultura.over-blog.com/article-4573180.html

https://www.eglisephiladelphia.com/etudes-bibliques/sujets-divers/le-culte-de-satan-par-la-musique-rock/

http://www.vivelapub.fr/quand-les-messages-subliminaux-envahissent-les-medias/#3

Table des matières

Préambule	5
La chute de L'Empire romain d'Occident	13
Hitler et le nazisme	51
Le génocide du Rwanda	91
La chasse aux sorcières	111
Le Titanic	135
Le Club 27	179
Le Satanisme dans la musique	213
Remerciements	241
Bibliographie et sources	243

Du même auteur

Le Manipulé

Les 7 + 1 Péchés Infernaux

L'exorcisme et la possession démoniaque

Les Purificateurs épisode 1 : L'île Poveglia

Les Purificateurs épisode 2 : Amityville

Les Purificateurs épisode 3 : L'école de Shuyukan

Les meilleurs dossiers Warren

Recueil des légendes de la Dame Blanche

N°siret 518 653 878 00026
2 impasse de la Grande Fontaine
84350 COURTHEZON
06 43 70 54 63

Dépôt légal : septembre 2017

Achevé d'imprimer en août 2017

Printed by Amazon

www.ingramcontent.com/pod-product-compliance
Lightning Source LLC
Chambersburg PA
CBHW080552090426
42735CB00016B/3215